CU00484838

L'inégalité raciste
L'universalité républicaine à l

PRATIQUES THÉORIQUES

COLLECTION DIRIGÉE PAR

ÉTIENNE BALIBAR

Professeur à l'Université de Paris X - Nanterre

et

DOMINIQUE LECOURT

Professeur à l'Université de Paris VII

L'inégalité raciste

L'universalité républicaine à l'épreuve

VÉRONIQUE DE RUDDER,
CHRISTIAN POIRET,
FRANÇOIS VOURC'H

Presses Universitaires de France

ISBN 2 13 050886 3

Dépôt légal — 1re édition : 2000, novembre
© Presses Universitaires de France, 2000
108, boulevard Saint-Germain, 75006 Paris

SOMMAIRE

V

Ségrégation

Discrimination

Avant-propos

Peter est un jeune chercheur anglais accueilli dans une équipe de recherche parisienne. Il appartient à une prestigieuse université d'outre-Manche et travaille sur les mobilisations urbaines de l'ethnicité. Il se dit et est dit, selon la terminologie typiquement britannique, lui-même « black », ce qui, en l'occurrence, renvoie au fait qu'il est d'origine caraïbéenne *(West-Indian)*.

Muni de tous les documents attestant la légalité de son séjour en France, Peter cherche un logement et répond aux petites annonces des journaux. Peter, qui parle avec accent la langue française qu'il maîtrise parfaitement, obtient aisément des rendez-vous après s'être présenté au téléphone. C'est, dans un cas, pour se faire claquer la porte au nez : « On ne loue pas à des Noirs ! » Dans un autre, où la chambre offerte était incluse dans un appartement, il est aimablement invité à venir prendre l'apéritif et visiter le logement. Le « pot » est glacial et il est éconduit sans avoir même pu voir la pièce proposée. Il décide, à la suite de nombreux refus, de prendre un « abonnement » dans une agence spécialisée dans la recherche de logements pour anglophones, laquelle ne trouve rien. Questionné par Peter au bout de plusieurs semaines, l'agent immobilier admet que le fait qu'il est noir constitue « une cause de difficulté supplémentaire ». L'agent ne précise pas qu'il avait donc très probablement « prévenu » les propriétaires auxquels il avait eu affaire. Peter rencontre enfin un bailleur qui accepte de lui louer un studio, à condition qu'une personne se porte garante du paiement du loyer.

L'un des chercheurs du laboratoire y consent : il lui faudra fournir successivement une fiche de paie, puis une déclaration de revenus, puis un relevé d'identité bancaire, puis une photocopie de sa carte d'identité française...

Ce qui caractérise ce récit n'est pas sa véracité, que personne n'a jamais cherché à contester, mais justement, et en dépit de son caractère profondément choquant, son extrême banalité. C'est une « anecdote » de plus, de celles qui suscitent, chez ceux qui l'entendent, hochements de têtes entendus et narrations complémentaires de variantes souvent pires encore de ce genre de « mésaventure ».

Curieusement, jusqu'à une date fort récente, il n'y avait aucune recherche en France sur les discriminations racistes et l'ignorance règne, encore aujourd'hui, en ce domaine. Nous ne connaissons ni l'extension de ce type de pratiques, ni leur consistance, ni leurs modalités ou leurs conséquences sur leurs auteurs comme sur leurs victimes. Tout se passe comme si la discrimination raciste était entièrement contenue dans des interactions individuelles aléatoires, sans impact collectif, sans portée sociale.

Tel est le constat à partir duquel (et sur lequel) nous avons commencé à travailler en 1993. Nous savions au départ, ne serait-ce qu'au vu des réactions que notre premier projet suscitait auprès des autorités académiques françaises, que notre enquête serait malaisée. « Reconnaître la discrimination » fut le titre de cette première étude, tant cette question était entourée de silence. C'est devenu, au fil du temps et des enquêtes, un programme de travail.

Les difficultés de réalisation de ces recherches ne se situaient pas seulement dans la tolérance entretenue sur les comportements racistes « ordinaires », dont on trouvera dans les textes qui suivent maintes illustrations. Elles provenaient aussi du contexte politique et scientifique, et même, à proprement parler, politico-scientifique, dans lequel elles se déroulaient.

En France, en effet, les implications du racisme et, plus particulièrement des comportements racistes, ont été peu posées sur la place publique. Les questions qui s'y rapportent ont généralement été réduites à celles que l'on nomme « problème de l'immigration » – qui signifie tout autant « problèmes posés par l'immigration » que « problèmes posés aux immigrés » ! Ce fameux « problème » fait, depuis les années quatre-vingt, l'objet de polémiques publiques et de joutes électorales relayées par les médias qui y trouvent matière à un nombre presque inépuisable de « questions de société ».

L'extrême droite, marginalisée depuis la fin de la guerre d'Algérie, a effectué un retour spectaculaire en imposant ce thème, qui est son fonds de commerce, à l'ensemble des forces politiques. Celles-ci se sont ainsi évertuées à trouver des « solutions » dont les limites et les termes eux-mêmes étaient contenus dans la réquisition.

La recherche a subi directement cet effet d'imposition. L'étude des relations interethniques, jusqu'alors peu développée en France, et pratiquement inexistante pour ce qui concerne la société française elle-même, s'est en effet constituée dans ce contexte. Relativement démunie d'outils théoriques, ne disposant que de rares travaux antérieurs sur lesquels s'appuyer, elle a été obligée de s'évertuer en même temps à récuser les catégories (de pensée, de classement, de « problèmes ») dominantes et à élaborer ses propres instruments d'analyse. L'extrême politisation de la « question immigrée » a enserré l'entreprise de production de connaissances et d'interprétation dans une double contrainte : celle d'une « mise sous surveillance », d'un côté, celle d'une certaine urgence, de l'autre. Les débats sur les notions et les catégories, si l'on excepte quelques termes qui demeurent cantonnés au champ proprement scientifique (tels ceux d'acculturation ou d'ethnocentrisme...) ont été et demeurent très âpres, témoignant du caractère profondément conflictuel des réalités dont ils sont censés rendre compte. Quant au recours à certains concepts forgés dans et pour d'autres contextes socio-historiques, en particulier celui de l'Amérique du Nord, il s'est parfois fait sans considération critique et sans maîtrise suffisantes, contribuant quelquefois à une certaine confusion plutôt qu'à l'éclaircissement nécessaire.

Nous ne prétendons pas être parvenus à échapper, ni avoir surmonté ces difficultés qui sont le lot commun des chercheurs, et particulièrement de ceux qui s'intéressent au domaine brûlant des relations interethniques. Mais nous n'avons pas consenti à rester dans un entre-deux aboulique, qui aurait conduit à reprendre les termes du sens commun pour tenter d'en infléchir vaguement l'acception, sans prise de position théorique explicite. Symétriquement, nous n'avons pas éliminé *a priori* telle ou telle notion sous le seul prétexte que d'autres auteurs, ou la circulation médiatique, en avaient fait, selon nous, un fort « mauvais usage ».

À nos risques et périls, nous avons choisi de « nommer », empruntant à de nombreux autres chercheurs, nos prédécesseurs ou nos contemporains, leurs propositions conceptuelles, en précisant autant qu'il était possible les définitions que nous suggérons ou reprenons. Nous avons aussi essayé de relier ces notions les unes aux autres. Nous avons surtout tenté d'en tester la pertinence et les limites sur les réalités observées sur le terrain, de les élaborer ou de les infléchir dans un va-et-vient permanent entre collecte empirique et interprétation théorique. Ce sont donc des propositions qui n'ont rien de figé, que l'on sait, et que l'on espère, livrées à la discussion.

C'est sur une échappée incertaine que se clôt cet ouvrage. Nous croyons en effet qu'il est possible et urgent de sortir de l'alternative étouffante, régulièrement présentée comme incontournable, entre « intégration universaliste » et « communautarisme différencialiste ». Il nous paraît qu'aucune option n'est plus urgente que la réduction de l'inégalité. Tant que l'inégalité de naissance reste entretenue par les discriminations et ségrégations ethnistes et racistes qui redoublent et renforcent les autres inégalités sociales, ce débat est un leurre. Comment ne pas être « différent » lorsque la place et le statut assignés sont inférieurs et subordonnés ? Comment se fier à l'idéal républicain lorsque celui-ci dissimule un confinement dans l'indignité ? Le prétendu « différencialisme » a bon dos : c'est parce que la « différence » alléguée est au principe même du traitement inégal que, le cas échéant, elle se retrouve en conséquence. Quant au « communautarisme », c'est, en France, un épouvantail : il n'y existe en effet guère de groupe qui revendique l'octroi de droits et devoirs différents de ceux du droit commun.

La question cruciale est donc celle de l'universalisme et de son contenu réel, concret, pratique. Il fait aujourd'hui trop souvent figure de promesse non tenue. L'intégration inégalitaire est non seulement possible, elle est avérée, et produit, précisément, une très réelle restriction d'universalité par confinement en situation minoritaire.

Nous pensons que c'est dans la controverse, voire le conflit, autour de la diversité constitutive de l'universel, des mouvements d'émancipation des dominés, de la pluralité à l'œuvre dans la mondialisation, que l'universalisme peut se ressourcer, s'actualiser et, surtout, se concrétiser. Il n'y a pas de réponse toute prête à cette altercation nécessaire. Mais il y a des voies démocratiques pour la poser sur la place publique, la *polis*, qui est son lieu propre d'émergence et de déploiement.

Introduction

1. LES DISCRIMINATIONS RACISTES SONT-ELLES SOLUBLES DANS LE MODÈLE RÉPUBLICAIN ?

ÉGALITÉ INDIVIDUELLE ET INÉGALITÉS COLLECTIVES : UNE CONTRADICTION SOCIALE ET POLITIQUE

L'enracinement de la notion d'égalité dans la période révolutionnaire a conduit le droit français à promouvoir la protection des individus contre l'arbitraire du pouvoir politique, l'oppression des ordres et des corporations, et à récuser les droits collectifs pouvant paraître contraire à l'unité du peuple. Le corps de lois et de règlements comme les pouvoirs publics et les administrations d'État se réfèrent à l'individu-citoyen universel, directement lié à l'État-nation, ainsi délivré de toute sujétion et de toute allégeance collective. De ce fait, aucune légitimité représentative de corps intermédiaires qui argueraient de l'ethnicité, de la « race » ou de la religion pour obtenir des droits particuliers n'est envisageable[1]. La France récuse la notion même de *minorité* (nationale, ethnique, religieuse, linguistique...) : elle refuse de signer les conventions et traités internationaux qui en font mention ou ne les ratifie que sous réserve d'une déclaration dénonçant les articles qui s'y réfèrent comme n' « ayant pas lieu de s'appliquer en ce qui concerne la République ». Cette position, qui vaut pour le citoyen, s'étend *a fortiori* à

---

1. En fait, les religions disposent d'institutions plus ou moins reconnues comme interlocuteurs de l'État, garant depuis les lois de 1905 sur la laïcité, de la liberté de croyance et de culte.

l'étranger non citoyen, soumis aux mêmes principes d'égalité individuelle à la fois devant la loi et par la loi. Pour lui comme pour les nationaux, l'expression de sentiments d'appartenance et de cultures minoritaires est encadrée par le droit, qui, normativement et dans certaines limites, l'accorde aux individus dans le domaine défini comme celui de la vie privée, mais le refuse aux collectivités qui peuvent coïncider avec ces critères d'identification. Les principes d'indivisibilité de la République et d'unicité du peuple « s'opposent à ce que soient reconnus des droits collectifs à quelque groupe que ce soit, défini par une communauté d'origine, de culture, de langue ou de croyance »[1].

C'est aussi sous cette conception individualiste que s'ordonne la répression des discriminations. L'arsenal législatif punissant les atteintes aux droits de l'Homme, les appels à la haine raciale et les discriminations s'est progressivement enrichi depuis les années soixante-dix, mais il reste inefficace. Le recours en justice contre les discriminations ethniques, « raciales » ou religieuses se heurte à l'impossibilité quasi générale, pour un plaignant, d'apporter la preuve non seulement de la discrimination qu'il a subie, mais encore de l'intention discriminatoire de celui qu'il accuse. Ainsi, le droit français, défensif bien plus que préventif, ne dispose-t-il d'aucun instrument juridique « positif » pour faire régresser les discriminations directes, indirectes, encore moins institutionnelles ou systémiques, puisqu'il ignore le caractère *collectif* de leurs victimes et « néglige » donc la formation de groupes définis par leur assignation à une *situation minoritaire*, souvent héritée du passé, et liée à des caractéristiques « ascriptives »[2] tenues hors la loi.

Les débats, alternativement scientifique et politique, autour du « modèle républicain d'intégration » ou d'un « multiculturalisme à la française » qui se sont développés ces quinze dernières années témoignent indirectement d'un malaise face à ces questions, sans véritablement en traiter, voire en l'occultant. Car ce qui fait problème, ce n'est pas tant le principe d'égalité des droits que son inefficience. Et c'est, en particulier, l'incapacité actuelle à assurer

1. En témoignent, récemment, les débats et l'avis du Conseil constitutionnel, dont est extraite cette citation, et qui ont abouti à la non-ratification, par la France, de la « Charte européenne des langues régionales et minoritaires », dont certains articles ont été jugés contraire au principe d'indivisibilité de la République et à la Constitution.
2. Cf. chap. 2.

l'égalité réelle des chances, au-delà de sa proclamation formelle. En effet, la conjoncture de crise durable, la récession de l'emploi, l'accroissement, la polarisation et, pour une part, la fixation territoriale des inégalités, l'expression politique du racisme « anti-immigrés » ont permis que se développent quasiment au grand jour des comportements (pratiques et discours) discriminatoires à fondement ethnique ou « racial ». Or le traitement politique de la prétendue « question de l'immigration » – qui est en fait, qu'on le veuille ou non, celle des relations interethniques et du racisme – restreint considérablement les ressources des acteurs sociaux pour agir efficacement contre l'extension de ces pratiques et leurs effets concrets.

POLITISATION DES ENJEUX
AUTOUR DE L'« IMMIGRATION »
ET ETHNICISATION DES RAPPORTS SOCIAUX

Le racisme n'est certes pas chose nouvelle en France. Sa virulence et ses modes d'expression, s'ils ne sont pas strictement tributaires des conjonctures, n'en sont pas moins sensibles à celles-ci comme aux rapports de forces politiques.

Contenu, depuis la fin de la guerre d'Algérie, dans une illégitimité relative, il a resurgi ouvertement avec le retour politique et électoral d'une extrême droite qui a puisé dans ses thèmes chauvins, xénophobes et racistes traditionnels les ressources d'une campagne violemment anti-immigrés. C'est directement sous cette influence que l'« immigration » est advenue sur la scène publique comme un sujet légitime de débats et de polémiques. L'extrême droite, en effet, comme l'a bien montré Simonne Bonnafous (1991), a réussi à imposer sa propre définition des « problèmes » et des « questions » à l'ensemble des intervenants politiques ou médiatiques, les contraignant à se déterminer en permanence par rapport à elle (De Rudder, 1997). La « reconnaissance » du prétendu « problème de l'immigration » a contribué à remettre au goût du jour un répertoire ethnique qui avait un peu perdu en légitimité. C'est ainsi que la catégorie d'« immigré », en apparence objective, n'a plus guère de sens propre, et ne forme plus qu'une figure sociale, une catégorie de

9

classement où le sens commun range des *outsiders*, constamment renvoyés à leur extériorité d' « origine » et faisant fréquemment office de boucs émissaires. La multiplication des catégories ethniques ou « raciales » constitutives d'altérité (« Beur », « black »...) a amené le groupe majoritaire à s'autodéfinir explicitement aussi selon ce même registre (les « Gaulois », les « Blancs »...), en même temps qu'il a été conduit à s'interroger sur son « identité nationale », à s'intéresser à ses « racines », etc. Une puissante tendance idéologique à la généalogisation de l'univers social a ainsi alimenté l'ethnicisation des rapports sociaux, quand ce n'est pas leur racisation. L'usage d'expressions comme « Français de souche », jusque dans les publications savantes (voir *infra*), en est ainsi venu à distinguer des Français qui seraient plus « vrais » que d'autres – « Français de papiers », renvoyés à leur « ethnie » originelle – et rappelant quelque peu la notion d' « ethnie française » de sinistre mémoire[1].

Mais cette politisation a aussi des effets hautement réducteurs sur la façon dont sont interprétées les réalités et les transformations associées à l'immigration et aux relations interethniques. Sans trop forcer le trait, on finit par s'apercevoir qu'il n'est rien – ni la construction d'une mosquée, ni le port d'un foulard, ni l'action d'une association, ni la création d'une entreprise... – qui ne soit considéré comme un fait politique appelant nécessairement en retour une décision étatique, législative, juridique ou institutionnelle. De prises de positions solennelles en saisines du Conseil d'État, la question de l'ethnisme et du racisme, tels qu'ils s'incorporent idéologiquement et plus encore concrètement dans les interactions sociales, n'est plus guère posée qu'en termes d' « intégration » nationale ou de principes « républicains ». Ainsi s'organise une chaîne de réduction, du social au national et du national à l'étatique. Or c'est sur une même série de simplifications que s'appuie le Front national dans la confusion qu'il entretient entre nationalisme et racisme. À force de trouver que ce dernier donne de « mauvaises réponses » à de « bonnes questions », une vaste latitude a été laissée aux représentations stéréotypées des gens et des faits comme, et surtout, au développement de pratiques discriminatoires et ségrégatives.

---

1. *L'Ethnie française* est le titre d'un ouvrage de Georges Montandon, publié en 1932, et celui d'une revue, dirigée et éditée par le même en 1942, alors promu « ethnologue » du Secrétariat aux questions juives...

« MODÈLE RÉPUBLICAIN D'INTÉGRATION »
ET OCCULTATION DES DISCRIMINATIONS

La théorisation du « modèle républicain » d'intégration, au détour des années quatre-vingt-dix a été plus ou moins explicitement construite en « réponse » aux thèses et à l'influence du Front national. L'institutionnalisation discursive de ce « modèle », accompagnée de politiques dites, elles aussi d' « intégration », est cependant venue bloquer certains processus d'adaptation à l'œuvre au début des années quatre-vingt, pour faire face aux problèmes d'intégration propre à la société française dans son ensemble[1].

En réduisant la diversité et la labilité du social à la seule dimension politique étatico-nationale, en ignorant délibérément l'autonomie relative des « instances » politiques, économiques, sociales, culturelles, etc., en occultant les interactions et les transactions qui se développent quotidiennement, les théoriciens du nationalisme républicain ont converti le noyau paradigmatique universaliste en moyen d'intimidation (Lorcerie, 1994). Un soupçon de dissidence « communautariste » pèse sur l'expression des groupes minoritaires, qui délégitime toute revendication ou mouvement social de leur part et tend à réprimer leur expression culturelle, sans leur fournir aucun moyen de combattre l'inégalité et l'oppression qu'ils subissent. Les populations issues des migrations coloniales et postcoloniales (car c'est bien d'elles qu'il s'agit surtout) sont donc prises dans un étau entre le légalisme nationaliste-républicain et le populisme nationaliste-raciste. Pour une part des populations immigrées et, surtout, de leurs descendants, la distance entre l'expérience quotidienne et la rhétorique de l'intégration engendre le sentiment d'un redoublement du mépris et suscite la défiance. Leurs réactions vont du scepticisme à l'opposition aux discours et politiques dits d' « intégration », et, parfois, jusqu'à des comportements de rupture. Cette contradiction peut aussi se dire autrement : c'est dans un monde concret, tangible, sensible que s'exercent quotidiennement les discriminations ethnistes et racistes,

---

1. Nous nous référons ici à la conception durkheimienne de l'intégration, qui renvoie avant tout à la complémentarité fonctionnelle des membres de la société globale (solidarité organique) et à la cohésion des collectivités autour de normes partagées.

tandis que ce sont des idéaux, des valeurs et des principes qui leur sont opposés, soit des abstractions que la loi ne contribue guère, on l'a vu, à traduire dans la pratique.

C'est des institutions publiques que pourrait et devrait venir la médiation entre les normes et les usages. Or c'est en bonne partie le contraire qui se produit, comme chacun sait. On n'en finirait guère de donner des exemples : c'est à l'école que les jeunes en stage d'insertion que nous avons interviewés ont fait, la première fois, l'expérience du mépris ou du rejet raciste ; c'est « la discrimination à l'état de système » (Dupuy, 1988) qui règne dans les attributions de logements sociaux ; les contrôles d'identité « au faciès » ne sont pas seulement courants dans la police, ils sont harcelants et fréquemment accompagnés de propos injurieux ou insultants ; la « surdité » volontaire, l'exigence de documents non nécessaires, sont des pratiques de guichet d'autant plus répandues qu'elles sont à peu près inattaquables...

Contrairement à ce que l'on croit le plus souvent, le « modèle » ordinaire du racisme ne se tient pas tant dans les comportements individuels, plus ou moins pathologiques, plus ou moins fanatiques, que dans ces conduites souvent routinières, jamais sanctionnées, perpétrées ou abritées par des administrations et des institutions qui font partie de l'appareil d'État.

DOUBLE-JEU INSTITUTIONNEL
ET BRICOLAGE ETHNIQUE

Jusqu'ici, et encore aujourd'hui, les personnes investies d'autorité éludent souvent la réalité du racisme en fonction de la croyance hyperpolitique que la reconnaissance d'un fait conduirait à sa légitimation – idée qui fonctionne soit comme un « pari » idéologique selon lequel la non-reconnaissance permettrait *ipso facto* une prohibition, soit comme un avatar de la pensée magique, pour laquelle le silence vaudrait l'inexistence. Continuer de « ne pas voir », cependant, apparaît de plus en plus comme l'acceptation – par une sorte de complicité au mieux tacite et involontaire – des inégalités. Cette politique de l'autruche revient à entériner l' « extériorité » non seulement des problèmes que connaissent les groupes et les personnes concernés par rapport à la société globale dont ils sont partie prenante, mais encore de ces groupes et de ces personnes eux-mêmes.

Parmi les agents qui ont en charge l'application « sur le terrain » des politiques publiques et notamment sociales, nombreux sont désormais ceux qui ressentent cette position comme intenable, et qui l'éprouvent même de façon très individuelle et personnelle comme une « souffrance sociale » (Bourdieu, 1992)[1]. Ceci s'exprime sous la forme d'un double discours, lui-même appuyé sur (ou appuyant) un double-jeu institutionnel.

Le double-discours établit une coupure entre l'officiel (ce que l'on dit lorsqu'on tient son rôle) et l'officieux (ce que l'on dit en particulier, en *aparte*) et oppose ce qui relève de la position publique et ce qui regarde la conscience privée. En situation d'entretien de recherche, le double-discours s'organise en deux phases successives. Les personnes décrivent d'abord leur activité comme exclusivement basée sur des catégories de traitement social légitimes (chômage, pauvreté, handicap, exclusion, banlieue, quartier...). C'est le questionnement insistant qui fait ensuite surgir l'énoncé de catégories ethniques diverses (origine géographique, nationale, culturelle, religion, mode de vie...), considérées comme pertinentes au regard de l'expérience, mais de nature moins licites et moins officielles. D'un moment à l'autre de l'entretien, l'attitude corporelle change et la voix baisse – un peu comme lorsque l'on passe de l'échange formel à la confidence.

Double-discours et changement de posture traduisent clairement un embarras, que certains agents livrent comme leur façon intime de considérer ces questions. Mais il révèle aussi le double-jeu auquel se livrent des institutions ou administrations tout entières. Le recours aux valeurs dites républicaines fonctionne un peu comme une « couverture ». Car non seulement l'institution tait ce que les agents qui la composent savent, cachent et, parfois, dévoilent « individuellement », mais c'est cela même qui lui permet d'agir assez librement et sans trop de contrôle avec des catégories « taboues », mais parfois incontournables.

---

1. Celle-ci peut s'exprimer de diverses manières : sentiment d'impuissance ou d'échec, impression de ne pas être « entendu » ni « reconnu » par la hiérarchie, repli corporatiste...

Il arrive que ce double-jeu ne puisse être totalement masqué. C'est notamment le cas lorsqu'il est question d'illustrer (photos, montages, dessins...) les outils de communication, publicitaire ou d'information. La présentation de personnages fictifs comme d'individus réels fait alors immanquablement surgir des discussions dont l'enjeu est, très explicitement, le « dosage » des phénotypes. Le maniement sémiotique des physionomies semble crucial et systématique, car il se situe dans un espace critique en matière d'« image » de l'entreprise ou du dispositif. Il s'agit de trouver la voie étroite entre deux écueils démonstratifs : soit « avoir l'air d'en faire trop pour ces gens-là » – ce qui risque de susciter des protestations racistes[1] ; soit, à l'inverse, « avoir l'air de ne pas prendre les choses telles qu'elles sont » – et donc pratiquer ou redoubler la discrimination.

Ces institutions qui ne répugnent finalement pas vraiment à manipuler des catégories qu'elles récusent officiellement, le font, si l'on peut dire, pour le meilleur et pour le pire. Si le racisme « bureaucratique » est extrêmement répandu, avec ses classifications explicites ou implicites construites dans et pour la pratique et où se mêlent préjugés, interprétations et généralisations, on voit aussi des agents de services publics chercher à compenser les effets inégalitaires des stigmates ethniques ou « raciaux » qui sapent parfois leurs efforts quotidiens. Aux « vieilles » pratiques discriminatoires s'ajoute ainsi désormais une gestion ethnique « sauvage » et « pour la bonne cause ». Les quotas du logement social se drapent dans l'objectif noble d'éviter les « ghettos » ; l'école publique, pourtant considérée comme le fondement par excellence du « creuset républicain », se livre de façon quasi occulte à de subtils « dosages » pour conjurer le déguerpissement des classes moyennes et des « réussissants » (Payet, 1995) ; le recours aux intermédiaires « ethniques » (associations, femmes-relais...) est entré dans la pratique de la politique de la Ville... Certaines de ces actions sont menées comme de véritables « actions positives » subreptices, destinées à empêcher le durcissement des clivages ethniques, à protéger les individus contre la violence raciste, voire à les favoriser dans une compétition iné-

---

1. On a souvent évoqué devant nous des lettres ou appels téléphoniques de protestation lorsque des « Noirs » ou des « Maghrébins » figuraient en (trop) bonne place ou en (trop grand) nombre dans les « plaquettes » publicitaires, la presse, les reportages télévisuels, etc. Ils n'ont cependant jamais fait l'objet, à notre connaissance, d'un recensement ni d'une évaluation.

gale. Elles n'en participent pas moins d'une manipulation de fait, sans cadre ni sanction, de catégories ethniques ou « raciales » par des pouvoirs censés les ignorer. Il y a là une source de tensions et d'effets pervers, jusqu'ici inévaluables.

Ces « bricolages », qui contournent la lettre de la loi pour tenter de mieux en appliquer l'esprit, participent cependant d'un mouvement plus général, visant à surmonter les contradictions actuelles, mouvement qui semble aujourd'hui se déployer de bas en haut de l'appareil d'État.

DE LA « LUTTE CONTRE L'EXCLUSION » À LA « LUTTE CONTRE LES DISCRIMINATIONS »

En 1996, la plus haute juridiction administrative française a consacré la plus grande part de son rapport annuel au principe d'égalité (Conseil d'État, 1996). Celui-ci s'interroge sur la distinction entre égalité et équité initiées par John Rawls (1987) et tout en réaffirmant, au nom de la tradition juridique française, les principes universalistes et individualistes du droit, il insiste sur la nécessité de promouvoir l'égalité de chances « afin de réduire les inégalités excessives qui, notamment dans le domaine économique et social, menacent les équilibres de la société française ». La formulation dominante du « modèle républicain » est fortement relativisée par la théorisation d'un principe de « discrimination justifiée », inscrit, est-il stipulé, dans le droit français depuis... la Déclaration des droits de l'Homme et du Citoyen de 1789 ! La différence de traitement qu'implique cette « discrimination justifiée » s'appuie sur la prise en considération de deux principes légitimes (et reconnus comme légaux) : la différence de situation ou/et le motif d'intérêt général[1]. La jurisprudence est examinée, notamment les dispositifs qui, depuis une quinzaine d'années, ont eu pour objectif de « compenser les handicaps territoriaux ». Sont ainsi citées comme exem-

---

1. La notion de « discrimination positive », considérée comme « une catégorie particulière de discrimination justifiée, mise en œuvre par une politique volontariste et dont l'objectif est la réduction d'une inégalité », imposant une « égalité de résultats », y est récusée.

ples, l'instauration, en 1981, des « Zones d'éducation prioritaires »,
dotées de moyens spécifiques dérogatoires au principe d'égale répartition des ressources selon les effectifs scolarisés ; celles des « Zones
urbaines sensibles » en 1991, des « Zones de redynamisation
urbaine » en 1995 et des « Zones franches » en 1996, etc.

La voie politique adoptée en France depuis les années quatre-
vingt pour concilier le principe formel d'égalité individuelle avec des
mesures de correction plus concrètes des inégalités réelles s'est donc
organisée autour de dispositifs de « lutte contre l'exclusion »,
« contre les inégalités » ou « pour la citoyenneté », dispositifs auxquels, comme on l'a vu, se réfèrent les agents des services publics.
Ceux-ci ne visent pas officiellement des populations spécifiées selon
des critères ascriptifs, mais des catégories strictement définies par
des situations sociales et économiques – souvent géographiquement
circonscrites. Ces dispositifs constituent fréquemment des tentatives
d' « adaptation ciblée » du droit commun puisque, évitant de désigner un groupe labellisé (« les immigrés », « les enfants d'immigrés »), ils les concernent au premier chef. S'ils ont l'intérêt de ne
pas favoriser la cristallisation d'identifications mouvantes et labiles,
ces appellations socio-territoriales (« habitants des quartiers sensibles », « jeunes des quartiers », « élèves des ZEP ») n'en sont pas
moins, de plus en plus souvent, l'objet d'un décodage (ou d'un
surcodage) qui les lestent d'imputations ethniques ou « raciales »
(De Rudder, Poiret, Vourc'h, 1997). Dépassant le simple « bricolage
ethnique », le non-dit institutionnel et politique en vient à fonction-
ner à l'encontre exact de ses objectifs affichés et à délégitimer les
principes universalistes dont ils se réclament.

Un changement dont il est difficile d'évaluer aujourd'hui les effets
est intervenu au cours de l'année 1999 avec la mise en place de mesures destinées explicitement à lutter contre les discriminations racistes.
Le ministère de la Solidarité a « reciblé » le dispositif de « parrainage » instauré en 1993 pour favoriser l'insertion professionnelle des
« jeunes en difficulté » vers l'aide aux jeunes qui « sont rejetés à raison de leur origine nationale réelle ou supposée, de la couleur de leur
peau, de leur sexe, de leur âge, ou même de leur lieu de résidence »[1].
Quant à J.-P. Chevènement ministre de l'Intérieur, grand défenseur
du « modèle républicain », il a demandé aux préfets de « diversifier

1. Charte nationale du parrainage adoptée lors de la table ronde entre l'État et
les partenaires sociaux le 11 mai 1999.

les recrutements [pour les emplois-jeunes d'adjoints de sécurité] et permettre l'accueil, au sein des services de police, des jeunes issus de l'immigration », ce qui implique des embauches au faciès[1].

Ces mêmes ministères ont institué, d'une part, un Groupe d'étude des discriminations (GED) et, d'autre part, des Commissions préfectorales d'accès à la citoyenneté (CODAC), chargées de traiter les cas de discriminations, notamment ceux qui sont recueillis via une permanence téléphonique d'accès gratuit. Ce dispositif politico-administratif marque un positionnement de principe tout à fait nouveau, y compris de la part des institutions qui y participent bon gré, mal gré. Même présenté comme participant globalement de la « lutte contre les inégalités et les exclusions », il officialise le recours à des catégorisations (origine, couleur de peau...) jusque-là soigneusement évitées. Ce faisant, il risque fort d'entrer en concurrence avec le « discours républicain », qui demeure le *credo* officiel, ou à tout le moins d'en brouiller le message. En témoigne, d'ailleurs, la sourdine appliquée à la notion d'intégration jusqu'alors omniprésente par le Premier ministre lui-même lors des Assises pour la Citoyenneté réunies le 18 mars 1999.

En l'état actuel, cependant, les nouveaux dispositifs semblent plus susciter la demande qu'adapter la réponse. Le succès immédiat du numéro d'appel gratuit (le 114) mis à la disposition des victimes de discriminations montre l'attente en la matière. Mais les plaintes, transmises aux Commissions d'accès à la citoyenneté, doivent normalement être traitées par les grandes administrations publiques (éducation nationale, police, justice, postes, banques...) qui y siègent, dès lors qu'elles sont mises en cause. On peut à tout le moins se demander si les mêmes administrations et organismes publics qui, depuis des années, participent de fait à la stigmatisation des minoritaires sauront ou pourront réparer leurs injustices, corriger leurs pratiques, voire s'auto-accuser devant un tribunal ! On peut aussi s'interroger sur l'efficacité réelle, au regard d'une politique de lutte contre le racisme, du traitement au cas par cas et strictement individualisé de témoignages parcellisés par leur mode même d'enregistrement (un appel – une fiche). L'absence actuelle de toute prise en considération plus globale, incluant les discriminations indirectes et institutionnelles, cherche sans doute à répondre au mécontentement

---

1. Discours aux préfets du 15 février 1999.

diffus qui commence à s'exprimer collectivement (organisations antiracistes et de solidarité, associations, syndicats). Elle est loin de permettre la remise en cause du racisme comme rapport social et comme mode de structuration social inégalitaire.

ETHNICISATION SAVANTE DE L'IMMIGRATION : À PROPOS DES RAPPORTS ENTRE INTÉGRATION, ASSIMILATION, DISCRIMINATION ET « ORIGINE »

Il est devenu courant d'opposer l' « intégration » des vagues successives d'immigration qui ont conforté presque continûment, au cours de ce siècle, la population de la France, à celle des « immigrés » contemporains. On spécule sur l'interprétation de cette disparité : crise des appareils traditionnels de socialisation nationale (dans le désordre : école, église, armée, syndicats...), déclin de la classe et du mouvement ouvriers, récession économique durable, restructuration de l'appareil productif, résurgence du racisme et des tendances ségrégatives, sans compter les spéculations sur la prétendue « distance culturelle » accrue entre nouveaux immigrants et populations indigènes... À l'inverse de cette analyse, qui a pu prendre, notamment dans les médias, l'allure d'une vulgate, d'autres auteurs assurent qu'en dépit de nombreux obstacles et dans des conditions historiques modifiées, cette intégration se fait progressivement par mobilité sociale et diffusion des immigrés, et surtout de leurs enfants, dans l'ensemble des catégories socioprofessionnelles, des logements, etc.

Une part de ces discours est, disons-le, parfaitement vaine[1] : l'histoire montre que l'intégration des immigrants est invariablement un processus long, difficile et conflictuel ; et que celle-ci ne peut être appréciée qu'*a posteriori* (Sayad, 1994). Tenter de plaquer sur les réalités conjoncturelles une interprétation qui n'a de sens qu'avec le recul du temps et selon un point de vue à long terme

1. D'autant que, comme le faisait déjà remarquer William I. Thomas, les politiques volontaristes en cette matière ont, le plus souvent, l'effet inverse de celui qui est recherché (Thomas et Znaniecki, 1918-1920).

18

expose donc à l'ineptie : celle qui saute aux yeux lorsqu'on lit aujourd'hui tant d'écrits passés... des années trente à nos jours !

On peut, certes, et avant que de l'interpréter, essayer de connaître l'évolution des populations issues de la grande vague migratoire des années soixante au regard de l'emploi, des revenus, du logement, de l'éducation et de la formation, de l'accès à diverses ressources... On évaluerait ainsi peut-être quelque chose qui se rapporte à l'intégration, mais tout autant les obstacles qu'elle rencontre. Quoi qu'il en soit, pour ce faire, des données cruciales manquent. L'une des raisons tient à l'inadaptation de l'appareil statistique français à un « suivi » intergénérationnel de ces populations. Une partie des immigrants a acquis la nationalité française et apparaît évidemment dans les catégories statistiques officielles comme « Français », ou parfois comme « Français par acquisition ». Mais une part considérable de leur descendance est « française de naissance » ou le sera à la majorité. Aujourd'hui, « 80 % des enfants et petits-enfants des étrangers arrivés en France au cours des cent dernières années sont français depuis leur naissance » (Tribalat, 1991).

Des tentatives pour surmonter l' « obstacle de la nationalité » afin d'accéder à une connaissance mieux inscrite dans la durée ont été mises au point par l'INSEE et l'INED, qui ont introduit, l'un dans le recensement, l'autre dans l'enquête nationale « Mobilité géographique et insertion sociale » (Tribalat, 1995 et 1996), la catégorie d' « immigré », définie comme l'ensemble des étrangers et des Français par acquisition nés hors de la France métropolitaine[1]. Cette innovation permet une meilleure intelligibilité des grandes tendances pour ce qui concerne les immigrants eux-mêmes et une part de leurs enfants. Elle reste cependant de portée limitée pour tous ceux qui font l'objet d'une « disparition statistique » : les « Français de naissance », issus de parents immigrés de nationalité française et/ou nés sur le territoire métropolitain.

Dans l'enquête MGIS, la catégorie « immigrés » a donné lieu à une classification explicitement qualifiée d' « ethnique », sur la base du critère de fort vieille facture anthropologique de la « langue

---

1. Soit, au recensement de 1990, 4,1 millions de personnes, parmi lesquelles 1,3 million de Français et 2,8 millions d'étrangers. Cette définition inclut – bien qu'ils ne soient ni étrangers, ni Français par acquisition – les Français de naissance nés dans les départements et territoires d'outre-mer (Antilles françaises, en particulier).

19

maternelle »[1]. Notons que cette partition ethnolinguistique des groupes nationaux n'a pas concerné les Européens : il n'y a pas, dans l'étude de l'INED, d'ethnicité basque, catalane, ou alsacienne, mais bel et bien des « appartenances ethniques » berbère, hmong et mandé. On ne saurait plus clairement assumer la représentation de l'ethnicité comme étant l' « humanité des autres » (Juteau, 1999). Quoi qu'on en veuille, cependant, le procès d'ethnicisation étant nécessairement global, ceci a inévitablement conduit, par effet en retour (qui n'est en rien un effet « pervers »), à « trouver » un groupe qui fut, sans autre trouble apparent, nommé « Français de souche » (Le Bras, 1998).

Cette quête de l'origine et de généalogisation sociale est, de fait, mimétique de celles qu'opère le racisme. Les auteurs de cette recherche admettent d'ailleurs ce lien puisque c'est paradoxalement sur lui qu'ils argumentent la nécessité du recours aux catégories ethniques : mettre scientifiquement au jour les inégalités et les discriminations racistes et ethnistes. Certes, il faut admettre qu'il est fort difficile pour la recherche de s'émanciper des notions de sens commun dès lors que celles-ci sont directement incorporées dans les réalités qu'elle cherche à analyser. Cette étude n'en pose pas moins une série de problèmes logiques et épistémologiques qu'il est impossible de résoudre magiquement par la simple référence à ce que « les gens » croient vrai (les « races », les « ethnies »...) et qu'il faudrait donc étudier, éventuellement pour rectifier leurs représentations.

Il y est donc question simultanément ou successivement d'évaluer l'apport démographique de l'immigration étrangère, d'étudier l'assimilation des populations considérées et, enfin, de cerner les effets du racisme, tout ceci en réfutant les stéréotypes. Ces objectifs de nature fort différente ne requièrent ni les mêmes fondements théoriques, ni les mêmes méthodes d'investigation, ni les mêmes ressources argumentatives. Mais pour nous en tenir à notre propos central, il est de toute façon théoriquement impossible de faire entrer le rapport social raciste dans une problématique de l'assimilation culturelle

---

1. L'opération de classification ethnique à partir de tel ou tel trait plus ou moins réifié est depuis longtemps contestée au profit d'une conception plus sociale et politique, en tout cas relationnelle et interactive, des processus de formation de l'ethnicité (Barth, 1969 ; Amselle, 1985). Rappelons aussi au passage que le privilège accordé au groupe linguistique dans la définition de l'ethnie a « autorisé » l'invention pseudo-scientifique d'un « peuple indo-européen » par l'extrême droite « paganiste » européenne (cf. Olender, 1981).

parce qu'elle la déborde et tend à la subvertir de toutes parts. Il en va d'ailleurs à peu près de même pour la problématique de l'intégration lorsque celle-ci est construite à partir de ce que « font » les immigrés, sans prise en considération des rapports sociaux inégalitaires qui encadrent et infléchissent toutes leurs interactions.

D'ailleurs, dans l'enquête en question – qui a déjà fait l'objet de nombreuses critiques sur lesquelles il est impossible de s'étendre ici – il n'y a, à vrai dire, aucun élément sur les discriminations si l'on excepte quelques questions de type « sondage d'opinion » portant sur l'appréciation subjective de celle-ci (P. Simon, 1998). Seuls les comportements des immigrés et de leurs descendants sont donc enregistrés (scolarité, mariages « mixtes », décision de naturalisation, sociabilité...) et directement rapportés à leur « appartenance » ou « origine » ethnique – apparemment explicative de tout, et surtout de leur conformité ou non-conformité avec les comportements de l'échantillon témoin[1]. Rien, dans cette enquête ne concerne donc le racisme, et, de toute façon, on ne voit guère pourquoi l'« appartenance ethnique », telle qu'elle est ici décrétée « scientifiquement » et de façon univoque par les chercheurs, pourrait *a priori* être, pour cette population, plus importante que la couleur de la peau, le patronyme, le lieu de résidence, la religion[2]...

LA RECHERCHE ET LES DISCRIMINATIONS

Les débats, fort vifs, qui agitent le milieu scientifique et particulièrement les démographes autour de la production de « statistiques

---

1. La notion d'assimilation elle-même est aujourd'hui considérée comme inutilisable par de nombreux sociologues et anthropologues, qui lui préfèrent celle, plus précise et moins politique, pour ne pas dire moins idéologique, d'acculturation. Quoiqu'il en soit, les conclusions de l'ouvrage *De l'immigration à l'assimilation* (1996) indiquent clairement que l'assimilation est un cursus univoque de « résorption des spécificités migratoires et culturelles » qui dépend de la « distance culturelle » : « L'assimilation est un processus qui se déroule sur un temps plus ou moins long en fonction du pays d'origine », étant entendu que « les cultures et traditions pèsent différemment suivant l'origine et sont plus ou moins proches des pratiques du pays d'accueil » (p. 254-255).
2. Nous n'ignorons pas que cette enquête a rencontré des difficultés pour obtenir l'accord de la CNIL, laquelle n'aurait sans doute pas autorisé l'enregistrement de telles données « sensibles ». Cela ne justifie pas la survalorisation de la seule donnée dont on dispose après l'avoir construite.

ethniques » et de l'enregistrement de l' « origine » des personnes sont trop souvent réduits, notamment dans les médias, à une polémique entre spécialistes. Ces controverses mobilisent des options éthiques, scientifiques, idéologiques et politiques, dont l'articulation est variable, selon des lignes de partage qui ne s'ajustent pas parfaitement aux divisions politiciennes « droite-gauche ».

Elles délimitent des oppositions épistémologiques sur le statut scientifique de l'ethnicité, *a fortiori* de l'ethnie, selon qu'on les considère d'abord comme des productions sociales et historiques de différences significatives et de frontières organisatrices de l'ordre social, donc comme des réalités par définition contingentes et ambiguës (Barth, 1984), ou comme des héritages, des patrimoines collectifs constitutifs de groupes identifiables (auto- et hétéro-identifiés) par des traits culturels substantiels et inhérents (sur ces questions, cf. Poutignat et Streiff-Fénart, 1995, en particulier la conclusion).

Ces débats n'en sont pas moins aussi, et nécessairement, politiques, puisqu'il y est question de statistiques « officielles », c'est-à-dire produites par et pour l'appareil d'État. Les raisons pour lesquelles il n'y a pas, en France, d'enregistrement de l' « origine », nationale, ethnique ou « raciale », et pour lesquelles, selon des modalités diverses, il en existe ailleurs, ne sont évidemment pas d'ordre technique, mais procèdent, tout au contraire, de l'histoire des formations étatico-nationales, impériales et coloniales. De fait, il s'agit ni plus ni moins d'un choix de philosophie politique qui relève d'un débat public et ne saurait sous aucun prétexte être confisquée par des « experts ».

L'une des questions posée avec insistance est de savoir si la répartition de la population dans des rubriques ethniques serait utile, voire nécessaire, à la mise place de politiques de lutte contre les discriminations. Cette interrogation procède directement de la contradiction que nous avons évoquée entre les principes du droit français et l'ethnicisation générale des rapports sociaux qui font que des catégorisations officiellement illégitimes imprègnent désormais tout autant la vie quotidienne que l'action institutionnelle.

Si l'enjeu n'est plus, ici, au moins en apparence, scientifique, il n'en reste pas moins que l'opération de classement nécessaire à l'établissement de données chiffrées devrait à tout le moins répondre à un certain nombre d'exigences techniques, à commencer par celles d'une nomenclature claire, ayant un minimum de cohérence générale et ne comportant que des rubriques exhaustives. Comment réunirait-on aujourd'hui ces conditions lorsqu'on sait par surcroît que pour « tenir », comme le dit Alain Desrosières (1997), les constructions statistiques doivent être « acceptées comme références par l'ensemble de la société » ? Quant à l'enjeu politique, peut-on le résoudre en institutionnalisant des catégories construites, qu'on le veuille ou non – et même si elles sont reprises par ceux qu'elles désignent – à fin de hiérarchisation socio-économique et de dévalorisation symbolique ?

Il est bien vrai que l'interdiction d'enregistrer et de traiter des données ethniques ou « raciales » est régulièrement contournée par des administrations qui se révèlent loin d'être aussi « aveugles » à l'origine ou à la couleur que ne le voudrait la règle du droit commun. Des classements occultes, à la marge de la légalité, sont pratiqués non seulement par des entreprises privées ou des particuliers mais aussi par des institutions publiques ou des organismes parapublics.

Mais l'urgence est-elle à la compilation chiffrée des victimes en fonction de leur « origine » ou à la mise au jour et à l'analyse de la consistance et des modalités mêmes de ce rapport social raciste et ethniste producteur d'un ordre social inégalitaire, marqué par la privation, la marginalisation et l'oppression ?

On peut s'étonner qu'il existe si peu de travaux sur les ségrégations et les discriminations en France et que la recherche ait jusqu'ici délaissé ces questions qui ne peuvent être abordées ni dans le cadre d'une problématique de l'assimilation, ni par un relevé statistique qui révélerait « magiquement » ce qui a si longtemps été ignoré. Mais cette ignorance-là est aussi liée à la politisation des enjeux de l'immigration car celle-ci a exercé une véritable contrainte, à la fois idéologique et économique (via les appels d'offre et les financements), sur les objets légitimes d'investigation (De Rudder, 1997). Dominée par la « question de l'immigration », puis de l' « intégration », en passant par la « question urbaine », l'évolution thématique de la recherche a contribué à laisser en marge tout ce pan des relations interethniques, sans cesse étouffé sous l'invocation du « modèle républicain » et l'imposition idéologico-politique d'une alternative stérilisante entre « universalisme et communautarisme ».

Il est probable que cette cécité ne puisse durer.

2. PRÉCISIONS CONCEPTUELLES ET PROPOSITIONS THÉORIQUES

Les relations interethniques et le racisme forment un champ de discorde, de conflits et d'affrontements, mais aussi de transactions, d'ajustements et de conciliations. Ceci se reflète dans les luttes discursives dont on aurait bien tort de penser qu'il s'agit de vaines querelles de mots tant il y est constamment question de reconnaissance, de dignité, de légitimité.

Notre propos est ici de présenter de façon claire, en tout cas explicite et, par là même, exposé à la critique, le vocabulaire auquel nous avons recours pour décrire et interpréter ce que nous avons appelé, après d'autres, l'ethnisme et le racisme, particulièrement dans leurs manifestations concrètes que sont la discrimination et la ségrégation. Nous ne reprenons pas ici dans le détail chaque notion, son histoire, ses usages et ne rendons pas du tout justice aux auteurs auxquels nous nous référons[1]. Pour cela, nous renvoyons au travail du collectif « Pluriel-recherches » qui publie le *Vocabulaire historique et critique des relations interethniques*[2]. En revanche, nous tenterons de mettre en lumière le réseau dans lequel les concepts se renvoient les uns aux autres et forment ce qu'il est convenu d'appeler un cadre théorique ou, du moins, s'y insèrent.

De celui-ci aussi, nous ne présenterons que certains aspects, d'abord parce que la place manque pour développer ce qui devrait

---

1. C'est pour des raisons de place que ne figurent pas, dans ce chapitre, les très nombreux auteurs, anciens ou contemporains, qui ont fourni le corpus théorique que nous reprenons ou sur lequel nous nous appuyons.
2. Éditions L'Harmattan, 6 fascicules parus.

faire l'objet d'un exposé long, détaillé et circonstancié ; ensuite parce que nous ne prétendons pas disposer d'une théorie globale et unifiée, d'une « grande théorie » à laquelle, d'ailleurs, nous ne croyons guère.

On s'étonnera peut-être du nombre de termes spécialisés et de néologismes auquel nous avons recours et qui peuvent paraître obscurs, disgracieux, voire amphigouriques. Mais les mots du langage courant ne permettent pas toujours d'exprimer avec précision un fait ou une situation qu'il importe de distinguer et de mettre en lumière ; et le vocabulaire disponible est trop fréquemment réifiant ou confus pour qu'on puisse, avec lui seulement, dire que ce dont on parle relève de relations et de processus historiques et sociaux.

QUELQUES PRÉCAUTIONS D' « USAGE »

Traiter directement et formellement du vocabulaire relatif au social, et plus particulièrement de celui des sciences sociales, suppose que l'on accepte d'encourir certains risques. Le premier, bien sûr, est celui du byzantinisme, des « disputes », subtiles dans le meilleur des cas, mais purement formelles, déconnectées de la concrétude des choses et des problèmes du temps. Un autre consiste à se poser en législateur du langage, à tenter d'imposer « le » bon usage, instituer une *sociologically correctness*, si l'on peut dire. Mais ce ne sont pas les pires écueils. Car l'un des principaux problèmes que pose le choix (et donc la sélection) « des mots pour le dire », est d'amener à prendre les mots pour les choses, le signifiant pour le signifié, soit à prendre ses désirs (de dénomination, d'ordonnancement, d'analyse) pour l'ordre réel des faits eux-mêmes. Or ces derniers ne manquent pas de se rebiffer, trop complexes pour ne pas déborder de toute part les discours qu'on leur surimpose. Il en va d'ailleurs de même du langage lui-même, qui se venge lui aussi régulièrement de la rigueur qu'on lui inflige. Les « choses » sociales vivent et subvertissent les catégories...

Cela conduit à adopter une position résolument « relativiste ». Les notions sont des outils. Elles ne valent que pour autant qu'elles sont utiles et pour le temps de cette utilité. Il est des concepts dont on n'use plus, soit parce qu'ils sont caducs au regard des réalités, soit parce que l'état des connaissances a contraint à trouver plusieurs vocables pour des faits qu'auparavant on réunissait sous une seule dénomination, soit encore parce que leurs contenus se sont hypertrophiés ou « idéologisés », au contact de la rue ou du bistrot et, peut-être plus encore, des cabinets ministériels et des répertoires administratifs.

La production langagière, fut-elle conceptuelle (ou surtout lorsqu'elle est conceptuelle ?) est un fait social. Regarder la genèse, l'évolution, l'abandon comme l'invention lexicaux dans leur contexte et leur profondeur historique éclaire les choix. Cette démarche à la fois historique et critique oblige aussi à se souvenir que, comme le rappelle avec constance Colette Guillaumin, les mots perdent moins leurs sens antérieurs qu'ils ne s'en agrègent de nouveaux. Quoi qu'on en veuille, et quelque précaution que l'on prenne, le passé des mots sédimente et persiste – de façon manifeste ou latente – dans leurs usages ultérieurs. C'est, selon nous, typiquement le cas pour le vocable « race » qui, même apparemment tout à fait « sociologisé », garde en réserve le sens biologique fixé au XIXe siècle. C'est pourquoi on ne le trouvera ici qu'entre guillemets. Quant à la signification des termes que l'on abandonne ou récuse, elle peut, lorsque l'idée perdure, « s'investir » ailleurs : les désignations « ethnie », « culture » et « origine » assument ainsi fort aisément, en nombre d'énoncés, la signification de « race ».

L'exigence de rigueur et de clarification lexicales vient du fait que nous avons besoin de notions et de catégories explicites, distinctes, ajustées au niveau de la raison – donc dégagées du vague, de l'affectif et de l'intéressé qui caractérisent le langage courant (P.-J. Simon, 1993). De Platon à Bacon, de Mauss à Weber, il ne manque pas d'auteurs de référence pour rappeler ce réquisit de l'activité scientifique. À quoi servirait-il de mettre en place des procédures de recherche, souvent complexes, si ce que nous cherchons reste flou ? Compter, décrire, analyser, cela se fait avec des mots que les nombres, cartes ou figures ne font généralement qu'illustrer. Comment transmettre les connaissances acquises ? Comment rendre cumulatifs les savoirs ? C'est le langage qui permet d'amorcer la fameuse « rupture avec le sens commun », qui ouvre un espace d'intelligibilité spécifique : celui de l'objet construit par et pour la connaissance, soit, au regard de l'empirie, un *artefact*. Or, c'est à ce même moment que commence aussi la critique des instruments de connaissance. Il faut à la fois reprendre ce que l'on sait et contrôler les moyens mêmes de ce savoir... avant, quelquefois, de les réutiliser en un sens renouvelé. Les mots ont une histoire, dit-on, mais ils n'ont, en fait, que des usages et des contextes d'emploi qui, eux, sont véritablement historiques.

Cela plaide en faveur d'un certain « nominalisme méthodologique », soit de l'adoption de catégories forgées dans le travail et pour le travail. « La » bonne définition, « la » bonne catégorie qui coïncideraient exactement à l'essence des faits ou des phénomènes n'existent pas et ne peuvent être érigées qu'en quittant la démarche scientifique. D'ailleurs, le recours aux concepts ne doit pas tant servir à « figurer » le réel, encore moins à l' « enfermer », qu'à l'interroger : poser des problèmes, proposer des théories.

Mais il y a une autre raison pour récuser l' « essentialisme méthodologique » (ou « nominalisme essentialiste ») et surtout s'en méfier, car il guette toutes les catégorisations, toutes les nomenclatures, tous les classements que nous sommes inévitablement amenés à opérer. C'est que ce que nous étudions n'est pas constitué de « choses » dont on pourrait faire l'inventaire et auxquelles on pourrait appliquer sans risque une taxinomie. Ce qu'étudient les sciences sociales, ce sont, en fait, des *relations*[1] entre des phénomènes, eux-mêmes incorporés dans des *rapports sociaux*. Or l'analyse de ces rapports passe par leur définition et la définition de ce et ceux qui y sont impliqués. Le travail de « nomination » des groupes est donc subordonné à celui des rapports que l'on cherche à identifier et à comprendre ; il est relatif. Mais il n'en est pas moins en permanence exposé au risque d'essentialisation ou de réification tant l'idéologie positiviste imprègne nos modes de pensée et ceux de nos contemporains.

S'il semble moins difficile pour les sciences de la nature que pour les sciences sociales de s'entendre sur les mots, c'est, bien sûr, parce que les premières ont un langage formel propre, bien souvent incompréhensible au non-spécialiste, alors que l'essentiel du corpus conceptuel des secondes (avec des variations entre elles) appartient aussi au langage courant. Il y a à cela des raisons profondes, qui ne viennent pas seulement de la jeunesse de certaines des disci-

---

1. Ce qui, soit dit en passant – et contrairement à une croyance largement répandue – rapproche les sciences humaines et sociales des sciences de la nature.

plines concernées. On ne peut ici s'étendre, mais il convient au moins de rappeler quelques « évidences » à ce sujet. D'abord que la pensée du social n'appartient nullement à ceux qui en font profession ; elle n'est et ne peut être, quelles que soient les procédures d'objectivation et de distanciation, un domaine réservé. Ensuite que cette pensée s'exprime discursivement : discours organisés, articulés, des savants, des doctrinaires, voire des politiciens ; discours spontanés, parfois confus, de la vie quotidienne ; discours « pris entre deux feux » de la circulation médiatique. Enfin, que ces discours sont tous des faits sociaux en eux-mêmes, c'est-à-dire partie intégrante de la réalité sociale dont ils rendent compte et qu'ils contribuent à façonner. Ces discours révèlent et formalisent en même temps des perceptions, des représentations, des schèmes de pensée, lesquels, ne l'oublions pas, se forgent dans des rapports sociaux profondément inégaux. Le pouvoir, et singulièrement le pouvoir de nomination, est aussi un rapport de forces. C'est bien pourquoi les mots sont des enjeux sociaux. La vie politique, entendue ici au sens large, est faite de mots et, pour partie, de querelles de mots. Et lorsque s'engage une controverse terminologique, il est fort difficile de préjuger si l'enjeu en est ou en sera ou non d'importance pour la vie sociale, pour l'histoire, pour une discipline ou... pour une corporation ou un lobby.

En sciences sociales, comme le souligne Pierre Bourdieu, « dire, c'est faire », car « les mots du sociologue contribuent à faire les choses sociales ». Ils participent *directement* des classements sociaux. Les catégories, les définitions, les concepts que nous reprenons ou élaborons sont, pour certains au moins, repris par les institutions et les administrations, quand ils n'ont pas été, par elles, imposés au préalable. N'oublions-nous pas souvent que la plupart d'entre nous, fonctionnaires ou assimilés, sommes payés aussi pour cela par l'appareil d'État dont nous faisons partie ? Qu'y a-t-il alors d'étonnant à ce que personnes et groupes ainsi catégorisés, décrits, analysés... se révoltent, parfois, contre nos nomenclatures, contre nos « récits ». Ils se sentent « chosifiés », enfermés dans nos étiquettes ; ils se sentent « manipulés » (Guillaumin, 1981). Et la vérité oblige à reconnaître qu'ils le sont. Quel que soit le soin que l'on prend à les élaborer, les définitions et catégories n'ont aucune chance d'être « justes » : ce sont, par construction, des instruments de connaissance que les rapports inégaux traversent de part en part.

Le dissensus, en la matière est donc normal. Il exprime un refus de soumission nécessaire à la démocratie. La science ne peut s'y soustraire derrière l'argument d'autorité. Mais elle ne peut non plus faire l'économie de l'explicitation conceptuelle, de la théorie qu'elle propose ou sur laquelle elle s'appuie.

QUELQUES PRÉCISIONS CONCEPTUELLES : RACISME, ETHNISME ET DISCRIMINATION

Dans les sciences sociales états-uniennes, la disjonction entre le champ du racisme et celui des relations interethniques est, depuis les années cinquante, traditionnellement forte. Pour le dire trop vite et brutalement, le premier s'est construit à partir de la « question noire », le second à propos de l'immigration européenne.

En France, les recherches sur le racisme ont, jusqu'à une date récente, surtout pris la forme de l'essai, où le contenu théorique ambitieux, anthropologique ou politique, voire philosophique, l'emporte sur les données empiriques. Quant aux recherches sur les relations interethniques, elles ont progressivement émergé depuis les années soixante-dix de travaux initialement centrés sur l'objet social dit « immigration ».

Dans un cas comme dans l'autre, la séparation des deux domaines a construit un « point aveugle » sur les modalités de construction et de traitement de la « différence », qu'elle soit dite ethnique ou prétendue « raciale ». En France, notamment, on ignore encore la consistance et les effets du racisme en acte, celui qui s'exerce quotidiennement, avec ou sans référence à une idéologie ou à une doctrine expressément raciste.

Mais surtout, cette disjonction pose un problème épistémologique majeur. Elle conduit à raisonner à partir de catégories forgées au sein même des rapports sociaux de domination : les groupes ethniques d'un côté, les groupes « raciaux » de l'autre. Le point de départ de cette distinction était descriptif : il s'agissait de montrer l'existence de groupes marginalisés au nom de leur culture à côté des groupes infériorisés au nom de leur « race ». Cette différenciation, cependant, ne peut être tenue pour naturelle. Elle est le produit de processus sociaux dont l'analyse doit être menée. C'est à

30

partir de cette analyse que l'on peut montrer ce qui unit et ce qui distingue sociologiquement la construction de l'ethnique et celle du « racial ». Sans cet examen, la « mise à part » du racisme a pour effet d'entériner la « mise à part » raciste.

Relations interethniques et racisme :
ethnicisation et racisation

Les relations interethniques sont des relations qui construisent et unissent des groupes socialement définis par leur origine, réelle ou supposée, et leur culture, revendiquée ou imputée. Les relations interethniques ne sont pas réductibles à ce que l'on nomme parfois « relations interculturelles ». Dans les relations interethniques, les faits culturels sont en fait « captés » par un système de désignation et de catégorisation. Ce système sélectionne, falsifie ou invente des traits culturels pour les inclure dans une organisation sociale plus ou moins inégalitaire et hiérarchique. L'objet de l'étude des relations interethniques est d'analyser cet ensemble de faits sans présumer *a priori* de l'existence de tel ou tel groupe ethnique, mais, au contraire, en posant que c'est dans les rapports sociaux et les relations sociales que se forment et se transforment de tels groupes et, surtout, que s'érigent entre eux des limites ou « frontières », plus ou moins étanches, plus ou moins poreuses.

C'est ce processus de construction de frontières et de désignation que nous nommons *ethnicisation*. Il y est moins question de « reconnaissance » de différences réelles ou supposées que de classement social et de positionnement sur une échelle qui ordonne des statuts sociaux, économiques, politiques... Au cours de l'ethnicisation, l'imputation ou la revendication d'appartenance ethnique devient un référent déterminant (fondamental, englobant, dominant, voire exclusif) de l'action et dans l'interaction. Ainsi, lorsque, comme d'autres chercheurs, nous évoquons l'ethnicisation des rapports sociaux dans la société française, nous nous référons au renforcement de la catégorisation et de la hiérarchisation ethniques qui y est à l'œuvre depuis une vingtaine d'années.

Le racisme ne relève pas, selon cette conception, d'un domaine d'investigation séparé, tel celui de l'histoire des idéologies ou de la philosophie politique ou encore celui que beaucoup d'auteurs anglo-saxons nomment *Race relations*. Il relève d'un champ analytique-

31

ment distinct, mais génétiquement (au sens strictement logique que ce terme est en train de perdre) et surtout sociologiquement lié à celui des relations interethniques.

Le racisme est né, historiquement, dans des relations interethniques modélisées, d'une part, dans l'esclavage et l'entreprise de colonisation et, d'autre part, au sein de la tumultueuse formation des États nationaux en Europe. Ces deux « origines » du racisme (illustrées par le racisme « de couleur », d'un côté et l'antisémitisme moderne, de l'autre) désignent formellement des relations politiques et sociales entre groupes humains différenciés, catégorisés et hiérarchisés en fonction de traits de type ethnique, c'est-à-dire à la fois sociaux et culturels, et référés à l' « origine ».

Sur ce fond commun, toutefois, l'imputation « raciale » franchit un seuil qualitatif fondamental. Elle absolutise la différenciation culturelle et d' « origine » en l'instituant comme « race », c'est-à-dire en l'inscrivant dans un règne extérieur à la volonté humaine : celui de la nature. La catégorie « race » est immuable et définitive. Dans la *racisation*, le registre de la culture, que l'ethnicisation instrumentalise, est intégralement subordonné, puisqu'il relève d'une essence héréditaire syncrétique et superlative, extérieure et supérieure à l'ordre contingent du social et de l'historique.

Il n'est pas toujours aisé de distinguer ethnicisation et racisation, non seulement dans l'ordre empirique des situations, mais même sur le plan théorique. D'une part, elles ont en commun un certain nombre de caractéristiques et, d'autre part, l'euphémisation du racisme passe en grande partie par son déguisement en ethnisme, ce qui tend à « brouiller » l'analyse.

Leur premier trait commun est d'attribuer des statuts *ascriptifs* (de l'anglais *ascription*) fondés sur la naissance, l'origine, la généalogie, sur ce qui précède l'individu et sur quoi il n'a guère de pouvoir, par opposition aux statuts acquis par les individus en fonction de ce qu'ils accomplissent et réalisent au cours de leur existence (ce qu'en anglais on nomme *achievement*).

Ethnicisation et racisation sont des procès d'*altérisation,* c'est-à-dire de production de différences constitutives d'altérité collective plus ou moins radicale et même absolue pour ce qui concerne le racisme. Ainsi, la question de la différence n'est pas première. Les différences entre les individus et les groupes qu'ils forment sont innombrables. En revanche, les différences socialement pertinentes sont sélectionnées, travesties ou inventées pour être insérées dans

32

des relations d'inégalité. Il n'y a pas d'abord un ou des « Autres », que l'on traitera de telle ou telle manière ; c'est directement au sein des relations que se fabriquent contrastivement altérité et différences. *Alter*, comme *Ego*, est une production historique et sociale, celle-là même qui fonde la distinction Nous/Eux.

Ethnicisation et racisation sont des rapport sociaux qui lient *racisant* et *racisé, ethnicisant* et *ethnicisé* dans des rapports de pouvoir où les seconds sont placés en position subordonnée par rapport aux premiers. Cet assujettissement définit une situation *minoritaire* tout à fait indépendante de l'importance quantitative et relative des groupes : le *majoritaire* est celui qui « majore » sa position (son statut, son pouvoir...) en minorant celle d'*alter*.

Ce sont aussi des processus globaux. Que le groupe dominant se pense comme référence générale et universelle (c'est-à-dire comme le groupe qui ne diffère de rien ni de personne, mais par rapport auquel d' « autres » diffèrent), ou qu'il se pose explicitement comme d'essence supérieure ayant à protéger des privilèges qui lui reviennent naturellement, il ne peut entièrement se soustraire à une confrontation que ses justifications tentent pourtant d'éviter.

Ethnisme et racisme

Situer les relations interethniques et le racisme dans un champ unique d'analyse ne revient pas à dire qu'il est équivalent de subordonner une population au nom de ses traits culturels, réels ou supposés, ou de l'altériser radicalement au nom de sa prétendue nature intrinsèque. Théoriquement, à tout le moins, les pratiques culturelles d'une personne ou d'une collectivité peuvent se modifier. La « race » ne le peut pas : c'est une marque indélébile.

L'intérêt de recourir aux deux termes distincts d'*ethnisme* et de *racisme* tient notamment au fait que, dans les pratiques discursives en tout cas, la « différence » et la « distance » mobilisent, généralement, trois registres : social ou socio-économique (la classe, le statut...), culturel (coutumes, pratiques, croyances...) et « racial » (nature, hérédité, atavisme...). Les passages de l'un à l'autre registre sont fréquents, mais non systématiques, et ces passages eux-mêmes informent bien plus que les affirmations de type « profession de foi » sur la perception et l'idéologie des locuteurs.

33

Sur un plan plus analytique, cette distinction permet de donner tout son sens, mais rien que son sens, à ce que l'on a appelé le « néo-racisme » dont on a dit qu'il était « culturel », plutôt que « biologique ». De notre point de vue, il y a ethnisme, et ethnisme seulement, lorsque la culture d'*alter* reste présentée comme un trait contingent, susceptible de modification, même dans le mépris, le dénigrement et la mise à l'écart. L'ethnisme, en ce sens, est une forme active et projective d'ethnocentrisme et même, parfois, de classisme. On « passe » au racisme non seulement lorsqu'il est fait référence à la nature biologique d'*alter*, mais quand les traits culturels qui lui sont attribués sont essentialisés ou substantivés de telle sorte qu'ils forment « une seconde nature » et que leur transmission intergénérationnelle est plus conçue comme une hérédité que comme un héritage dont l'acquisition est subordonnée à la socialisation.

Le point de passage « sensible » entre ethnisme et racisme se situe dans la façon dont ce que l'on nomme l'« origine » est abordée, selon qu'elle est considérée comme un trait existentiel ou symbolique, ou au contraire comme un trait essentiel, ahistorique et généalogique.

L'absolutisation propre au racisme n'implique pas qu'il y ait entre ethnisme et racisme une frontière infranchissable. Tout au contraire, l'analyse historique montre fréquemment que la racisation peut céder la place à l'ethnicisation (que l'on songe aux Juifs en Europe ou aux Italiens en France) ou, inversement, lui succéder (les « Hispaniques » aux États-Unis). La classe sociale, elle-même, est susceptible de racisation (les ouvriers du XIXᵉ siècle, héréditairement stupides, immoraux, etc.) ou d'ethnicisation.

Quoi qu'il en soit, la distinction entre ethnisme et racisme ne correspond pas à une gradation dans l'hostilité ou le rejet. Est-il nécessaire d'insister sur l'extrême incandescence contemporaine de l'ethnisme ? Mais c'est une gradation dans l'altérisation. L'ethnisme évince réellement ou symboliquement l'ethnicisé hors du groupe (communauté, nation...), sauf s'il se convertit (s'assimile) et que disparaît sa « différence ». Le racisme renvoie le racisé à un autre monde, non tout à fait humain, infrahumain, en tout cas « sans commune mesure » avec celui du racisant. Sa conversion n'est pas souhaitée et, d'ailleurs, elle n'est pas même considérée comme possible.

Contrairement à ce que l'on croit souvent, l'idée de « race » n'est pas ce sur quoi s'ancre logiquement le racisme, mais au contraire ce qu'il produit. Bien avant que la notion même de racisme ait été proposée pour dénoncer les pratiques d'exclusion perpétrées au nom de la « race », dans les années trente de ce siècle, c'est bien la foi en une partition indissociablement physique et psychologique de l'espèce humaine, en elle-même et par elle-même, c'est-à-dire par nature productrice d'historicité, qui a enclenché le processus de racisation. Tout le racisme – dans ses divers aspects, idéologiques, théoriques, politiques, cognitifs, affectifs ou pratiques – se tient dans cette opération de naturalisation ou d'essentialisation de groupes entiers. Ces groupes racisés sont soit historiquement constitués, soit fictivement construits. Ils sont rendus définitivement « autres » par attribution de traits indissolublement somatiques et mentaux héréditaires.

Toute classification dite « raciale » est, par définition, une classification raciste. Elle frappe du sceau d'une « différence négative » des groupes que l'on dit aussi *stigmatisés,* c'est-à-dire *discrédités* par rapport à ceux qui constituent la référence, la « normalité ». Le recours au mot « race » n'est pas nécessaire à cette opération qui s'appuie aussi bien sur les termes ethnie, culture ou origine. L'inflexion « culturalisante » ou « différencialiste » du racisme contemporain – qui correspond au recul du classement zoologique de l'humanité en diverses « races » ou « groupes raciaux »[1] – n'est pas, de ce point de vue, une transformation radicale. L'ethnie, la culture ou l'origine ont toujours fonctionné comme marques négatives en association avec le phénotype. Elles peuvent remplacer la « race » en étant traitées comme des empreintes substantielles, inscrites dans la continuité généalogique. Elles « endossent » alors les signifiés du mot « race ».

Le racisme n'est pas seulement un système d'idées qui « oriente » l'action (ce à quoi on le réduit si souvent). C'est un rapport social dont l'idéologie est la « face mentale », ce qui signifie que le racisme régit ou tend à régir un ordre social en même temps qu'il compose une représentation de celui-ci. Cette capacité de « totalisation » du racisme explique sa prégnance, car avant d'être un mode de pensée,

---

1. Ce que l'on nomme *racialisme*.

il est une expérience sociale qui lie racisant et racisé, pris dans une relation de domination/subordination qui échappe aux entreprises individuelles de dépassement ou de subversion.

Ethnie, groupe ethnique et ethnicité

La relation entre « ethnisme » et « ethnie » n'est pas tout à fait de même nature que celle qui associe racisme et « race ». L'idée d'ethnie, dans une acception assez proche du sens contemporain, est très ancienne. De fait, les relations interethniques, et l'ethnisme, ne sont pas des faits modernes, comme le sont le racisme et l'idée même de « race » naturelle.

Les premières classifications scientifiques dites « ethniques » se sont basées sur des critères linguistiques, laissant plus ou moins de côté les caractères somatiques. Dans ses usages les plus fréquents, cependant, la notion est très ambiguë. Elle est généralement chargée de mépris, comme l'était d'ailleurs déjà *ethnos*, en grec ancien (qui devrait être plutôt traduit par « peuplade » ou « tribu » que, comme il l'est souvent, par « peuple »). Et elle combine en fait très souvent les références au culturel et au somatique et fonctionne alors comme renfort, substitut ou euphémisme pour le mot « race ».

La plupart des travaux qui, aujourd'hui, s'inscrivent dans le champ de recherche dit des « relations interethniques » prennent pour objets l'*ethnique* et l'*ethnicité* plutôt que l'ethnie – notion fort critiquée, pour son essentialisme sous-jacent et pour les manipulations auxquelles elle a donné lieu dans le cadre de l'ethnologie coloniale et des politiques qui s'en sont inspiré (ou qui les ont inspirées). Même s'il faut bien admettre que cette distinction est loin d'être immédiatement compréhensible pour le non-initié, elle est essentielle. *Ethnic* et *ethnicity* sont des termes que la sociologie nord-américaine et surtout états-unienne a progressivement adoptés pour désigner des faits relatifs à la situation minoritaire de groupes culturellement identifiés comme divergents par rapport à la norme WASP (*White, anglo-saxon, protestant*). L'*ethnic group*, selon cette conception, n'est pas un groupe « racial » (socialement considéré comme physiquement identifiable), mais une collectivité dont les membres partagent un certain nombre de traits culturels (langue, religion, coutumes...) et se reconnaissent une appartenance commune, une identité propre, une *ethnicité*, généralement basée sur la

36

croyance en une parenté plus ou moins fictive, en tout cas symbo-liquement significative. À partir de cet usage ancré dans une société et une histoire singulières, les notions de groupes ethniques et d'ethnicité se sont diffusées dans les sciences sociales de langue anglaise, puis au-delà, pour désigner les faits relatifs à la catégori-sation et aux divisions ethniques. Les débats qu'elles ont suscités ont mis en relation des chercheurs dont les disciplines, auparavant, ne communiquaient guère entre elles (anthropologie culturelle, d'un côté, sociologie et sciences politiques, de l'autre). Pour autant, les théories ne sont pas unifiées, et, en particulier, l'analyse du rapport entre relations « raciales » et relations interethniques est loin d'être consensuelle.

Pour notre part, c'est dans une perspective « constructiviste », dynamique et relationnelle, que nous envisageons les faits ethniques. Cela signifie que nous les considérons comme le résultat de relations qui tendent à produire des clivages sociaux entre des Nous et des Eux, à partir d'emblèmes culturels érigés en frontières. Pour le dire brièvement, l'ethnicité est une construction sociale d'appartenance collective et le groupe ethnique un mode d'organisation sociale ; l'une comme l'autre sont fondés sur des symboles culturels sélec-tionnés pour la valeur contrastive qu'ils détiennent dans l'inter-action sociale. Cela implique que le contenu de l'ethnicité comme l'importance qu'elle revêt dans les interactions sont tributaires de l'histoire.

Rapports sociaux interethniques
et relations sociales interethniques

Dire que l'ethnicité est socialement et historiquement construite et que ce sont les situations dans lesquelles elle s'inscrit qui lui confèrent une signification plus ou moins importante dans l'organisation sociale comme dans les interactions quotidiennes pose un problème. En effet, insister sur le caractère contingent de l'imputation comme de la revendication ethniques pourrait laisser croire à une fluidité, une fugacité même, des modes d'organisation collective et des identifications auxquelles elles donnent lieu. Or, chacun peut observer, en bien des lieux et contextes, la pérennité historique et sociale de ce que Max Weber nomme la communalisa-tion ethnique.

Ces modes d'organisation, ces identifications, comme d'ailleurs les traits culturels qui en forment les attributs, sont effectivement fort variables, mais, ce qui l'est moins, ce sont les situations qui président à la différenciation. L'infériorisation, l'inscription dans des relations inégalitaires et un ordre hiérarchique, en effet, s'insèrent dans des durées, mais aussi dans des modalités coercitives, qui dépassent souvent de beaucoup le temps existentiel de la vie individuelle. La variabilité est donc elle-même variable, et ce n'est que dans l'analyse au cas par cas que l'on peut comprendre ce qui rend plus ou moins durables les frontières ethniques et « raciales », et, par voie de conséquence, les groupes que celles-ci spécifient.

Il semble en tout cas utile de distinguer des « niveaux » dans la structuration et l'organisation sociales des différenciations ethniques. Celui que nous proposons de nommer « rapports sociaux interethniques » est sans doute le plus abstrait, mais aussi le plus efficient à l'échelle macrosociale. Il s'agit de la distribution des positions respectives des groupes sur les plans économiques, sociaux, institutionnels, statutaires – distribution qui compose un ordre social tributaire de l'histoire, à l'échelle internationale ou nationale. Les rapports sociaux interethniques sont structurants en ce qu'ils s'arriment historiquement à la division du travail, aux relations internationales, aux échanges inégaux et, donc, aux rapports entre les peuples ou entre groupes sociaux au sein des formations éticonationales. Il y est le plus souvent question de guerre, de spoliation, d'exploitation, de soumission, d'extermination ; bref, de rapports matériellement et symboliquement violents. Cette structuration hiérarchique confère à la nationalité, à la religion, à tel ou tel trait culturel, à la « couleur »... des rôles classificatoires parfois différents et parfois redondants. Ces éléments disparates, dans leur plus ou moins intime coalition, alimentent un cycle plus ou moins fermé de reproduction des rapports sociaux à base « ethnique » ou « raciale », dans lesquels ils fonctionnent comme « marqueurs » et souvent comme stigmates. Appréhendés à ce niveau, l'ethnicité, comme le racisme, sont des principes contraignants. Ils déterminent des places et des chances et imposent des « communautés de destin » telles que, par elles-mêmes, elles produisent des solidarités et des rivalités définies comme « ethniques » ou « raciales ».

Le niveau des « relations sociales interethniques » est plus concret. Il suppose le contact, la coexistence, et est par conséquent

38

plus soumis aux conjonctures temporelles et aux configurations locales. Les relations interethniques s'inscrivent, nécessairement, dans l'ordre structurant des rapports interethniques. Mais, tout en les accomplissant concrètement, elles ne font pas que les refléter. Tributaires des circonstances, elles peuvent même en entraver la reproduction et, surtout, en infléchir l'actualisation (l'importance relative, les effets d'identification, le déplacement ou le recoupement des frontières). À ce niveau, on peut discerner les enjeux concrets ou symboliques de la mobilisation identitaire et la formalisation des coopérations et des conflits collectifs, des alliances et des oppositions qui « durcissent » ou « déplacent » les lignes de clivage héritées, pour les conforter, les transposer, les mouvoir et, le cas échéant, les effacer ou en fonder de nouvelles. Si elles transcrivent parfois strictement les divisions ethniques fortement structurées à l'échelle macrosociale, elles peuvent aussi les modifier en fonction des enjeux mêmes de la coexistence et de la sociabilité locales. Leur influence sur l'ordre des rapports interethniques est ainsi ambiguë. Prises dans la contingence des situations et des événements, les relations sociales interethniques peinent à le subvertir ; mais elles l'influencent et, sur le long terme, elles le modifient.

C'est au sein même de ces relations que se développent les tactiques qui consistent à mettre en avant ou au contraire, à négliger, l'identification ou l'imputation ethniques. D'une part, les relations interethniques ne sont pratiquement jamais uniquement « ethniques ». L'ethnicité n'est, le cas échéant, qu'une dimension qui interfère dans des relations qui sont économiques et sociales (le travail, l'achat, la consommation, l'accès aux services, l'obtention de droits, le voisinage...). D'autre part, l'ethnicité n'est, pour chaque individu, qu'un recours d'identification possible au sein d'un répertoire d'identités disponibles. Dans les interactions et, notamment les relations de face à face, la mise en relief (la « saillance ») de l'ethnicité est une option qui n'est certes pas entièrement libre, mais qui fait l'objet de manipulations de la part de l'ensemble des protagonistes. Il est ainsi extrêmement banal de voir, lors d'un conflit entre commerçant et client, par exemple, le membre du groupe dominant tenter d'imposer une imputation ethnique ou « raciale » au membre du groupe dominé afin de le discréditer, tandis que celui-ci, au contraire, cherche à se faire reconnaître comme un citadin « ordinaire » en droit d'exiger son dû, et parfois même essaie d'invalider les propos de son contradicteur en l'accusant de racisme.

Racisme individuel, racisme institutionnel
et racisme systémique

Le recul de la légitimité du racialisme et l'adoption de législa-
tions antidiscriminatoires ont en partie modifié les modalités
d'expression du racisme. Si l'expression directe, l'hostilité avouée ou
la discrimination ouverte ont quelque peu reflué, les inégalités et les
stratifications « raciales », elles, persistent.

C'est pour analyser cette nouvelle situation qu'un certain
nombre de propositions conceptuelles ont été élaborées depuis la fin
des années soixante. En l'état actuel, ces notions (qui prennent
généralement la forme d'une adjectivation du mot racisme), sont
toutes encore en débat, ce qui fait que leur définition est encore
quelque peu mouvante. Leur emploi exige donc, en chaque cas,
d'être explicité.

La distinction entre racisme individuel et racisme institutionnel
(institutional racism) est venue de militants des droits civiques aux
États-Unis. Ceux-ci ont fait valoir que l'inégalité structurelle des
Noirs américains n'est pas seulement le fruit des préjugés, des inten-
tions et des comportements discriminatoires de la majorité blanche
(racisme manifeste), mais le produit d'un ensemble intégré de dispositifs qui assure la perpétuation du pouvoir des Blancs et défavorise
systématiquement les Noirs dans la compétition (racisme caché).
L'ouvrage de Carmichael et Hamilton, *Black Power : The Politics of
Liberation in America*, publié en 1967, a ainsi inauguré une série de
travaux sur le racisme en tant que structure sociale découlant de
règles, de procédures et de pratiques, souvent routinières, appliquées
par les institutions (terme ici entendu au sens large, incluant les
organisations, les appareils bureaucratiques comme les institutions
formelles).

L'apport indéniable de la notion de racisme institutionnel est
d'avoir mis en lumière l'imprégnation de fait du « sens de la supré-
matie blanche » dans le fonctionnement aveugle des institutions.
Elle a aussi souligné l'extension du fait raciste – indépendamment
ou à côté des formes discursives et comportementales explicitement
référées à une idéologie, une doctrine, ou des préjugés – et ses effets
dans la perpétuation des inégalités « raciales ».

Cette notion continue de faire l'objet de nombreux débats, dans
lesquels il serait trop long d'entrer ici. On notera seulement deux
difficultés généralement admises. La principale est son fonctionne-

ment logique circulaire. Le « racisme institutionnel », en effet, englobe d'une part, les comportements (individuels ou collectifs) et les processus (bureaucratiques, institutionnels), et, d'autre part, leur résultat, à savoir la stratification « socioraciale ». Du coup, causes et conséquences de l'inégalité se démontrent les unes par les autres. La seconde tient au caractère « globalisant » de la notion, qui fait toute sa vertu dénonciatrice, mais pose quelques problèmes analytiques lorsqu'il s'agit de mieux comprendre ce qui se passe au sein même des organisations. On peut en effet y trouver de la coutume institutionnelle structurellement discriminatoire (le racisme *de* l'institution, de fait institutionnalisé ou bureaucratisé), mais on y observe aussi, parfois de façon systématique, une application discriminatoire de règles qui ne le sont pas par elles-mêmes (que l'on songe aux contrôles plus « tatillons », aux exigences de « preuves » supplémentaires, à la non-prise en considération de certaines réclamations ou aux soupçons *a priori* infligés aux minoritaires) qui forme ce que l'on appelle parfois fort clairement mais un peu restrictivement « racisme de guichet », et qui relève, plus généralement, du racisme *dans* l'institution, parfois dans une tolérance générale (la police, la justice, la douane en offrent des exemples multiples, mais aussi nombre de services, publics ou non, tels que les organismes de sécurité sociale, les banques, les assurances, etc.). Ces deux formes de racisme distinctes, lorsqu'elles se cumulent, composent ensemble ce véritable racisme « institutionnel » ou structurel que dénoncent à raison leurs victimes.

Pour dépasser l'opposition parfois jugée trop rigide entre racisme individuel et racisme institutionnel, et surtout pour montrer leur caractère cumulatif, certains auteurs ont proposé le concept de « racisme systémique ». Celui-ci est présenté comme le résultat ou, plus précisément, comme le point de rencontre entre des formes « interactionnelles » et des formes « structurelles » de racisme. Les premières sont constituées des « micro-inéquités » répétitives et corrosives, mais inattaquables juridiquement, les secondes par les règles et procédures de traitement, l'une et l'autre formes étant incorporées aux règles éthiques et socioculturelles du fonctionnement ordinaire des institutions, voire des sociétés tout entières. L'intérêt de la notion de racisme systémique est de montrer que chaque type ou mode de discrimination, potentialise les autres et de montrer la multiplicité des acteurs individuels ou collectifs qui y participent, y compris, souvent, les personnes qui en sont elles-mêmes victimes.

41

Racisme flagrant, racisme voilé,
racisme symbolique

Même si le point de départ est le même, la distinction entre racisme ouvert et racisme voilé (en anglais, *overt* et *covert racism*) ne recouvre que partiellement celle que les premiers théoriciens du racisme institutionnel nommaient racisme manifeste et racisme caché. Le racisme « voilé » est formé des manifestations non explicites, indirectes et non violentes de racisme[1] qui se développent dans le contexte de reflux – et d'interdiction formelle – de ses formes d'expression expresses, directes et offensives. C'est surtout dans le champ psychosociologique que les recherches sur ce sujet se sont développées. Elles ont permis de mettre en lumière les modalités d'expression ostensiblement non racistes d'attitudes à fondement raciste sous-jacent. Le racisme voilé prend significativement, par exemple, la forme du refus d'émettre des sentiments positifs à l'égard de tel ou tel groupe minoritaire plutôt qu'à formuler à son endroit des affects négatifs ; du souhait de l'expulsion des étrangers délinquants ou « sans papiers », plutôt que de tous les « immigrés » ; de l'exagération des différences entre cultures et systèmes de valeurs plutôt que du recours aux imputations « raciales »... Le racisme voilé est aussi caractérisé par des prises de positions « conformistes » (respect de la loi et imposition de l'assimilation culturelle et normative aux minoritaires) et une tendance au *statu quo* (ne rien faire pour améliorer la situation des minoritaires, ne pas modifier les lois contre le racisme...).

Il est difficile d'étudier l'expression comportementale du racisme voilé, car la nécessité du croisement systématique d'indicateurs divers forme obstacle. Force est de constater que ce sont les victimes de ces actes qui en sont, à ce jour, les meilleurs sociologues. Plaisanteries ambiguës, ironie douceâtre, étonnements candides, mises à l'écart de fait, dénigrement latent et soupçons gratuits composent bel et bien la charpente de relations de domination que les institutions, l'univers de travail, les espaces et la scène publics autorisent, à condition qu'ils ne s'expriment que sous cette modulation « policée ».

1. L'expression « racisme voilé » n'est pas « fixée ». Les mêmes attitudes peuvent être nommées, selon les auteurs, « racisme sous-jacent », « racisme latent », « racisme ordinaire »...

Le « racisme voilé » est assez proche de ce que certains auteurs désignent par l'appellation plutôt obscure de « racisme symbolique ». Cette forme de racisme se présente comme un consentement de fait, voire actif, à l'ordre raciste réel sans intention de le renforcer, et même en admettant que soient mises en place les politiques les moins coercitives pour le réduire (éducation, campagnes d'opinion...). Les auteurs qui recourent à cette notion cherchent à mettre en lumière la dimension proprement symbolique, souvent sous-estimée, des rapports sociaux de domination à fondement raciste. Dans le racisme « symbolique » il y a surtout le refus de voir sa propre existence affectée par des mesures volontaristes de lutte contre les inégalités (par exemple, aux États-Unis, le refus du *busing*, de la politique d'*affirmative action*...). Sans aucune expression d'hostilité ou de préjugé racistes, cette forme de racisme célèbre la compétition libérale et cherche ou vise, généralement dans l'inconscience, le *statu quo* – soit la perpétuation de l'avantage historique des dominants. Les travaux menés sur ce thème, font apparaître les comportements associés au racisme symbolique comme une forme d'égoïsme de classe et de « race », selon une acception psychosociologique parfois moralisante. Ils indiquent que celui-ci est particulièrement fréquent au sein des classes moyennes qui ont les ressources et les compétences pour tenter d'échapper aux effets des politiques d'égalisation des chances. Le racisme symbolique semble aussi lié aux conjonctures où le risque de mobilité descendante intergénérationnelle est jugé important. Le rapprochement avec les contournements de la carte scolaire, y compris par des « antiracistes », en France, est évidemment saisissant.

Discrimination directe et indirecte

S'agissant de discrimination, on est dans l'ordre des actes, des faits et de leur interprétation plutôt que dans celui des opinions, des représentations, des stéréotypes. La distinction entre discrimination directe et indirecte, cependant, est à peu près l'équivalent « comportemental » de celle qui sépare racisme ouvert et racisme voilé. La discrimination directe est immédiate et intentionnelle : elle a pour fonction et effet de maintenir ou renforcer, sans détour ni masque, l'infériorité et la subordination des minoritaires. La discrimination indirecte, au contraire, est un traitement formellement égalitaire, mais qui a pour conséquence d'établir, d'accomplir ou d'entériner l'inégalité[1]. On retrouve ici le mode de fonctionnement du racisme institutionnel ou du racisme systémique : les critères discrets et routiniers, les habitus partagés qui forment le jugement et l'évaluation peuvent avoir un effet d'autant plus défavorable aux minoritaires que ceux-ci n'ont aucun moyen légitime de les contester dans leur principe.

La notion de discrimination indirecte n'est pas totalement dépourvue d'ambiguïté, du fait du statut incertain qu'elle confère, à l' « absence d'intentionnalité ». Elle s'applique ainsi, selon les cas, à des pratiques dont la préméditation est masquée sous des arguments apparemment admissibles (exiger, pour un emploi de femme de ménage, que la candidate « parle parfaitement le français », par exemple) ; à des comportements de fait indifférents à leurs effets en matière d'inégalité (voir les problèmes administratifs rencontrés par les personnes nées dans des pays où les registres d'État civil ont été détruits au cours de conflits) et à des conduites dont l'effet discriminatoire n'est pas même perçu (recruter via le « bouche à oreille » plutôt qu'en publiant une offre d'emploi). Certains sociologues de langue anglaise, notamment les théoriciens du « choix rationnel » préfèrent ainsi distinguer la discrimination « catégorielle » *(categorical discrimination)*, qui correspond à la discrimination directe, de la discrimination « statistique » *(statistical discrimination)*, qui, elle, se déduit des données chiffrées, fruit de comportements dont l'intentionnalité est indécidable et que l'on peut, par hypothèse, considérer comme uniquement orientés vers la maximisation de la situation personnelle.

À la différence des autres notions auxquelles elle peut être rattachée, celle de discrimination indirecte a fait l'objet, dans divers pays, mais pas en France, de transcriptions législatives. L'objectif, en ce cas, est de ne pas s'attarder sur la question de l'intention lorsqu'elle ne peut être prouvée, mais de contraindre à la mise en œuvre, *nolens volens*, de moyens de correction lorsque l'inégalité produite est avérée, la sanction n'intervenant qu'en cas de refus.

La question de la discrimination indirecte est cruciale et fort sensible. C'est par elle que s'exprime une bonne part du racisme contemporain et c'est sur son évaluation que s'élaborent des poli-

---

1. On lit aussi quelquefois « discrimination volontaire » *versus* « involontaire ».

tiques de correction des inégalités « raciales » ou ethniques (États-Unis, Grande-Bretagne, Canada...). Mais son évaluation pose problème, puisqu'elle suppose un examen des inégalités structurelles et de leur reproduction, soit l'établissement de données chiffrées qui permettent de regarder la distribution ethnique ou « raciale » des emplois, des logements, de l'accès aux services et prestations sociaux, à diverses ressources...

Les définitions ici proposées ont pour fonction d'éclairer la lecture des chapitres qui suivent. Elles forment l'armature qui a servi à analyser les données empiriques recueillies au cours de diverses enquêtes, à partir desquelles leur validité a été expérimentée. C'est maintenant au lecteur d'en évaluer la pertinence. Quoi qu'il en soit, elles ne prétendent nullement à l'immuabilité. Au contraire, elles appellent à la critique, à la réforme, au dépassement.

Ségrégation

3. SÉGRÉGATION ET DISCRIMINATION :
INÉGALITÉ, DIFFÉRENCE, ALTÉRITÉ

Le point de départ de cet exposé était de tenter de répondre à la question : « La ségrégation est-elle une discrimination dans l'espace ? » Même s'il n'est guère possible d'y répondre directement, il nous semble qu'elle mérite d'être posée, ne serait-ce que pour obliger à lever les nombreux implicites qu'elle recèle et, plus encore, certaines ambiguïtés qui renvoient, de fait, à des manières fondamentalement différentes d'envisager les problèmes qu'elle soulève.

Ségrégation et discrimination sont, dans le langage courant, des notions voisines, parfois même utilisées l'une pour l'autre[1]. Les principales idées communes aux deux termes sont celles de séparation et de différence.

Discriminer, c'est distinguer, différencier, soit tenir pour distinct ou différent et, par conséquent, traiter distinctement ou différemment. L'opération de discrimination peut être mentale (faculté intellectuelle) ou matérielle (pratique concrète). La coupure est, par définition, moins abstraite dans la ségrégation : ségréger, c'est, étymologiquement, séparer du troupeau, instaurer une distance physique, spatiale, entre une partie (un ou plusieurs éléments) et le reste du groupe.

Les deux termes renvoient ainsi explicitement à un principe de disjonction : la séparation s'opère sur ce qui fut ou pourrait être

---

1. Le statut des Noirs dans les États-Unis d'avant les droits civiques, par exemple, est aussi bien décrit en termes de ségrégation que de discrimination institutionnelles. Il en va de même pour le système d'apartheid.

joint, c'est-à-dire considéré ensemble, comme un tout. Il faut insister sur ce point, car il signifie implicitement qu'en dépit des discours tendant à montrer l'« évidence » de la distinction, celle-ci n'est jamais totalement tenue pour acquise. Pour disjoindre et continuer de le faire, il faut le justifier, puisque aussi bien, *il existe potentiellement un référent plus général qui légitimerait l'englobement, le traitement unitaire.*

C'est là l'une des raisons pour lesquelles discrimination et ségrégation ont aussi en commun un usage souvent critique, connoté de jugement éthique négatif. Une autre raison tient à ce que la disjonction comporte d'inégalité. C'est même aux seules situations dans lesquelles la différence de traitement est productrice d'inégalités que ces termes sont, et, selon certains auteurs, doivent être, réservés. C'est ainsi que procède G.-W. Allport (1954) pour qui la discrimination « apparaît lorsque nous refusons aux individus ou aux groupes humains l'égalité de traitement qu'ils sont en droit d'espérer ». Allport souligne lui-même les limites de sa propre définition. Car s'il existe une égalité « qu'on est en droit d'espérer », cela signifie qu'il *existe des égalités qu'on n'est pas en droit d'attendre...* L'espace de légitimité de l'égalité est borné, celui de l'inégalité, lui, reste ouvert[1]... Comme le souligne fort justement John Rawls (1971), le principe de l'égalité des chances et des droits laisse entière la question de « la répartition de la richesse et de l'autorité », autrement dit de l'inégalité des conditions socio-économiques et des statuts (considération, honneur, dignité), et de leur légitimité.

C'est parce qu'elles se révèlent relativement ambiguës que les notions de discrimination et de ségrégation donnent lieu à de vives controverses. Elles s'insèrent, en fait, dans le vaste débat sur les rapports entre différence et inégalité, mais s'y inscrivent d'une façon singulière (et via d'autres notions) dont nous aborderons ici, après bien d'autres auteurs, quelques aspects[2].

---

1. La discrimination entre étrangers et nationaux pour l'accès à certains droits – politiques, en particulier – est ainsi non seulement légale mais généralement considérée comme légitime par les opinions publiques dans les États-nations.
2. Nous laisserons ici de côté, par commodité, ce qui relève seulement de la discrimination comme faculté ou opération intellectuelle appliquée à un corpus intellectuel : l'adoption d'une démarche analytique qui consiste à dé-composer, à dé-construire, à « décortiquer » une représentation des réalités pour mieux la constituer comme objet de connaissance. Nous y insistons cependant pour qu'on garde à l'esprit ce sens fondamental. Il n'est pas sans rapport, loin s'en faut, avec les réalités historiques et sociales auxquelles on s'attache ici.

On parle de discrimination ou de ségrégation en trois sens différents (cf. pour la ségrégation, Grafmeyer, 1994).

Selon les dictionnaires et probablement l'entendement commun, il s'agit *d'actions*, de pratiques. Ainsi, la loi française définit la discrimination comme une action volontaire[1]. Cette définition porte l'accent sur l'auteur individuel ou collectif, présumé identifiable, d'un acte présumé intentionnel. Dans le droit français, en l'absence d'intention, donc, il n'y a pas d'infraction. L'analyse des quelques procès en la matière, mais plus encore leur rareté, montrent que la poursuite en justice se heurte systématiquement à la difficulté d'apporter la preuve d'un tel dessein (De Rudder, Tripier, Vourc'h, 1994 ; voir aussi *infra,* chap. 6).

L'exemple de la législation britannique montre une évolution divergente. L'existence d'une discrimination *indirecte* (cf. chap. 2) est reconnue. Elle est définie comme le résultat de pratiques individuelles ou collectives, éventuellement institutionnelles, qui défavorisent *de facto* et indépendamment de toute intentionnalité, certaines personnes ou certains groupes, en raison d' « effets contraires préexistants » à l'instauration de l'égalité. C'est donc le résultat, et non l'acte lui-même, qui focalise l'attention. On évolue vers une définition commune de la discrimination ou de la ségrégation comme *état*. Le regard est alors déplacé du mobile des auteurs vers le sort des victimes. Celui-ci est évalué par comparaison, à l'aide de divers indicateurs, plus ou moins pertinents, objectifs et faciles à construire, concernant, par exemple, l'accès à l'emploi, au logement, à certains droits, sociaux ou politiques, à certains quartiers, espaces, services, équipements... Ces indicateurs, eux-mêmes, font l'objet de discussions quant à leur pertinence, leur justesse, leur validité, etc. C'est sur cette base que travaille la Commission pour l'égalité raciale en Grande-Bretagne[2]. La structure des différences

---

1. Le Code pénal de 1993 stipule : « Constitue une discrimination toute distinction opérée entre les personnes physiques à raison de leur origine, de leur sexe, de leur situation de famille, de leur état de santé, de leur handicap, de leurs mœurs, de leurs opinions politiques, de leurs activités syndicales ou de leur appartenance, vraie ou supposée, à une ethnie, une nation, une race ou une religion déterminée » (*JO*, 23 juillet 1992, p. 9882).

2. Cette conception de la discrimination s'est aussi développée aux États-Unis. Elle a notamment ouvert la voie à l'adoption de mesures correctives des inégalités structurelles historiquement héritées : politiques dites d'*affirmative action* (cf. chap. 6).

et des inégalités forme ici l'objet central de l'analyse, répondant à une logique d'émancipation des groupes minoritaires, reconnus comme tels.

Une troisième manière, proche de la précédente, de considérer ces faits s'intéresse prioritairement aux *processus*, considérés comme des enchaînements de causes. La discrimination et la ségrégation y sont vus comme des états, mais c'est à la mise au jour des comportements et des forces – sociales, économiques, politiques, institutionnelles – qui concourent à les produire que l'on s'attache alors, dans une perspective d'analyse des logiques sociales de construction et reconduction des inégalités ou des différences.

Selon la façon dont on envisage ces phénomènes, les questions que l'on se pose ne sont donc pas les mêmes. Regarder la discrimination et la ségrégation comme des actes conduit à s'intéresser directement aux protagonistes, souvent selon une logique mimétique de celle de la justice, où domine quelque peu la recherche d'un « coupable » et d'une « victime ». L'évocation du racisme, dans la recherche française, manifeste fréquemment cette logique de quête d'identification de « qui est raciste ? ». Mais à les considérer comme des états, on encourt, à l'inverse, le risque de voir se diluer non seulement toute responsabilité, mais encore tout acteur de la relation de discrimination ou de ségrégation, voire tout rapport social, ce à quoi conduit d'ailleurs, comme on le verra, tout une série de travaux descriptifs de la division sociale de l'espace. C'est aussi l'aléa que comporte l'analyse des processus, qui est la plus difficile à mener, car elle suppose la prise en considération de très nombreux facteurs et acteurs, sans toujours pouvoir ni en pondérer l'importance relative, ni dégager la signification des processus mis en lumière.

TROIS CONCEPTS DE RÉFÉRENCE :
ASSIMILATION, ÉGALITÉ, INTÉGRATION

Yves Grafmeyer, dans le texte déjà cité, montre que l'on peut concevoir la ségrégation de diverses manières selon le contrepoint normatif qu'on lui oppose explicitement ou implicitement.

Nombre d'auteurs, dans la lignée de Robert Park (1926), promoteurs de la mesure et des indices de ségrégation, opposent, de fait, la ségrégation à l'*assimilation* (ce qu'indique clairement le nom même donné à l'*indice de dissimilarité*). La répartition dans l'espace, généralement la répartition résidentielle, est tenue comme indicatrice de différences, de distances plus ou moins grandes entre les groupes : « La distance spatiale est clairement liée à la distance sociale » concluent ainsi Otis et Beverley Duncan (1955). Cette tradition de recherche n'exclut pas de travailler sur des catégories définies selon des critères socio-économiques mais elle s'est, en fait, particulièrement intéressée à d'autres types de distinction, qu'il s'agisse de groupes statutaires (notamment en France)[1] ou des groupes ethniques et « raciaux » (particulièrement dans les pays anglo-saxons).

Même s'il n'y a pas de frontière nette avec l'approche précédente, certains courants de recherche se sont plutôt attachés à trouver, dans les différences de localisation résidentielle, d'accès aux équipements collectifs, de qualité du logement, etc., les indicateurs de l'absence ou de l'insuffisance d'*égalité*. « Les travaux qui s'inscrivent dans cette perspective, souligne Yves Grafmeyer, n'accordent généralement qu'une faible place à la question de l'immigration et des minorités ethniques. » En effet, cette question est alors entièrement subsumée sous la question sociale qui la recouvre et, pour une part, la masque.

Une troisième perspective aujourd'hui très développée en France, s'intéresse plutôt à la marginalité ou à ce qu'il est aujourd'hui convenu d'appeler l'« exclusion ». Sans faire l'objet d'une théorie unifiée, puisqu'on y trouve aussi bien des auteurs attachés à l'analyse de la déviance que d'autres qui s'interrogent sur la désagrégation du « lien social », cette problématique est surtout attachée à la description de ce qui empêche ou perturbe l'« intégration ». Les facteurs additionnés de la localisation et de la qualité du logement, de la crise de l'emploi et, éventuellement, de l'appareil scolaire sont conjugués ici avec l'appartenance sociale et/ou ethnique dans des analyses qui en font ressortir l'articulation et le cumul.

La notion de discrimination révèle des ambiguïtés similaires, selon que l'on s'attache plutôt à la différence de situation, à l'inégalité de traitement ou à la marginalité sociale. Si son usage est,

---

1. Cf. les travaux de N. Tabard et, plus généralement, d'écologie factorielle. Voir aussi les ouvrages de M. Pinçon et M. Pinçon-Charlot (1989) et Y. Grafmeyer (1992).

en France, plus généralement critique encore que celui de ségrégation, c'est parce qu'il est en partie tautologique : seules sont qualifiées de « discriminatoires » les distinctions jugées illégitimes. Il
s'ensuit des débats parfois sans fin pour distinguer ce qui, dans la
situation de certains groupes sociaux ou populations, relève
d'inégalités et de différences inscrites dans l'ordre social inégalitaire,
tel qu'il est « contenu au sein du principe égalitaire », pour para-
phraser Louis Dumont (1966), soit, donc, de pratiques légitimes
(même si la légitimité en est socialement contestée), d'une part, de
ce qui relève d'une atteinte à ce même principe, d'autre part. On
peut en particulier noter que la dénonciation de la discrimination
ethnique ou « raciale », qui s'appuie sur le fait qu'elle est basée sur
des critères inacceptables (du type de l'*ascription*), comporte le
risque, peut-être paradoxal mais bien réel, de légitimer subrepticement les discriminations proprement sociales.

En ce domaine, cependant, la France est particulièrement en
retard et on n'y connaît guère de travaux un tant soit peu systématiques sur les discriminations. C'est, en fait à un évitement de cette
question que l'on assiste, surtout si l'on considère les divisions ethniques ou « raciales »[1]. Quant aux travaux sur la distribution des
populations, fort nombreux depuis une quinzaine d'années, ils
s'attachent plus souvent à la description de la répartition des
groupes socio-économiques et, bien plus rarement, ethniques, dans
l'espace qu'aux processus qui y conduisent.

De fait, la notion de ségrégation a quelque peu perdu le contenu
critique qui l'associait initialement à la discrimination. Les travaux
sur la division sociale de l'espace apparaissent de plus en plus souvent ininterprétables en ces termes. Les forces qui la déterminent et
qui participent de la concentration ou de la dispersion, semblent
multiples, impersonnelles et difficiles à démêler, et la discrimination
proprement dite s'y trouve diluée dans une série causale complexe :
inadéquation quantitative ou qualitative entre l'offre et la demande
de logement, spéculation foncière et immobilière, internationalisa-
tion des économies et polarisations régionales, crise économique,
crise de l'emploi, stratégies résidentielles des divers groupes socio-

1. En ce domaine, les études féministes ont en effet effectué une « percée » qui
n'a pas été suivie pour ces autres catégorisations. Elles ont établi et contribué à faire
reconnaître non seulement les discriminations directes subies par les femmes, mais
encore l'inégalité systémique, fruit de la discrimination indirecte, dont elles sont
victimes.

économiques ou socioprofessionnels... (sur l'ensemble de ces problèmes, voir Brun et Chauviré, 1990 ; Lacascade, 1979 ; Brun et Rhein,
1994, etc.). On sait ainsi fort peu de choses, si l'on excepte quelques
travaux qui concernent les procédures d'attribution des logements
sociaux (Dupuy, 1988), sur la nature, le poids et les formes de la
discrimination résidentielle à base ethnique ou « raciale », et on
ignore tout de son rapport – plus souvent allégué que démontré –
avec l'ensemble des phénomènes ségrégatifs, quelle que soit la façon
dont ils sont abordés.

QUELQUES AMBIGUÏTÉS FONDAMENTALES

Les trois grands contrepoints normatifs sous-jacents à l'emploi
des notions de ségrégation et de discrimination n'épuisent pas entièrement l'ambiguïté qui les caractérise. Il a été fait jusqu'ici usage des
expressions « différence », « inégalité », « distinction », « séparation », « coupure »... sans grand souci de définition. Il existe cependant une chaîne sémantique associant diverses notions, dans l'abord
de ces questions qui, tout à la fois, complexifient et éclairent leur
contenu explicite ou latent. Ce sont, plus particulièrement, quelques
ambiguïtés relatives aux rapports entre discrimination et ségrégation
que nous voudrions aborder ici.
Allport (1954) définit la ségrégation comme l'un des trois degrés
de la discrimination « raciale », le second, après le rejet verbal et
avant les violences physiques. Elle est, selon lui, une discrimination
dans l'espace, soit l' « imposition de frontières spatiales accentuant
le désavantage de l'*out group* ». Le fait que le terme soit fort souvent réservé aux phénomènes de concentration de populations défavorisées, et souvent culturellement, voire « racialement » différenciées, atteste de la persistance du lien, parfois seulement implicite,
qui continue d'associer les deux notions.
La séparation spatiale, ou plus exactement la division sociale de
l'espace, n'a cependant pas été étudiée exclusivement en ces termes,
comme on l'a vu. Mais d'autres considérations ont été et doivent
être prises en compte pour tenter d'éclaircir les rapports entre discrimination et ségrégation.

L'un des facteurs communs d'ambiguïtés récurrentes concerne les fondements de la différence de traitement dans laquelle nous avons identifié un point commun aux notions de discrimination et de ségrégation. L'étymologie de ce dernier terme est particulièrement éclairante pour ce qui nous occupe ici : la séparation peut être instaurée pour deux objectifs « prophylactiques » opposés, soit que l'on isole les plus faibles pour les protéger de la masse des plus forts, soit qu'à l'inverse, on isole les individus malades ou dangereux pour protéger la masse de leur contamination (Bernand, 1992).

Le ghetto historique, européen, recelait bien cette ambivalence. Établi pour protéger les Gentils de la « nocivité » des Juifs, il a pu parfois, avec l'aide du Prince, protéger ces derniers contre les pogromes. Louis Wirth (1928) souligne, lui aussi, ce double-jeu « pervers » du ghetto américain des débuts de ce siècle, lieu d'enfermement et de protection, tout à la fois ou alternativement.

Mais, sans ghetto, c'est bien aussi à cette ambiguïté que réfèrent les débats sur la part de ségrégation imposée, donc subie et la part d'autoségrégation, de retrait volontaire dans des quartiers ou des îlots de regroupement ethniques. Ces débats sont souvent totalement abstraits des conditions concrètes dans lesquelles s'effectue le regroupement et, plus encore, de celles d'une éventuelle déségrégation, lorsque celle-ci peut contradictoirement entraîner soit une intégration dans le droit commun associée à un progrès vers l'égalité, soit la désagrégation d'un milieu social d'entraide et de solidarité non compensée par un meilleur accès aux ressources.

La notion de discrimination recèle, peut-être de façon moins évidente, ces mêmes ambiguïtés. En témoignent, d'ailleurs les controverses sur les politiques de *positive action* ou de « discrimination positive ». Ces exemples, parce qu'ils sont très explicites, révèlent la double face de la discrimination, selon les objectifs qu'elle se donne, double face qui n'est pas moins présente dans bien des aspects des politiques sociales correctrices déployées par ce qu'il est convenu d'appeler l'État-Providence. Les débats sur l'efficacité et les « effets pervers » des politiques de redressement des inégalités encombrent les colonnes de journaux. Ils renvoient, le plus fréquemment, aux oppositions entre partisans des politiques libérales, selon lesquels l'enrichissement des riches ne peut qu'être favorable aux plus démunis par « effet de cascade », et pour qui les politiques sociales décourageraient les pauvres de rechercher une solution ailleurs que dans la dépendance, aux partisans des politiques sociales interventionnistes, qui en appellent à la solidarité nationale, à l'égalité, à la cohésion voire à la restauration du « lien social »[1]...

La connotation péjorative des termes de discrimination et de ségrégation masque ainsi quelque peu les enjeux sociaux dont les faits auxquels ils réfèrent sont porteurs. La part de protection – physique, sociale, économique... – est à la mesure du risque encouru à entrer purement et simplement dans le droit commun et l'égalité formelle. Ceci explique plus sûrement que bien d'autres choses ce qui est identifié comme de l'autoségrégation, voire de l'autodiscrimination, qu'il s'agisse des emplois ou des logements auxquels on renonce à postuler par crainte de se voir opposer un refus systématique au titre de son origine (ou de son âge, de son sexe, de son adresse...) ou qu'il s'agisse des agrégations ethniques urbaines ou périurbaines, jusqu'à la prise de contrôle (d'ailleurs relative) d'un territoire.

D'un autre côté, nombre d'auteurs ont souligné la focalisation presque exclusive des études de la ségrégation et de la division sociale de l'espace sur les seules populations démunies, privées de choix, assignées à résidence et captives de leur logement (cf. Lacascade, 1979). Sans doute faut-il y voir pour une part l'effet de la commande publique, centrée sur « les problèmes sociaux », mais aussi, au-delà, celui du souci « méliorste » des chercheurs. Pourtant, des travaux sur les « beaux quartiers » ou les « nouveaux villages » huppés ont mis en lumière non seulement les taux de ségrégation extraordinairement élevés qui y prévalent souvent, mais aussi les procédés, légaux ou non, par lesquels les habitants de ces zones

---

1. Selon Jewson et Mason (1992) un débat semblable a lieu, aux États-Unis comme en Grande-Bretagne, à propos de la *positive action* entre deux approches dites « libérale » et « radicale ». La première considère que si l'on supprime les obstacles et barrières illégaux et illégitimes sur le marché du travail, en s'appuyant, à chaque étape du processus, sur l'institutionnalisation de procédures dites « équitables », le « marché » garantira aux individus, à mérite égal, un traitement équitable. L'approche « radicale » fait valoir que les aptitudes, le mérite, les qualifications... ne sont pas des attributs strictement individuels parce qu'ils sont non seulement produits socialement mais aussi transmis socialement. Ils constatent de plus que l'éducation, la socialisation, etc., entrent directement et plus efficacement dans l'allocation des places que le simple mérite individuel. Ils estiment donc que seules des mesures de *positive discrimination* peuvent permettre aux groupes minoritaires, l'accès aux ressources diverses en intervenant directement sur les modes de formation et d'évaluation des individus.

se protègent, en sus de la barrière économique, de toute promiscuité (Brun et Chauviré, 1990 ; Pinçon et Pinçon-Charlot, 1989). La situation française n'est certes pas aujourd'hui à l'image de celle des *gated communities* américaines, quartiers suburbains clos, privatisés, dotés de règlements internes hyper-ségrégatifs et surveillés en permanence contre toute intrusion (McKenzie, 1994). Ces « ghettos du Gotha », ces « quartiers murés », ne peuvent être, certes, regardés de la même façon que les quartiers de relégation où se trouvent rassemblées des populations qui n'ont guère de choix. Quelle que soit la réponse que l'on donne à la question de savoir s'il convient, ou non, d'user des mêmes termes de « ségrégation » voire de « ghettos », pour ces secteurs, les pratiques et dispositifs mis en œuvre par ces privilégiés restent, pour ce qui nous intéresse ici, d'un intérêt central. Ceux-ci relèvent de plusieurs ordres articulés, mais distincts : la protection (contre la coexistence, contre le contact, contre la délinquance...), le contrôle du territoire par son appropriation privative et surtout, la discrimination sociale, ethnique et « raciale » systématique.

Bien au-delà des débats sur la ségrégation proprement dite, ce que l'attention portée aux seules victimes masque, ce sont les moyens d'exclure, ou de s'exclure, de la coexistence, ici résidentielle, mais qui seraient nécessairement éclairants pour d'autres domaines ou espaces, tels l'emploi, l'école, les lieux de loisir...

Distance et mise à distance

Un autre élément d'ambiguïté – mais celui-ci est bien connu en sciences sociales – concerne ce qu'il est convenu de nommer « distance » sociale ou culturelle.

Ces rapports de distance et de proximité, ces jeux d'instauration/suppression/déplacement ou restauration de frontières symboliques, ont été fort bien décrits, pour les groupes sociaux et surtout pour la bourgeoisie, par Goblot (1925), puis Bourdieu (1979). Les *Digressions sur l'étranger* de Georg Simmel, si souvent citées, puis l'œuvre de Frederik Barth (1969) font référence pour ce qui relève des groupes ethniques.

Même si certains auteurs semblent parfois hésitants, voire contradictoires sur ce point, la notion de distance ne renvoie pas d'abord à une réalité objective, mais au contraire à une perception subjective de différence, exprimée en parole ou en actes par les membres d'un groupe à l'égard d'un ou plusieurs autres. Il s'agit d'un sentiment d'éloignement ou d'affinité, à la fois vécu et imaginé, entre personnes et collectivités en contact. Ce sentiment de distance n'a rien de bijectif (de réciproque, de symétrique). Le groupe A peut se sentir plus distant du groupe B que le groupe B du groupe A, ce qui suffirait d'ailleurs à retirer toute prétention d'objectivité à la notion de distance. La psychologie sociale s'est depuis longtemps, en tout cas depuis Emory Bogardus (1933), intéressée à ces représentations des rapports sociaux en termes de fermeture ou d'ouverture. Dans l'échelle élaborée par Bogardus, ce qui est objectif, c'est la mesure (ou plus exactement le classement ordonné) des attitudes, pas la distance elle-même (Fichet, 1993).

Park (1926), directement inspiré par Simmel et inspirateur de Bogardus, considère que « le concept de distance » concerne « les niveaux et degrés de compréhension et d'intimité qui caractérisent les relations humaines et sociales en général ». Cette distance est, selon Park « distincte des relations spatiales ». Si, selon lui, la ségrégation se définit comme « la distance spatiale qui marque et reflète la distance sociale », la première n'est une condition nécessaire ni au sentiment, ni au marquage de la seconde. Que l'on songe, sans aller bien loin, aux coexistences « fonctionnelles » dans les quartiers bourgeois entre maîtres et domestiques ou à ce qu'il est convenu d'appeler les « problèmes de cohabitation » interethnique, évoqués *ad mauseam*, à propos des grands ensembles[1].

Ces deux exemples se situent sur deux registres distincts. Pour reprendre la terminologie weberienne (Weber, 1922), le premier renvoie à un ordre « vertical », c'est-à-dire ordonné hiérarchiquement, des catégories socioprofessionnelles, des revenus et des statuts sociaux ; le second à un plan « horizontal », plus qualitatif, où se déploient les catégories de populations définies par leur culture, leur religion, leur « race ». Park, en recourant aux termes de « niveaux » et de « degrés » laisse planer le doute sur la possibilité de rapporter la distance sociale à un ordre quantitatif objectif. Mais, si, par effet métaphorique, on peut à la rigueur croire que les distances sociales pourraient s'ordonner selon un *continuum* hiérarchique à l'image de la représentation de la société en strates

---

1. Pour les « problèmes » de cohabitation interclasses, voir l'article si souvent cité, de J.-C. Chamboredon et M. Lemaire (1970).

séparées par des degrés (de richesse, de pouvoir, d'honneur social), cette opération est inconcevable pour ce qui concerne les catégories discontinues et hétérogènes de culture, religion ou « race ». Aucun indicateur objectif, autre qu'ethnocentrique ou raciste, ne permet de dire qu'une culture est plus ou moins distante d'une autre, ni que l'une d'entre elles est plus distante qu'une autre d'une troisième (De Rudder, 1987).

Weber considérait que les distinctions ethniques étaient plus propices à la ségrégation que les différences strictement socio-économiques. Aujourd'hui, géographes et sociologues sont partagés sur ce point. L'articulation « race »-classe, qui caractérise les ghettos américains contemporains est interprétée différemment, par exemple, selon que l'on y voit d'abord une frontière sociospatiale (William Julius Wilson, 1987) ou un *apartheid soft* (Massey et Denton, 1992). En France même, la tendance générale à l'amélioration des conditions de logement des « immigrés » masque des disparités plus ou moins nettement polarisées : l'accès progressif des uns à l'espace et au confort contraste vivement avec la constitution d'enclaves de situations dégradées. Ce phénomène de polarisation ne touche pas seulement les populations immigrées ou issues de l'immigration, mais il les affecte de façon particulière. Ainsi, la ségrégation sociale et la ségrégation ethnique, si elles se cumulent en bien des cas, ne semblent pas purement et simplement identifiables ou réductibles l'une à l'autre.

Catégorisation et production de différence

Un autre point sur lequel il convient d'insister concerne les « différences » sur lesquelles s'appuie l'opération de séparation, de distinction, « différences » qui, tout à la fois, l'autorisent (symboliquement) et la permettent (concrètement). Ces « différences » participent de catégorisations « spontanées » ou codifiées dans les pratiques administratives, politiques, etc. Quel que puisse être le caractère sensible qu'elles revêtent pour les protagonistes de l'interaction ou l'impression d'évidence qu'elles dégagent, ces différences, comme les catégories auxquelles elles donnent naissance, sont historiquement et socialement construites.

Sans revenir sur les apories de l'usage de la notion de différence (cf. De Rudder, 1987), il faut néanmoins souligner que, dans bien des cas, ce sont précisément la discrimination et la ségrégation qui construisent, par elles-mêmes, les différences et catégorisations sur lesquelles elles s'appuient, ou qui les renforcent. Les nombreux travaux sur la constitution ou la recomposition des identités collectives et des ethnicités en exil, chez les immigrés comme chez les réfugiés, montrent le poids des hétéro-définitions, des perceptions globalisantes, des attitudes méfiantes ou négatives sur la formation de la différence et de ses « signes » (cf. par exremple, Sarna, 1978). Nombre d'analystes du « revival ethnique », aux États-Unis insistent, de même, sur le contexte états-unien de déclin et d'inefficacité des luttes de classes dans la production de la « néo-ethnicité » comme forme de mobilisation compétitive (Glazer et Moynihan, 1975).

Discrimination et ségrégation fonctionnent ainsi comme des prophéties autoréalisantes. Mais il ne s'agit pas seulement de représentations, de stéréotypes ou de préjugés, comme le suggérait Thomas (1923) : il s'agit d'actes et de réalités sociaux concrets... On a trop souvent tendance à considérer que les images précèdent les comportements (la théorie qui présente le préjugé comme « moteur » de l'action discriminatoire, par exemple)[1]. Or les faits sociaux, les pratiques sociales, eux-mêmes, auto-alimentent la reproduction de ces réalités et de ces comportements. La subordination, la dépendance, l'inégalité autorisent, en quelque sorte d'eux-mêmes, parce qu'ils paraissent « dans la nature des choses », la reconduction de ces traitements envers les groupes sociaux qui y sont soumis. Il en va de même, pour l'autorité, la puissance, le pouvoir qui confèrent à ceux qui les exercent une sorte de droit de persévérer. Mais, quitte à passer par les représentations, il ne faut pas oublier que l'activité mentale est incessante, et que les rapports sociaux ici évoqués ne sont pas seulement le produit de représentations positives ou négatives, ils en sont aussi à l'origine : la condition sociale dépréciée est productrice d'images dépréciatives, lesquelles renforcent sa perpétuation (ceci vaut, d'ailleurs, pour les dominants comme, bien souvent, pour les dominés, et ne relève donc pas seulement d'une rationalisation ou d'une autojustification).

---

1. Théorie longtemps dominante en psychologie sociale et encore souvent explicitement ou implicitement admise. Bogardus (voir *infra*) considérait aussi les attitudes comme propension à l'action et cherchait, à partir d'elles, à expliquer les comportements.

La distinction entre différence et inégalité, entre dissemblance culturelle et disparité socio-économique demeure analytiquement nécessaire, mais elle rencontre des limites et, parmi celles-ci, une profonde ambivalence constitutive de la représentation du social. G. Leclerc (1979) a montré que si la sociologie et l'ethnologie se sont fondées comme l'étude des ouvriers « ici » et celle des sauvages « ailleurs », elles ont parfois permuté certaines de leurs représentations. Ainsi, tandis que les pauvres ont été longtemps perçus comme les « primitifs » des sociétés industrielles, les peuples colonisés ont pu être collectivement appréhendés comme les exploités des métropoles.

Dans les représentations « spontanées », ces permutations sont fréquentes. L'inégalité, elle-même, est productrice de différences, tandis que les différences, réelles ou supposées, « supportent » l'inégalité. Le maintien d'une distinction entre ces deux ordres est donc en partie de nature épistémologique : il permet d'analyser l'articulation entre le culturel, d'une part et le social, l'économique et le politique, d'autre part, dont les relations, pour être intimes, s'organisent dans des configurations variables qui font tout une part de l'intérêt des relations interethniques et « interraciales ».

La distinction des deux registres d'expression de la différence, soit le social et le culturel, permet donc de penser « dialectiquement » deux modes d'instauration de frontières sociales. Soit on s'intéresse à l'ordre « vertical » de l'accès, voire de l'accaparement, de ressources désirables, auquel cas la frontière a une fonction de préservation des avantages ou des privilèges, quelque chose comme le refus de partager ; soit l'on s'attache à l'ordre « horizontal » des cultures, des modes de vie, des façons d'être et de penser, auquel cas la frontière a une fonction de préservation de l'entre-soi, quelque chose comme le refus de coexister. Ces deux refus s'expriment ensemble dans les quartiers « surségrégés » des classes dominantes qui non seulement s'agrègent mais se protègent de toute immixtion « étrangère » dans leurs territoires privatisés.

Ce refus même de coexister se décline encore de deux façons différentes. Il peut s'inscrire dans un « espace » matériel ou symbolique reconnu, même conflictuellement, comme commun. Mais il peut s'exprimer de façon plus radicale, comme refus de définir ou de reconnaître tout « espace » commun.

La « différence » ou la « distance » délimite le plus souvent un même « champ » (« champ » que figurerait métaphoriquement l'espace construit par les deux plans vertical et horizontal). On a vu, cependant, que le registre de la différence n'est pas unique. La culture, la religion, la « race » sont des catégories discontinues et hétérogènes et sont « utilisées » comme telles. On peut même dire, sans exagérer, que l'une des fonctions sociales de la différence est, précisément, d'instaurer de la discontinuité[1].

À la différence rapportée au même (la différence « entre »), qui, socialement, s'exprime presque exclusivement sous la forme de la différence « avec », c'est-à-dire ordonnée par rapport à un référent (Guillaumin, 1979), vient s'ajouter une différence plus radicale, une différence sans référent commun, sans domaine de comparaison, une différence « absolue ». Cette différence-là est évidemment un leurre. Elle n'*existe* pas dans les rapports sociaux, mais elle s'y introduit, le plus souvent subrepticement, comme chimère d'altérité totale, comme *figure* de l'extériorité, de l'incommensurabilité. Au sein du couple conceptuel « différence/inégalité », un troisième terme vient donc à la fois s'ajouter et s'interposer. Il concerne ce qui, dans les opérations de distanciation et de différenciation sociales tend à fabriquer de l'hétérogénéité, de l'extériorité, soit non plus vraiment de la différence, toujours rapportable à de l'identité, mais de l'altérité. Il faut peut-être, dès lors, parler plutôt de trois modes de différenciation sociale, qui se construisent sous les trois référents de l'inégalité (infériorité/supériorité), de la différence (ressemblance/dissemblance), et de l'altérité (intériorité/extériorité).

LA DIMENSION CACHÉE :
LE PROCÈS EN EXTÉRIORITÉ

Unité, égalité, altérité

Revenons en arrière. Nous avons évoqué ci-dessus deux raisons pour lesquelles discrimination et ségrégation étaient connotées péjorativement : la première vient de la disjonction instituée entre des

---

1. Cette « rupture » de la continuité et du système (en particulier du « système » hégélien) par la « différence » est revendiquée par divers philosophes contemporains, en particulier par Jacques Derrida, Jean-François Lyotard et, plus encore, Gilles Deleuze.

groupes que réunit ou pourrait réunir une entité unique ou un principe supérieur d'unité. La seconde concerne l'entorse aux principes individualistes et libéraux d'égalité des chances que représente le traitement inégal illégitime, soit non strictement motivé par la maximisation des gains.

Le principe d'unité est généralement défini au sein de l' « espace » politique national qui instaure sous la forme étatique une « communauté » ou un « peuple » (non moins nationaux) de référence. L'exclusion, au titre de la nationalité, apporte un élément de rupture, une extériorité. Un certain nombre de droits sont définis par l'appartenance nationale et la discrimination légale envers les étrangers, quelles qu'en soient les limitations, ouvre ou maintient un espace de légitimité à d'autres discriminations, même illégales. C'est manifestement ce qui se passe pour les discriminations et ségrégations au titre de l' « origine nationale », qui frappent des nationaux dont l'entrée dans le champ commun de l'État-nation est, de ce fait, contestée. Ainsi se définit aussi, comme le montre René Gallissot (1987, 1994), le champ politique de l'ethnicité et du racisme.

L'illégitimité du traitement inégal ou différent est sujette à interprétation dans le temps et l'espace. Comme le laisse entendre implicitement la définition d'Allport, l' « espace » de l'inégalité reste ouvert, et celui de la différence l'est encore plus. La législation en témoigne, qu'il s'agisse de la loi française contre la discrimination, dont la liste des catégories « protégées » s'est allongée au fil du temps et n'est probablement pas close, comparée à la loi britannique et à son évolution dans la définition de la discrimination.

Ce qui reste hors du champ construit par l'inégalité et la différence se situe en arrière-plan, et comme « en négatif ». Cet « espace » bipolaire, est en fait « hanté » par un troisième référent, généralement implicite. Il s'agit donc d'un troisième registre distinct parce que non référable aux deux principes d'unité et d'égalité appelé ici « altérité ». La « race », ou plus précisément l'imputation raciale, en constitue l'exemple le plus net : la différence « raciale » pose l'extériorité du racisé par rapport au racisant et prétend la fonder en nature, soit en absolu. Sans doute la (très relative) illégitimité du racisme ne permet-elle pas, ou plus, d'assumer jusqu'au bout l'altérité entre les « races ». Celles-ci, ou leurs succédanés, n'en forment pas moins un référent « autre », susceptible de convertir la différence et la distance en « absolus ».

Ce troisième pôle avait été entrevu par Simmel, même si ce fut pour aussitôt le disqualifier comme objet d'investigation. Après avoir défini « la forme sociologique de l'étranger » comme « une constellation dont la formule la plus brève serait celle-ci : la distance à l'intérieur de la relation signifie que le proche est lointain, mais le fait même de l'altérité signifie que le lointain est proche », il ajoute : « Car le fait même d'être Étranger est naturellement une relation tout à fait positive. *Les habitants de Sirius (...) sont au-delà de la distance et de la proximité* » (souligné par nous). C'est parce que Simmel s'intéresse aux relations sociales qu'il récuse l'hypothèse du refus total d'interaction. Or, le racisme et parfois l'ethnisme constituent socialement – même si c'est fictivement – les « autres » en habitants de Sirius par rapport à « nous », *ipso facto* définis comme les seuls terriens...

Un espace conflictuel

On considère généralement que la discrimination ou la ségrégation introduisent une différence (de traitement) au nom de « différences » (sociales, culturelles, ethniques, « raciales ») réelles ou imaginaires. Cette différence peut, au moins par hypothèse, se traduire ou non par une inégalité de condition (sociale, économique, résidentielle, civique...). Pure hypothèse, au demeurant : il n'existe guère de différence socialement pertinente qui ne crée ou renforce l'inscription dans des rapports inégaux d'exploitation ou de domination (Guillaumin, 1979). Et comme on l'a vu, l'inégalité tend à « fabriquer » des différences. Quant aux autres « différences », multiples, voire infinies, elles sont en fait plus ou moins privées de pertinence sociale (elles ne sont pas socialement définies comme des différences pertinentes). Ces considérations ne sont pas abstraites. L'idée que l'on peut être égal en étant différent est une fiction récurrente. Mais elle a des effets terriblement concrets. C'est sur elle que se sont édifiés les systèmes politiques de « développement séparé », des lois Jim Crow à l'Apartheid.

La question de la différence ne s'en constitue pas moins dans les rapports sociaux comme enjeu propre. En témoignent les oscillations entre assimilationnisme et stigmatisation, d'une part, entre affirmation de spécificité et revendication d'invisibilité, de l'autre. Cet enjeu se situe moins sur le terrain culturel, proprement dit, que sur celui des rapports qui unissent le culturel et le politique. La revendication comme l'assignation identitaires participent d'une lutte où le culturel est, en quelque sorte, un alibi, un moyen détourné, pour obtenir ou refuser une reconnaissance, une légitimité, une « intégration » sociales comme politiques (De Rudder, 1987).

Le procès en altérité s'inscrit du côté de la différence pour en radicaliser les effets d'inégalité. Comme Simmel, Allport l'avait pressenti, sans non plus prolonger l'analyse, lorsqu'il définissait la discrimination et sa forme spatiale, la ségrégation, comme l' « imposition de frontières accentuant le *désavantage* de l'*out group* » (souligné par nous). Le ghetto, et plus encore l' « hyperghetto » américain d'aujourd'hui, semblent correspondre à ce procès. D. Massey et N. Denton (1992) montrent que l'hyperségrégation n'entraîne pas seulement de mauvaises conditions de logement et d'habitat : elle assigne à résidence et empêche les populations concernées d'accéder à l'égalité des chances en matière d'emploi, d'éducation, de santé, de services, de taux d'assurance, de sécurité (exposition aux accidents, à la mort violente, à la délinquance, à la drogue...). Massey et Denton en concluent, contrairement aux analyses « classiques », que l'hyperségrégation est non seulement le produit de la discrimination, mais qu'elle en est aussi, d'un point de vue systémique, la source.

L'imputation d'altérité vient dénier le rapport social. Elle ne l'abolit pas, mais « fait comme si ». Nombre d'Américains blancs, aujourd'hui, considèrent qu'ils n'ont « rien à voir » avec leurs compatriotes noirs enfermés dans les ghettos et s'opposent au système fiscal qui les contraint à un peu de solidarité (Body-Gendrot, 1993). Mais n'allons pas chercher trop loin des exemples que l'on qualifiera de « caricaturaux ». Que se passe-t-il quand des électeurs du Front national (et sans doute pas eux seulement) considèrent qu'on devrait « renvoyer les immigrés chez eux », les priver de diverses allocations pour lesquels ils cotisent ou ont cotisé (notamment celles liées au chômage et aux charges familiales), limiter leur accès à la nationalité française... ?

Une part de la sociologie contemporaine, cependant, semble quelque peu empêtrée dans ce « faux-semblant » qui « récuse » le rapport social. Ainsi en va-t-il de tant d'analyses de l' « exclusion », de la « rupture du lien social » et de la perte de « cohésion » de la société française, où semblent s'exercer des « forces », mais non des rapports de forces, et dans lesquels les « exclus » (« pauvres », nouveaux ou non, « familles lourdes », « immigrés »...) sont décrits comme privés d'interaction sociale et ne semblent, finalement, exclus par personne, ni individus, ni groupes sociaux... mais seulement par « la crise », la restructuration du capitalisme mondial, les transformations de l'appareil productif, la polarisation urbaine, le racisme. Il ne s'agit pas de nier l'existence de logiques structurales, processuelles, institutionnelles, à côté des logiques d'acteurs. Mais la disparition des « agents sociaux », dans nombre de ces analyses, participe d'une réification des rapports sociaux qui conditionne en partie la fabrication d'altérité.

Masqué, mais résurgent, ce procès en altérité est l'enjeu de conflits. Si l'inégalité définit par elle-même un champ de conflictualité, celui-ci est traversé, « travaillé » de l'intérieur, par un autre, défini par la question de la légitimité et qui se déploie sur deux plans distincts, mais liés.

Le premier est, disons, intensif, et s'énonce et se vit comme la question du statut de la différence, entre « reconnaissance » et « dénégation », assignation et émancipation, où les problèmes dits « identitaires » sont « minés » par ceux de la hiérarchie socio-économique et statutaire, et y renvoient donc nécessairement, peu ou prou.

Le second est, dans cette même perspective, « extensif ». Il porte sur la délimitation même des catégories intégrées ou exclues du champ de légitimité, sur la définition du dedans et du dehors. Le « problème » des étrangers « clandestins » (c'est-à-dire illégaux) illustre parfaitement ce champ de conflictualité dans lequel les procédures dites de « régularisation » individuelles ou collectives font l'objet de vives contestations, parce qu'elles accomplissent juridiquement une certaine intégration dans la sphère de la légitimité.

Les trois termes que nous avons tenté d'isoler définissent trois types de relations entre discrimination et ségrégation.

La première, relative à l'inégalité sociale et économique est la plus facile à concevoir, puisqu'elle se définit et est définie par un « champ » admis comme commun. Elle se décline en divers indicateurs, plus ou moins homogènes et, en particulier, pour s'en tenir à la ségrégation, la privation (de logement ou de bon logement, de services, d'équipements, d'urbanité...), la soumission (aux pouvoirs, aux institutions, aux procédures administratives...), la dépréciation (mépris...). Elle fabrique de l'infériorité. Privation, soumission, dépréciation concernent tout autant l'emploi : chômage, travail précaire, déqualification, obstacles à la formation professionnelle, dépendance à l'égard des employeurs et des administrations, traitements méprisants, salaires inégaux...

La deuxième, beaucoup plus ambivalente, concerne la différence et la mise à distance. Les discours sur la ville comme lieu de la différenciation, voire de la spécialisation des espaces conçus comme « aires naturelles » – pour reprendre la terminologie de l'École de Chicago – tendent à valoriser, au moins en partie, les ségrégations (ou plutôt les « agrégations ») lorsqu'elles permettent à chacun de trouver sa place et des ressources dans la vie communautaire et la proximité affinitaire, et qu'elles autorisent l'émergence de « types sociaux ». Toujours dans cette perspective, les « quartiers ethniques » et même le ghetto d'immigrants, conçus comme transition nécessaire à l'intégration, présentent aussi les caractères positifs du « pont » entre un monde et un autre[1]. La valeur de l'urbanité est associée à cette diversité et à la richesse de ses ressources.

Vue sous cet angle, la réduction de la différence (ou de trop de différences) porte logiquement vers un projet utopique totalitaire d'homogénéité et d'indifférenciation par annihilation des identités et écrasement des conflits dont elles sont, directement ou indirectement, l'enjeu. L'aveuglement sur ce point est semble-t-il, largement partagé. Que penser, en effet, de tant de discours (et de pratiques) sur la « répartition équitable » des « immigrés » ou le « rééquilibrage social » des cités qui – sous couvert de promouvoir la « mixité » et la « cohésion » s'attaquent à la « différence » sans toucher à l'inégalité.

Car la valorisation optimiste de la différence trouve évidemment une première limite dans cette association avec l'inégalité. La ville de tous n'est pas la ville de chacun. Et ses ressources ne sont pas également accessibles. La différence « spécifique » s'y inscrit dans des contingences marquées non seulement par la privation, la dépendance et le mépris mais encore par l'assignation à résidence, la relégation dans des espaces dépréciés et le stigmate.

Elle perd tout sens positif lorsque la discrimination liée à la « fabrication » de l'altérité implique un principe d' « inassimilabilité », dans les deux sens du terme : impossibilité d'être assimilé,

---

1. Dans la terminologie simmelienne, ici métaphorique, le pont s'oppose à la porte, en ce qu'il permet le passage et, donc, réunit, tandis qu'elle l'interdit, et, par conséquent sépare.

impossibilité de s'assimiler. C'est le *double bind* auquel sont confrontés tant d' « immigrés » : sommés de s'assimiler aux « autochtones », ils rencontrent le refus persistant d'être, *par eux*, assimilés *à eux*. Dans ce troisième type de relation, l'inégalité et l'infériorité deviennent en quelque sorte des attributs de l' « extériorité ». Mais l'infériorité est éliminée des représentations sous la radicalisation des « différences », qui tend à éliminer toute « commune mesure » entre « Soi » et « Alter ». C'est ce qu'Isaac Joseph appelle le « déni de contemporanéité »[1] et Victor Borgogno (1990) le « refus de réciprocité des perspectives ».

L'imputation d'altérité s'exprime tout particulièrement dans le racisme, dans la discrimination et la ségrégation racistes : refus de cohabiter (dans le logement, le quartier), de coexister (au travail, à l'école, dans la cité), de partager (les ressources, les prestations sociales, les services, les équipements...), de se situer dans le même espace physique et symbolique.

La France a connu, dans l'espace urbain, cette extériorisation avec les bidonvilles, lorsque tant de discours, en particulier médiatiques, les ont assimilés à des « morceaux » de Tiers Monde installés (importés) aux portes de « nos » villes. Et le discours contemporain sur les banlieues « à problèmes » oscille entre la reconnaissance d'un « problème de société » et la figure extériorisante de la marge et, plus encore peut-être, de l'exclusion.

On comprend dès lors que, loin de constituer seulement un « problème social », cette question dite de l' « exclusion » (ou de l' « intégration ») est en fait le lieu d'affrontements fondamentaux. Cette étiquette communément admise masque sous les descriptions « objectivantes » et, surtout, réifiantes, un foyer de conflits sous-jacents mais majeurs, qui touchent, ensemble et séparément, à l'exigence de reconnaissance (de légitimité, de dignité), au refus de subordination (d'oppression, de soumission, de répression) articulés, nécessairement, sinon explicitement, à la revendication d'égalité.

---

1. Communication orale, Séminaire *Migrations et Société,* 1987.

4. SÉGRÉGATION ET CONFLIT
D'INTÉGRATION

DE LA PEUR SOCIALE AU PROBLÈME URBAIN :
OÙ LES METTRE ?

Selon une tradition qui date maintenant d'un bon siècle, c'est de la peur sociale que surgissent actuellement en France les interrogations sur la ville et ses quartiers. Nous sommes dans l'une de ces phases historiques récurrentes où la politique urbaine est mobilisée pour résoudre des problèmes qui la dépassent largement, et qui inscrit la question du logement des démunis dans le projet d'une « bonne conception » de la ville, censée remettre de l'ordre dans les désordres.

Même si les termes dans lesquels elle s'énonce ont changé ou se sont agrégé de nouvelles significations, la peur sociale qui nourrit la conversion du problème politico-social en problème urbain n'est pas nouvelle. Les « pauvres », ouvriers, immigrés de la campagne ou de l'étranger, travailleurs précaires et chômeurs, « chemineaux »... ont été dans l'histoire, et de façon réitérée, considérés comme « hors la société », « autres », « différents », « inintégrables », etc. Il y a peu de différences entre la façon dont on parle actuellement des « exclus » et la manière dont on désignait les « classes dangereuses »[1] au XIXe siècle. Les stéréotypes sur ce qu'il demeure

1. Selon le titre de l'ouvrage si souvent cité de Louis Chevalier (1958).

71

convenu d'appeler « les immigrés » forment, aujourd'hui, la pointe extrême d'un discours qui, initialement, et depuis de façon résurgente, a désigné les ouvriers, et particulièrement les plus précarisés d'entre eux. Le label « ghetto » succède à l'étiquette « zone », selon des procédés descriptifs quasiment inchangés qui tout à la fois expriment et renforcent la stigmatisation conjointe des groupes sociaux marginalisés et de leurs espaces de relégation.

Ce retour de la peur sociale est évidemment lié à la conjoncture de crise durable. Dans la période d'expansion de la dernière après-guerre, la classe ouvrière a pu forcer son intégration dans la société nationale via les conflits du travail et les revendications d'élargissement des droits sociaux et politiques, arguant notamment du fait qu'elle se situait au cœur même de l'appareil productif et de la richesse collective. Elle l'a fait à partir de son « utilité » économique et du travail – comme norme et comme valeur – position centrale qu'il lui a fallu faire reconnaître socialement, politiquement et symboliquement. C'est ainsi la justification par le travail qui a structuré la politique de logement social d'après-guerre, comme d'ailleurs l'ensemble de la politique sociale (Castel, 1995). Or, dans la période actuelle de restructuration économique et industrielle, de précarité croissante, l'ancienne classe ouvrière se défait et des groupes sociaux évincés de l'emploi, ou risquant de le devenir, se forment. En dépit de l'instauration du RMI, aucune valeur n'est venue remplacer le travail comme source légitime de revendication d'intégration. On peut avoir le sentiment d'un retour en arrière, à l'époque où l'on ne savait que penser ni quoi faire avec ces « classes dangereuses » anomiques et imprévisibles. La question est sociale et politique, avant d'être urbaine, même si elle se traduit, dans la ville, par une certaine « territorialisation » de problèmes sociaux, agrégation de groupes en difficulté, cumul de « handicaps » et procès de stigmatisation. La conversion de la question sociale en question urbaine apparaît comme une tentative de circonscrire ces problèmes en les « localisant » (Belbahri, 1984). L'histoire témoigne pourtant qu'en opérant de cette façon, on n'a souvent fait que déplacer, au sens propre comme au sens figuré, les problèmes qu'on se donnait ainsi l'illusion de circonscrire.

Mais surtout, cette politique recèle une contradiction majeure : en même temps qu'ils provoquent aversion et inquiétude, les secteurs d'habitat populaire permettent aux couches sociales « nanties » d'éviter un contact auquel elles répugnent. D'où un dilemme jamais résolu, pour le logement des « classes souffrantes », comme on disait aussi au XIXᵉ siècle, entre une politique dite « de la mixité » ou du « mélange », et une politique de regroupement (des cités ouvrières au HLM, en passant par les HBM, les PSR, etc.).

Le stockage organisé des démunis demeure la solution économique (possibilité de jouer entre laisser-faire et politique dirigiste, minimisation des coûts fonciers, en particulier). Mais elle n'est pas sans danger politique. Les regroupements de « pauvres » sont sources de désordres sanitaires, sociaux et publics (surpeuplement, maladies, épidémies, immoralité), et ils comportent le risque de favoriser l'organisation collective, soit délictueuse, soit révolutionnaire[1]. Le « mélange » a toujours été jugé politiquement préférable, car la proximité spatiale autorise le contrôle et est idéalement censée permettre aux « pauvres » d'apprendre, par l'exemple et la contagion, à vivre selon les normes des couches sociales dominantes, en tout cas intégrées (employés, contremaîtres, petits bourgeois...). Idéalement, car pratiquement, les classes dominantes tout comme les couches sociales intermédiaires n'ont de cesse de se soustraire, *personnellement* et plus encore *familialement*, à toute promiscuité avec ces populations. Et elles y parviennent d'autant mieux que les marchés fonciers et immobiliers provoquent une segmentation ségrégative des espaces résidentiels.

Quand la conjoncture n'est pas au plein emploi, les risques s'en trouvent accrus. Le stockage des « pauvres » – soit, selon la terminologie savante, la « captivité résidentielle » dans des logements et des secteurs dépréciés – qui procède de ces logiques, s'accompagne donc d'un encadrement normalisateur (équipements sanitaires, éducatifs, préventifs et répressifs, services sociaux divers...) destiné à « encadrer » et « contenir » la dangerosité des populations concernées en redressant et en contrôlant leurs conduites et en tissant des dépendances institutionnelles ; le tout ensemble étant censé former du « lien social ».

---

1. Ainsi s'exprime déjà Napoléon 1ᵉʳ : « L'idée de construire des cités ouvrières est évidemment une idée révolutionnaire ; on l'a mise sans doute en avant pour avoir sous la main une population pauvre et compacte à lancer, le signal donné, sur les nobles et les riches » déclarait déjà Napoléon 1ᵉʳ, cité par Roger-Henri Guerrand (1967).

Les couches populaires sont toujours soupçonnées de se sous-traire, délibérément ou de fait, à ce « lien social » qu'elles sont en même temps sommées de contracter. Or, ce qu'elles réclament, quant à elles, c'est que l'on reconnaisse leur appartenance et leur participation sociales, et en particulier *l'interdépendance* de leur situation avec celles des autres groupes et classes sociaux.

De part et d'autre, on « exige » ce que l'on peut nommer, au moins provisoirement, l'intégration. Mais les conceptions de l'intégration et des moyens d'y parvenir, ne se répondent pas : ils sont asymétriques. Les couches sociales dominantes tentent d'imposer soumission, réforme des conduites, conformité à leurs modèles et intériorisation de leurs valeurs, identifiées par elles à la démocratie. Les couches dominées revendiquent une reconnaissance en légitimité, l'élargissement des champs de leur intervention, l'égalisation de leurs chances et de leurs droits, non moins directement référés à de grands principes légitimes. C'est parce qu'elles n'entrent pas dans le cadre imposé que ces dernières « réclamations » s'expriment si souvent en termes non négociables – tels, par exemple, la « dignité », « être écouté » et avoir « droit à la parole » – et selon des modalités qui excèdent les codes et le formalisme de la démocratie représentative. Les révoltes, « émeutes urbaines » ou « grèves sauvages », ont généralement pour point de départ des vexations ou des discriminations. Les « jacqueries » sporadiques dans les banlieues éclatent sous l'effet des « bavures » policières, des meurtres sécuritaires, du harcèlement « vérificateur », des « barrières » imposées. Elles proviennent d'une déflagration entre, d'un côté, l'imposition d'une intégration dévalorisée – c'est-à-dire n'accordant qu'une moindre valeur à certains groupes – au sein d'un ordre social contrôlé par les institutions normalisatrices[1] et, de l'autre, la recherche d'une intégration égalitaire, au nom des valeurs partagées, inculquées par l'appareil scolaire et les médias et proclamées par la République.

---

1. Les cibles des violences vont, logiquement, du centre social ou socio-éducatif au commissariat, de l'école au supermarché puisque, séparément et surtout tous ensemble, ils attestent, que ce soit par leur visée normalisatrice ou répressive, de l'inégalité.

Ce conflit d'intégration est en partie masqué par la notion d'*exclusion* dont on use et abuse. Il est vrai qu'il est souvent vécu sur le mode d'évictions cumulatives : de l'école, de la formation, du marché du travail, de la participation civique, de l'urbanité, de la richesse, voire de la société elle-même. Ce « vécu » est indéniable, notamment chez les jeunes, tout particulièrement désignés à l'alarme voire à la vindicte populaires. Il témoigne de multiples frustrations et du sentiment d'être tenu en marge de la société légitime et de ses ressources. Il n'empêche, la notion d'exclusion est plus descriptive qu'analytique. L'impression qu'il existe désormais des *in* et des *out* fait sans aucun doute partie de la *réalité sociale*. Elle ne l'épuise pas, et ne permet pas de rendre compte du rapport social conflictuel qui en est le fondement et pas seulement l'effet. Un tel rapport n'est pas réductible à un « état » et ne peut être interprété à travers les seules représentations collectives, même si celles-ci sont relativement parta-gées – ce qui est aujourd'hui le cas de l'exclusion, puisque la notion fait tout autant l'objet de discours politiques, médiatiques, revendi-catifs que savants (Paugam, 1996).

Cependant, les politiques publiques, tant urbaines que sociales, témoignent qu'il n'y a pas purement et simplement abandon des pauvres issus de la classe ouvrière en décomposition, ni de leur lieux d'habitat[1]. Ces mesures elles-mêmes, et leur incapacité à promouvoir une participation réelle, à instaurer l'égalité des chances et à impul-ser la démocratie locale, et, au-delà, sociale et politique, contribuent à formaliser l'enjeu et l' « espace » du conflit d'intégration.

La tendance à la polarisation sociale qu'exprime la notion d' « exclusion » ne correspond pas réellement à un rejet « hors la société » des groupes relégués[2] mais à un processus qu'on peut carac-tériser comme exclusion *dans* l'inclusion, sous la forme de la réactiva-tion et du renouvellement des rapports de domination-subordination

---

1. On devrait être d'autant plus vigilant à l'égard de la notion d' « exclus » qu'il existe de véritables processus d'exclusion, par illégitimation et refus de toute histori-cité commune. C'est, en France, le cas des travailleurs étrangers sans autorisation de séjour (les « sans-papiers ») et c'est, surtout, dans les pays du Tiers Monde, celui de populations qui ne survivent que par le recyclage des déchets de la société légitime, sans autre rapport avec elle, soit hors des institutions, des systèmes de redistribu-tion, des modalités de régulation, de représentation, etc. Tel n'est évidemment pas le cas de ces jeunes, ni de la population vivant dans les logements sociaux dévalori-sés... aussi dévalorisants soient-ils.
2. Selon les expressions, et la thèse, de François Dubet et Didier Lapeyronnie (1992).

(Blumer, 1965). Or ce processus – qui, relève d'une analyse des rapports sociaux et renvoie à celle des classements sociaux – est, selon des modalités variables, encore une fois, répétitif dans l'histoire. Il a concerné la formation hétérogène de la classe ouvrière ; mais il a visé, et vise encore, en son sein même, les groupes minoritaires et minorisés (Juifs, Gitans, handicapés, ouvriers déracinés, « sans-papiers »... et aussi les femmes). L'histoire de ce processus d'*assujettissement*, ne commence pas avec la déréliction de la classe ouvrière. Elle la précède, l'accompagne et lui survit. C'est donc plutôt comme le jeu complexe et renouvelé de la formation de lignes de partage à la fois produites par l'inégalité et productives d'inégalités, par les discriminations, les ségrégations, la marginalisation et la privation d'autonomie, à l'intérieur d'une société – et en tout cas d'un État national – qu'on peut les comprendre. Et ces rapports sociaux ne sont pas seulement « sociaux », au sens étroit du terme ; ils entrent dans des articulations toujours singulières, de classe, mais aussi d'ethnicité (jusqu'à l'ethnicisation des rapports de classe), de sexe et d'âge, et ils ont une traduction directement politique[1].

Le conflit d'intégration n'est donc pas historiquement lié à l'établissement de nouvelles populations venues de l'étranger (on ne peut d'ailleurs oublier que la classe ouvrière urbaine a été continûment formée de migrants, « nationaux » ou non – cf. Gallissot, Clément, Boumaza, 1994). Il appartient aux rapports sociaux de la société industrielle (et même « postindustrielle », si ce terme a un sens). Concernant la classe ouvrière, la phase d'expansion et de relative intégration a pu masquer le fait que, pour ses franges inférieures, l'emploi précaire, l'éjection scolaire, le logement insalubre, la dépendance et le stigmate – et la panique sociale qu'ils entraînent chez ceux qui peuvent s'en préserver – ont été continus. L'aveuglement historique que constitue la focalisation sur le problème « nouveau » qu'introduirait l'apport de populations étrangères, et de leur descendance, ne signifie pas pour autant que l'inflexion ethniste ou raciste actuelle n'ait aucune importance ni aucun sens, nous y reviendrons.

---

1. Ajoutons qu'un des effets, que l'on dit désormais « pervers », de l'usage devenu inflationniste de la notion d'exclusion, pourrait bien être de « fixer » des populations dites « exclues » à leur « état », par effet de label, voire de stigmate, et d'entraver des dynamiques sociales. Ne voit-on pas aujourd'hui des parents d'élèves d'écoles bénéficiaires d'une procédure de « Zone d'éducation prioritaire » (ZEP), destinée à enrayer l'échec scolaire, chercher à changer leurs enfants d'établissement ?

L'un des thèmes récurrents du « problème urbain » exposé dans les discours politiques et médiatiques concerne donc la coexistence et le voisinage pluriethniques dans l'habitat populaire. Ceci n'est pas un hasard. L'image de l' « immigré » et particulièrement du « jeune immigré » – termes dont la définition est plutôt évanescente, mais qui désignent désormais des personnages de la dramaturgie sociale, dont les contours objectifs et la réalité sont moins importants que le rôle qu'ils sont censés tenir – a une fonction symbolique[1]. Une série d'approximations en chaîne, et de condensations, les constitue en « figure sociale » : celle, *in fine*, de la part de la population à laquelle est attribuée une origine « non européenne », singulièrement postcoloniale, et plus précisément encore africaine, du Nord ou du Sud.

Ce thème associe deux propos contradictoires. D'un côté, la cohabitation entre « Français »[2] et « immigrés », est présentée comme source de conflits (incompatibilité entre modes de vie, clivage ethnique, « communautarisme », délinquance, mais aussi montée du racisme...). De l'autre, les concentrations de groupes allogènes sont dénoncées et qualifiées péjorativement de « ghettos ». La « mixité », le « mélange » ethniques, signalés comme problématiques, sont dans le même temps présentés comme la panacée pour empêcher la formation de ces derniers.

Or, de fait, le « brassage ethnique » existe bel et bien dans les grandes villes françaises comme dans leurs périphéries. Pour l'essentiel, la localisation résidentielle des populations étrangères et d'origine étrangère, désormais stabilisées en France, a suivi deux logiques. La première est celle des mouvements ségrégatifs qui ont

---

1. Le terme n'est pas équivalent à « étranger » : bon nombre des personnes actuellement désignées sous le vocable « immigré » sont de nationalité française (de naissance, par filiation ou par acquisition), préalablement (originaires des DOM/TOM) où non à leur migration. Mais par surcroît certains, tels les enfants d'immigrés, n'ont jamais migré.

2. On ajoute maintenant – et jusque dans les écrits à vocation scientifique – « de souche » pour bien préciser qu'on n'inclut pas les Français « par acquisition », ou « de droit » à leur majorité, soit ceux qui n'en sont pas « vraiment » (cf. *supra*, chap. 1).

affecté les couches sociales auxquelles ils appartiennent massivement, soit l'expulsion des centres des villes et le relogement en périphérie de plus en plus lointaine et sous-équipée. La seconde est celle de la constitution de « niches » résidentielles, et souvent occupationnelles, dans des quartiers plus centraux en déclin ou en attente de mutation fonctionnelle, parfois à forte offre commerciale et d'emplois flexibles et aléatoires.

À l'échelle des agglomérations, la ségrégation sociale préside à la ségrégation ethnique et l'emporte avec elle, et il n'existe pas de ghetto, à proprement parler, si l'on veut bien admettre que le ghetto suppose toujours une certaine homogénéité culturelle, nationale, religieuse, « raciale », etc. (De Rudder, 1991). Les « quartiers immigrés » sont massivement des quartiers ouvriers, même si des regroupements ponctuels et extérieurs à cette logique dominante se produisent ici ou là. La coexistence, dans le logement populaire, et singulièrement prolétaire, est la règle plutôt que l'exception.

Le discours sur le « brassage ethnique » est en fait un discours-écran. Il n'a pas d'autre justification que d'évoquer une prétendument nécessaire « répartition équitable des immigrés » dans l'ensemble des communes et des quartiers. Les « immigrés », assimilés à une charge ou à une gène (l'idée de « répartition équitable » procède directement de celle de « seuil de tolérance aux étrangers » et lui succède), devraient être, dans cette perspective, autoritairement diffusés, afin que soient partagés le coût et la souffrance que suscitent leur présence et la promiscuité avec eux. On imagine ce qu'une telle proposition entraînerait si d'aventure on essayait *vraiment* de l'appliquer : un absurde taux uniforme de 7 % d'étrangers (et quel taux d' « immigrés » ?) dans chacune des quelques 36 000 communes françaises ; « solution » qui fournirait ensuite, si nécessaire, le cadre à d'autres « répartitions équitables », celles de tous ceux qui présentent des « inconvénients » : « familles lourdes », « cas sociaux », chômeurs, invalides, malades, personnes âgées... et, si des temps pas si anciens revenaient, Juifs, Noirs, Néo-Français, etc. L'idée d'une projection, en chaque unité administrative du territoire national, de la structure de la population telle qu'elle est catégorisée et comptabilisée par les institutions, est tout simplement une utopie totalitaire. On ne peut que s'étonner qu'elle puisse être prônée par certains au nom de la solidarité nationale.

Le problème dit « de cohabitation » est en fait celui de la relative concentration de populations défavorisées, parmi lesquelles une part variable et parfois relativement importante d' « immigrés ». Le logement social fonctionne lui-même en partie comme un marché, et s'est stratifié. Dans certains quartiers, et certaines cités, le chômage, l'emploi précaire ou occasionnel et le sous-emploi, les « problèmes sociaux », sévissent durement (familles monoparentales ou nombreuses à faible ressources, voire entièrement dépendantes de l'aide sociale, chômage, échec scolaire, développement d'une petite délinquance...). Ceci provoque, éventuellement, des difficultés relationnelles, nous y reviendrons. Mais la question cruciale est celle du logement des démunis, puisque la mobilité résidentielle est faible. Cela renouvelle les débats – et la peur sociale – à propos des effets du stockage organisé des pauvres.

Ce n'est pas par hasard si une loi nommée « Loi d'orientation pour la ville », votée en 1991, avait d'abord été présentée sous l'étiquette de « Loi anti-ghetto » alors qu'il n'y était question que de « mixité sociale ». L'objectif était de contraindre les communes à diversifier l'offre de logements afin d'assurer un « brassage social » du fait que « les phénomènes de ségrégation » sont nuisibles à « la cohésion sociale », laquelle dépend, « dans chaque agglomération », de « la coexistence des diverses catégories sociales ».

Cette loi, suivie d'une seconde votée en 1999 vise à modifier la structure sociale des habitants à l'échelle des communes et des quartiers, avec la volonté affichée de faire cohabiter des « pauvres » avec les couches sociales aisées (en tout cas des couches moyennes, car qui rêve d'y contraindre les « riches » ?). Le contenu est le même que celui qui conduit à rechercher une « recomposition sociale » dans les ensembles de logements sociaux paupérisés. Il est le même encore que celui qui conduit les organismes HLM à pratiquer une « politique de peuplement ». Le résultat en est qu'aujourd'hui, les familles démunies, d'une part, et « immigrées », d'autre part, ont de plus en plus de mal à obtenir des logements sociaux, même dévalorisés, puisqu'on y laisse des logements vacants plutôt que de les leur attribuer. Dans tous ces cas, on évoque plus ou moins un âge d'or des grands ensembles, celui de leurs débuts, où les cadres, les employés et les ouvriers cohabitaient, mixité qui n'a guère résisté à une première phase de résolution de la crise du logement et à la politique d'encouragement à l'accès à la propriété ; et même un âge d'or de l'urbanité, celui de la mixité sociale au sein même de l'immeuble.

Or le « brassage social » est un mythe. L'image du Paris du XIXᵉ siècle, où la répartition des logements se faisait sur un mode vertical, chaque étage correspondant à un degré de richesse et à un statut social, a beau être présentée comme emblématique de l'intégration urbaine, elle rapporte une situation singulière, celle d'un moment et d'un lieu, qui n'a jamais été la règle ; et elle ne dit rien des relations qu'entretenaient entre eux les habitants des divers étages, si ce n'est celles de l'emploi domestique, qui était, comme l'on sait, un semi-esclavage (relations que l'on retrouve d'ailleurs parfois entre immigrés et Français dans les « beaux quartiers », où la domestique philippine remplace l'ancienne « bonne à tout faire » bretonne).

Ce qui n'est pas un mythe, en revanche, ce sont les quartiers prolétaires, les quasi-bidonvilles urbains, qui naissaient à la même époque, et dans lesquels Haussmann a mis de l'ordre en envoyant les ouvriers et les pauvres en périphérie, constituer les « faubourgs », puis la « zone ».

La tendance lourde de l'histoire urbaine depuis plus d'un siècle est en effet celle-ci : moins la microségrégation, à l'échelle du quartier ou même de la commune, que la division sociale des espaces résidentiels, à l'échelle des agglomérations ; tendance à laquelle a participé la politique de logement social menée après la dernière guerre.

Le retour de l'idée de « brassage social » (et ethnique) et, pire, celle du « peuplement équilibré » (qu'est-ce qu'un « peuplement équilibré » ?) procèdent de la conversion de la peur sociale causée par le stockage résidentiel des démunis en problème de politique urbaine, parce que celle-ci reçoit aisément un habillage démocratique. On ne professe pas la répartition autoritaire des pauvres et des immigrés, pratiquement impossible dans un marché du logement essentiellement libéral, surtout dans les situations tendues que connaissent certaines grandes agglomérations ; on prétend attirer des couches moyennes dans le voisinage avec eux.

Or une partie de ces classes moyennes est aujourd'hui à son tour chassée des centres des villes par le renchérissement des prix fonciers et immobiliers. Le discours sur la mixité sociale prépare, de fait, la reconquête de certains quartiers, et même de grands ensembles, parmi ceux qui sont les moins mal équipés et desservis, par cette fraction des couches intermédiaires, qui, par surcroît, bénéficiera de la politique de « revalorisation » aujourd'hui conduite « contre l'exclusion »... La volonté de « brassage social », auquel ces couches sociales n'aspirent nullement, pourrait bien avoir pour effet « pervers » la polarisation accrue des marchés du logement et un renforcement de la division sociale des espaces résidentiels.

LA COHABITATION PLURIETHNIQUE :
PLURALITÉ SOCIALE, PLURALITÉ DES SITUATIONS

Si, comme on l'a vu, la mixité ethnique est plutôt la règle que l'exception dans les centres et les périphéries urbaines, la cohabitation qui en résulte forme, à l'échelle des quartiers, une réalité diversifiée et contrastée, qui ne concerne donc pas seulement les banlieues dites « à problème ».

Au niveau microsocial, cette coexistence, tend à se produire soit au sein de quartiers socialement assez homogènes, dans lesquels la situation des « Français » et des « immigrés » est semblable ou extrêmement proche ; soit au sein de quartiers plus hétérogènes, dans lesquels la position et le statut sociaux des uns et des autres se distinguent plus ou moins fortement. Mais dans nombre de quartiers, malgré la ségrégation résidentielle, ni les autochtones ni les immigrés n'ont une structure sociale homogène. Cette dimension proprement « sociale » de la cohabitation pluriethnique est trop rarement considérée, comme si les appartenances ou les imputations « ethniques » envahissaient toute la sociabilité, ne laissant place à aucune autre identité sociale. Or les relations sociales de coexistence s'organisent autour de l'emploi, des échanges commerciaux, du voisinage, du côtoiement, etc., suscitant des convergences et des divergences d'intérêts, des solidarités, des complémentarités ou des oppositions, non seulement entre « autochtones » et « immigrés », mais aussi entre « autochtones » et entre « immigrés ». À tout le moins, une double dynamique relationnelle, intra- et interethnique est à l'œuvre, dans une sociabilité locale qui, sans remettre en cause les rapports interethniques structurels, macrosociaux, relativise leur poids comme les effets des identifications et des stéréotypes.

La coexistence pluriethnique, en France, loin de former un système relationnel dichotomique « autochtones/immigrés », se construit par des relations « *entre* des groupes multiples, fluctuants, difficiles à définir avec précision, traversés de nombreux clivages »

(Mantovani et Saint-Raymond, 1984). Elle ne forme pas non plus un système bipolaire, oscillant entre les deux modèles extrêmes de la guerre et de la paix, mais présente, au contraire, des situations diverses, rarement réductibles à l'opposition univoque entre conflit et intégration. La plupart des situations locales révèlent ainsi des conflits intégrés dans les relations, ne provoquant pas de clivage ethnique. Mais il en est, au contraire, dans lesquelles l'univers relationnel est envahi par l'ethnicisation, nous y reviendrons.

Ces situations dépendent des modalités économiques, spatiales et sociales de l'insertion des immigrés, de leurs propres comportements, et des représentations qui s'attachent à leur présence. Leurs activités, leurs mouvements de préservation culturelle ou communautaire, d'intégration fonctionnelle ou d'assimilation, leurs projets d'installation ou de retour, leurs stratégies économiques, sociales, résidentielles, culturelles... modulent leurs propres engagements relationnels intra- et interethniques, en fonction des possibilités qui leur sont offertes. Le rôle, la place et le traitement que leur réservent les majoritaires délimitent leur marge d'action. Or, selon leurs propres intérêts, statuts et trajectoires, ceux-ci considèrent différemment les immigrés, dont ils ressentent la présence – et les formes qu'elle adopte – comme un danger, une utilité fonctionnelle ou encore une ressource sociale ou culturelle. Au sein d'une même aire urbaine, les autochtones hostiles, indifférents ou satisfaits coexistent bien souvent. De l'équilibre et des rapports de forces entre eux, dépend le « climat » de l'insertion des immigrés, les limites de leur autonomie, la fixation ou le déplacement des frontières et positions sociales assignées.

Les rôles sociaux, fonctionnels, urbains, culturels des immigrés varient donc en fonction de la structure de la population et de l'évolution locale. Le type d' « utilité » (Allal, Buffard, Marié et Regazzola, 1977) qu'ils représentent localement participe ainsi à la définition des enjeux de la coexistence et de sa perception. Il faut ici souligner la distinction nécessaire entre deux éléments :

Le premier concerne l'intérêt immédiat qu'apporte la cohabitation avec des « immigrés », intérêt qui peut être de nature très diverse, de la fonctionnalité (concierge, domestique étrangères, horaires de l'épicerie arabe...) à l'échange relationnel (entraide de voisinage), en passant par des considérations esthétiques ou affectives (commerces ou marché « exotiques », « richesse du mélange », « convivialité »...).

Le second concerne l'évaluation de l'apport ou du risque qu'implique, pour le statut résidentiel et l'image sociale, la co-présence avec des immigrés. Le quartier, son évolution, sa valorisation ou sa dévalorisation économique, mais aussi symbolique – que sanctionnent à la fois les prix du marché immobilier et la « réputation » – les pratiques qui y sont jugées légitimes et celles qui y sont censurées, constituent en effet des enjeux plus ou moins immédiats. Ils sont objets de consensus, de concurrences, de négociations ou de conflits ouverts ou larvés où se jouent, pour les minoritaires, des formes d'intégration locale et de domination sociale.

Pour les acteurs de la cohabitation, ces deux aspects peuvent coïncider ou, au contraire, s'opposer. Les pratiques concrètes de la coexistence, seules, n'épuisent pas ce qui s'y déroule, non plus que les représentations qui en sont données à travers les discours. L'analyse des relations interethniques se contente trop souvent du recueil de discours et ignore les situations de contact, leurs circonstances, le type de « liens sociaux » qu'elles entraînent.

Or il existe de nombreuses situations de contacts que les discours délaissent ou minorisent, et qui n'en ont pas moins des effets sociaux réels, en partie, d'ailleurs, parce qu'ils ne mettent pas nécessairement l' « ethnique » au premier plan ou au centre. Ceux-ci, en retour, peuvent modifier à court ou long terme statuts, perceptions réciproques et stratégies. Ce ne sont pas seulement l'interconnaissance avec le voisinage, l'échange de services et la solidarité qui font la sociabilité interethnique. Les relations assez impersonnelles, très formalisées ou contractuelles, comme les échanges commerciaux, les rapports d'employeurs à employés, ou de propriétaires à locataires – qui ont le mérite d'intégrer une dimension conflictuelle et d'offrir des voies de médiation – y ont un rôle et un poids trop souvent ignorés ou minorés.

Il n'est guère possible, au vu de l'état de la recherche en ce domaine, de proposer une typologie des situations de cohabitation. Nous pouvons seulement, en donnant quelques exemples tirés d'observations faites dans la région parisienne ces dernières années, et que nous avons déjà exposées (De Rudder en collab. avec Guillon, 1987 ; De Rudder, 1990 ; Guillon et Taboada-Léonetti, 1987 ; Taboada-Léonetti en collab. avec Guillon, 1988), essayer de montrer comment s'articulent, dans la cohabitation pluriethnique, rapports sociaux de classe et interethnique, relations sociales locales et faits urbains.

— Dans un « beau quartier » (« La Muette », 16ᵉ arrondissement de Paris), où de nombreux immigrés (1/5ᵉ de la population est
étrangère) exercent des activités de service pour la bourgeoisie
nationale fortement surreprésentée, la complémentarité de classe et
les relations d'employeurs à employés – qui constituent, localement,
à l'échelle microsociale, une projection des rapports interethniques
macrosociaux, à l'échelle de la division internationale du travail –
occultent la dimension interethnique des échanges. La présence
immigrée est ignorée ou sous-estimée, et n'est pas ressentie très différemment de celle des provinciaux qui, au début du siècle, remplis-
saient les mêmes fonctions. Les immigrés n'en développent pas
moins une vie sociale indépendante, entretenant les liens symboliques et matériels avec le pays d'origine. Cette sociabilité intra-
ethnique reste plus ou moins inaperçue par les autochtones, dans la
mesure où son expression n'excède pas les codes d'usage de l'espace
public qu'ils imposent de façon hégémonique et pratiquement indis-
cutée. Ce sont ici les rapports de classes, entretenus à l'échelle
domestique, qui formalisent les relations interethniques, évacuant
presque toute éventualité de conflit explicitement ethnique.

— Dans un autre quartier, du type « village urbain » (« Aligre »,
dans le 12ᵉ arrondissement), populaire et dominé par les activités
artisanales et commerciales, où les autochtones et les immigrés (les
étrangers représentent 1/4 des habitants) appartiennent sensiblement
aux mêmes catégories socioprofessionnelles, les conflits concurren-
tiels sont limités par la cumulativité de leurs activités, qui assure au
quartier sa relative prospérité. L'échange économique, qui suscite un
entrecroisement ethnique constant, modélise les relations sociales,
marquées, d'une part, par la reconnaissance – dans l'acceptation et
dans le rejet – de la présence des minoritaires, et de l'autre, par
l'interaction collective et individuelle, d'ailleurs souvent personnalisée. Conflit et intégration sont ici coprésents dans des relations quotidiennes intenses qui tout à la fois entravent l'apparition du clivage
ethnique collectif et suscitent son évitement.

— Dans un troisième quartier (le « Quartier chinois », dans le
13ᵉ arrondissement), rénové au cours des années 1970-1980,
l'implantation de réfugiés du Sud-Est asiatique a donné lieu à la
naissance d'une zone commerciale « chinoise », tandis que les Français qui y habitent appartiennent aux couches moyennes (employés
et cadres moyens). La structuration communautaire asiatique, relativement forte, induit une sociabilité différente, et séparée, de celle

des nationaux. Les vies sociales sont donc en grande partie parallèles, et l'attitude des autochtones est marquée par l'ambivalence : les immigrés sont considérés comme une ressource qui donne au quartier un dynamisme économique et un certain attrait exotique, mais leur endo-organisation est perçue comme une menace d'autonomisation minoritaire, remettant en cause l'hégémonie de la moyenne bourgeoisie sur la vie locale.

— Le cas d'un secteur dégradé, « aire de première implantation » (« L'Îlot Chalon », dans le 12e) où se sont succédé sans heurt majeur avec les autochtones plusieurs vagues d'immigration depuis le début du siècle, a permis de saisir la précipitation d'une zone de cohabitation, fortement territorialisée par les immigrés, dans l'enclavement ethnique et le conflit. Le déclin des activités économiques anciennes et surtout l'imminence de la rénovation urbaine l'ont transformée, en quelques mois, en « abcès de fixation » pour des activités déviantes (trafic de drogue, recel d'objets volés, squattage d'immeubles...). Le conflit ethnique a surgi alors, par identification de la délinquance avec les habitants légaux ou illégaux africains, tandis que – la presse aidant – l'exclusion urbaine, sociale et ethnique du quartier s'est renforcée, entérinée par la peur. Une série d'opérations policières entraînant arrestations et expulsions, a précédé la transformation totale du quartier en secteur résidentiel. La territorialisation communautaire qui remplissait des fonctions typiquement urbaines (localisation de pratiques minoritaires ou marginales, exotisme...) et qui permettait la conservation d'une réserve foncière, a facilité, via la manipulation des catégories et représentations ethniques, la récupération de l'espace et la déportation des habitants.

— Dans un quartier périurbain de logement social, fortement stigmatisé (« Les Quatre-mille », à La Courneuve, dans les Hauts-de-Seine, ensemble de logements sociaux considéré comme exemplaire du « mal vivre » des banlieues et du « ghetto »), les étrangers forment le tiers des habitants. La juxtaposition résidentielle de populations françaises et étrangères sensiblement de même catégorie sociale n'entraîne pas de relations fonctionnelles. La coexistence est bien moins conflictuelle qu'il n'est généralement dit, mais toute la sociabilité est sous l'emprise du stigmate, jugée déficiente et anomique. Par reprise ou par opposition, c'est par rapport à la « réputation » du quartier que l'on s'y détermine. Une bonne part de la population autochtone, mais aussi une fraction de la population immigrée, se soustrait au contact et se replie sur la cellule familiale. Ce retrait et la vacuité sociale qui en résulte, très visible dans les espaces publics, ont un effet cumulatif. L'occupation de ces espaces par des jeunes, notamment, est jugée à la fois illégitime et inquiétante par cette population qui, du coup, se démarque encore plus de son voisinage. Les tentatives de revalorisation symbolique passent, alors, par la mise à distance physique et discursive des habitants immigrés.

Si on ne peut guère tirer de ces quelques exemples une théorie générale des relations interethniques en situation de coexistence spatiale, on y voit quelques éléments d'hypothèse quant aux rapports entre conflit et intégration locales. La plupart des situations sont en effet à la fois conflictuelles et intégratives, selon des modalités variables qui dépendent autant de la morphologie sociale des populations en présence que des circonstances et des objets de leurs relations. De ce point de vue, il semble que les relations fonctionnelles, quelles qu'elles soient (emploi, rapports marchands...), porteuses d'interaction concrète et en quelque sorte « obligée », peuvent permettre d'éviter le clivage ethnique collectif, quand le seul voisinage – qui n'est guère porteur de rôles sociaux ou économiques, et généralement privé de médiations formelles – semble très sensible aux conjonctures et situations de crise, notamment pour ce qui concerne la manipulation des catégories ethniques. C'est en tout cas une hypothèse que d'autres études pourraient s'attacher à confirmer ou infirmer.

À PROPOS DU CONFLIT ETHNIQUE
EN QUARTIER POPULAIRE

L'une des difficultés méthodologiques de l'étude des conflits sociaux réside dans la préconstruction de l'objet. Il n'est pas difficile, lorsqu'on cherche empiriquement le conflit, de le trouver. Tout dépend de sa définition, et à quoi on l'oppose. Ouvert ou latent, violent ou larvé, le conflit peut être entendu de telle manière qu'il ne soit que la façon de dire les oppositions et les rapports de force, plus ou moins structurels et stables, plus ou moins fluctuants, qui font l'ordinaire de la vie sociale. Inversement, le conflit peut être envisagé comme le « moment » où ces oppositions et rapports de forces « éclatent » en litiges, en luttes ou en révoltes visant à les modifier.

Les formes sociabilisées d'expression de la conflictualité ordinaire, dans l'univers résidentiel, sont elles-mêmes très variables. Dans certaines situations de contrôle hégémonique de l'usage de l'espace et des modalités publiques d'expression on peut observer des rapports de forces figés, mais qui restent silencieux, larvés au creux des rapports de domination/soumission (voir *supra* le cas du 16e arrondissement de Paris). Inversement, dans des relations entre-croisées et intenses, relativement égalitaires, l'altercation peut être expressément omniprésente, et souvent vive, et se présenter comme l'expression d'un conflit structurel, ou au contraire comme une violence isolée. La sociabilité populaire est ainsi depuis longtemps traversée de ces explosions ponctuelles (voir le cas du quartier d'Aligre *supra* également).

Ainsi, l'existence ou l'absence de conflits exprimés « sur le terrain », ne suffit pas à qualifier les relations sociales et interethniques locales. Et c'est probablement moins dans la notion de conflit que dans le rapport pratique et discursif à la présence d'*Alter* (acceptation, rejet, déni...) qu'on saisit le mieux les types d'équilibres relationnels instaurés. L'observation des jeux de frontières entre « Nous » et « les Autres », sur le double axe de l'inclusion/exclusion et de la domination/subordination semble ainsi riche d'enseignements sur la conflictualité interne à la sociabilité locale.

Ce que l'on nomme fréquemment « conflit ethnique », dans les quartiers populaires ou prolétaires, renvoie à ce que nous avons appelé « ethnicisation » des relations de coexistence. Pour qu'une dispute de voisinage ait quelque chose à voir avec un conflit ethnique, il ne suffit pas que les protagonistes soient ou se croient d'origines et de cultures différentes, il faut que la référence ethnique (autodéfinition et hétéro-définition) occupe une place centrale ou principale dans l'échange. Dans bien des cas, malgré l'imbrication des niveaux sociaux et individuels, voire microcollectifs, l'observation et les techniques classiques d'entretien permettent de statuer sur ce point.

Pour notre part, il nous semble ainsi que l'on peut distinguer deux « niveaux » d'ethnicisation des relations de cohabitation, tels qu'ils paraissent à l'œuvre dans les pratiques et les discours.

Le premier renvoie plutôt aux réalités macrosociales, et procède de la politisation de la présence d'*Alter*. À ce « niveau », c'est la légitimité de la présence même des « immigrés », ou de tels ou tels d'entre eux, qui est en cause, en tant qu'ils bénéficieraient ou s'arrogeraient des biens ou des droits qui devraient revenir en propre à d'autres, en particulier aux « nationaux ». Le privilège de nationalité, et de « souche » nationale (par lequel il se forme comme raciste) est revendiqué. À cette revendication d'exclusivité correspondent notamment deux modalités d'expression bien connues. Le sentiment de perte d'hégémonie (sentiment d'envahissement : « On n'est plus chez nous... »), d'une part ; un sentiment de déréliction (sentiment d'être « abandonné », mal représenté, pas écouté...), d'autre part.

Le second se situe à un niveau plus proprement sociologique et relève d'un enjeu statutaire. Ce n'est pas tant la légitimité de la présence et des « privilèges » dont jouirait *Alter* qui est ici en cause que le danger encouru à cohabiter avec lui, soit parce qu'il y a risque de dépréciation personnelle (perte directe de statut), soit parce qu'il y a risque de voir son propre environnement résidentiel se dévaloriser matériellement ou symboliquement (perte différée ou indirecte de statut).

On peut donc distinguer un double enjeu statutaire, dont l'un s'énonce explicitement comme refus d'égalité et revendication d'un privilège ethnico-national ; et l'autre, souvent implicite quant à son contenu ethnicisant, s'exprime comme stratégie sociale de mise à distance.

Cet enjeu statutaire a pris une importance croissante au cours des dernières années. La décomposition de l'ancienne classe ouvrière et de ses modes de vie, le recul du mouvement ouvrier, ont sans aucun doute « brouillé » les représentations sociales basées sur les appartenances et les revendications de classes. Dans une situation où ces repères ont perdu une part de leur efficacité, le rapport au pouvoir, à l'État[1], d'une part, et aux autres éléments discontinus et hétérogènes du statut social (profession, revenus, réputation...), d'autre part, ont pris de l'importance. Dans une conjoncture de profonds bouleversements de l'appareil productif et

1. Il faut prendre ici la notion de rapport au pouvoir dans une double dimension : rapport à l'État, d'une part, et rapport au pouvoir propre d'agir sur sa condition et son avenir, d'autre part. Le sentiment de déprivation de pouvoir (« déficit démocratique », d'une part, et perte de capacité d'action personnelle, d'autre part) semble constituer une base pour l'ethnicisation des relations sociales en milieu populaire. Dans les situations conflictuelles, en tout cas, l'appel à l'État et aux pouvoirs publics est omniprésent.

des qualifications, mais aussi de polarisation de la société, la « peur sociale » et sa conversion progressive en « question urbaine » ont permis au statut résidentiel de devenir l'un des signes tangibles de ce statut social, voire un « marqueur » d'identité. La notion d'exclusion, elle-même, renvoie à cette réalité, qu'exprime quotidiennement, autour du conflit et de l'intégration, la sociabilité interethnique.

5. LE RECOURS À L'ETHNIQUE
ET AU COMMUNAUTAIRE AU NIVEAU LOCAL :
L'EXEMPLE DU LOGEMENT
DES FAMILLES AFRICAINES

Le cas de l'immigration africaine permet d'illustrer la question du recours au registre de l'ethnicité et de la place des structures communautaires dans l'espace public français à laquelle la plupart des acteurs institutionnels qui interviennent dans les quartiers « en crise » doivent répondre, *nolens volens*.

L'émergence de la catégorie ethnico-raciale « Africain », s'inscrit dans une histoire déjà longue, marquée par des rapports de domination et d'exploitation, initiée sur le continent africain (traite, colonialisme et néo-colonialisme) et poursuivie en France par un type d'inclusion sociale des migrants africains largement caractérisé par une certaine marginalité (juridique, professionnelle, résidentielle). Cette catégorisation ethnicisante, se nourrit de stéréotypes globalisants, produits et diffusés par des médias qui présentent les « Africains » comme d'éternels nouveaux venus et n'hésitent pas à broder autour des thèmes de l'arriération des parents (symbolisée par la pratique de la polygynie) et de la nocivité des enfants. Elle intervient activement dans les processus discriminatoires et ségrégatifs qui aboutissent à la constitution de groupes africains dans un petit nombre de territoires urbains dévalorisés.

Les statistiques scolaires produites par les académies d'Île-de-France montrent que cette tendance à la concentration des populations familiales originaires d'Afrique subsaharienne est allée en se renforçant durant la décennie 80. Ce phénomène d'agrégation ethnique a cependant évolué, par un rééquilibrage entre les zones cen-

91

trales et périphériques de l'agglomération et surtout par une diversification des types de logements concernés. La part du logement social (segments inférieurs du parc HLM et accession aidée à la propriété) dans l'habitat des familles africaines a donc considérablement augmenté durant la dernière période intercensitaire (1982-1990). On retrouve ainsi, au milieu des années quatre-vingt, une actualisation, sous une forme particulière, de ce que Michel Marié (1977) appelait l'« utilité économique urbaine » des immigrés, c'est-à-dire leur utilisation provisoire pour valoriser (ou survaloriser) certains territoires ou certains bâtiments.

L'évolution du marché du logement a considérablement restreint le recours à cette « utilité » dans la décennie suivante, en la cantonnant de nouveau essentiellement dans les fractions les plus vétustes du parc privé, et en particulier dans certaines réserves foncières en attente d'une démolition ou d'une rénovation. Cela s'est traduit par une exclusion durable de l'accès à un logement autonome pour un grand nombre de familles africaines et par une quasi-absence de mobilité résidentielle, y compris dans le segment du parc qu'elles occupent déjà, pour celles d'entre elles qui étaient déjà logées. De la sorte, les groupes concrets africains, ségrégés, ont été fixés et reproduits. De plus, ils ont été quantitativement élargis par l'effet de la croissance naturelle, et par les solutions à ces dramatiques problèmes de logement, mises en œuvre par les migrants eux-mêmes en s'appuyant sur des réseaux communautaires disposant de ressources peu diversifiées en la matière (surcohabitation, mais aussi squat ou sous-location dans des bâtiments déjà fortement dévalorisés par la présence d'un groupe initial de familles africaines).

Cependant, le processus ségrégatif qui aboutit à la formation des groupes africains concrets dans certains quartiers, ne relève pas seulement d'une logique structurale. Il dépend aussi des acteurs sociaux individuels qui ont recours aux catégories ethniques et qui les aménagent. Ils leur confèrent un contenu plus ou moins stéréotypique, basé sur des « différences » socialement construites, même si elles se donnent comme évidentes. Parmi ces acteurs individuels, ceux qui interviennent dans le cadre de fonctions institutionnelles légitimées par l'État jouent un rôle d'autant plus important que les populations qu'ils caractérisent comme « africaines », sont bien souvent dans une situation de dépendance quasi totale à leur égard, pour l'accès à certaines ressources. Ainsi sont-ils dépositaires d'un pouvoir coercitif, par lequel s'exerce la tendance croissante à la régulation étatique dans la sphère domestique, ce qu'Albert Bastenier et Felice Dassetto nomment le « transdomestique »[1], tendance qui entre fréquemment en conflit avec le mode de régulation familiale paternelle dont sont porteurs, de manière diversifiée, de nombreux immigrants originaires d'Afrique subsaharienne.

LA CONSTRUCTION LOCALE
DE LA FRONTIÈRE ETHNIQUE

Dans le premier chapitre de ce recueil, Véronique De Rudder montre le jeu dialectique entre inégalité sociale et assignation à la différence, entre pratiques sociales et représentations. Différence et inégalité s'y combinent pour produire de l'altérité, une différence radicalisée qui, dans les représentations, place l'Autre réifié en situation d'extériorité et tend à occulter les conditions sociales qui président à ce procès en altérité.

La catégorisation ethnique qui travaille la société française se perçoit le plus souvent négativement dans le domaine urbain, à travers les quotas aujourd'hui systématiquement utilisés dans les politiques de peuplement en région parisienne. C'est là le revers concret des discours ultradominants, sur la nécessaire mixité sociale et sur le refus des « ghettos ». Mais, parfois, elle apparaît en positif en offrant la possibilité à un groupe, minoritaire et dominé, de s'affirmer comme acteur collectif d'un processus d'intégration sociale, dont il n'est qu'une des composantes. Mal placés dans les rapports clientélistes électoraux, une des particularités des groupes de migrants africains semble tenir à leur forte capacité à réinvestir le champ politique, en s'appuyant sur des formes diverses de mobilisation communautaire. Dans ce rapport au politique, certains professionnels de l'action sociale (au sens large), qui ne tirent pas leur légitimité des élections, tendent à se placer en situation de médiation

1. « En somme, sous l'apparence d'un espace privé et vécu comme tel, l'espace domestique laisse apparaître des dimensions publiques qui n'épuisent pas la totalité des pratiques domestiques et que l'on pourrait appeler transdomestique » (Bastenier et Dassetto, 1993, p. 213, souligné par nous).

entre les élus et des structures communautaires qu'ils contribuent parfois à façonner. D'où l'importance de l'analyse des représentations qui sous-tendent les pratiques de certains acteurs institutionnels clefs, à l'égard des familles catégorisées comme africaines et des individus qui les composent.

Communalisation, réseaux,
communautés locales

Nous avons donc constaté l'existence de pôles d'agrégation ethnique regroupant une part importante des populations africaines en Île-de-France, essentiellement localisés dans des secteurs urbains dévalorisés. Dans ces territoires de taille variable, un processus de communalisation[1] se produit fréquemment au sein des groupes africains ségrégés, qui se manifeste par le développement de pratiques de solidarité et de liens sociaux entre les individus qui les constituent. Dans la dynamique du rapport à leur environnement, et singulièrement aux acteurs institutionnels, ces groupes tendent parfois à redéfinir une identité collective, produit d'un procès continu d'autodéfinition et d'hétérodéfinition. Ils tendent à se muer en communautés africaines, en groupes intégrés, plus ou moins structurés, qui s'affirment dans l'espace public pour négocier collectivement leurs conditions d'inclusion. Les migrants africains réinvestissent ainsi un « capital » historique et culturel, riche d'une diversité d'expériences d'organisation collective autonome : en Afrique, où les associations locales par classes d'âge sont traditionnellement fréquentes, par exemple[2] ; dans l'immigration, où l'histoire des flux migratoires, entre ici et là-bas, est scandée par le développement et l'évolution d'un ensemble de réseaux et de structures communautaires divers qui entrent dans la composition de systèmes migratoires intercontinentaux. Cependant, cette tendance à la communalisation,

1. *i.e.* le sentiment subjectif d'appartenance à une même communauté cf. Max Weber, vol. 1, p. 78-79 : « Nous appelons "communalisation" une relation sociale lorsque, et en tant que, la disposition de l'activité sociale se fonde [...] sur le sentiment *subjectif* (traditionnel ou affectif) des participants d'*appartenir à une même communauté.* » « Une communalisation peut se fonder sur n'importe quelle espèce de fondement affectif, émotionnel ou encore traditionnel [...]. »
2. Amadou Ampâté Ba (1991) donne une description détaillée de la constitution, du fonctionnement et des activités de l'une d'entre elles dans ses mémoires d'enfance (au début du XXe siècle).

ne doit pas être considérée comme un phénomène statique, d'autant que les populations désignées par la catégorie « Africains », sont diverses, qu'elles ne développent pas une stratégie migratoire uniforme et que les ressources dont elles disposent sont hétérogènes.

L'analyse des communautés ethniques territorialisées doit d'abord être celle des interactions qui aboutissent à leur émergence, non pas comme unités closes, séparées de leur environnement, mais au contraire comme produits et facteurs de transformation de celui-ci. Il convient donc de mettre l'accent sur l'analyse en termes de réseaux, c'est-à-dire « en termes de systèmes ouverts, complexes et acentrés » (Katuszewski, Ogien, 1981). Dans les territoires où sont regroupées des familles africaines, la densité des relations réticulées unissant les individus qui forment ces familles, l'évolution de ces réseaux, leur composition, leurs fonctions sont autant d'indices d'une transformation (ou non) des groupes ethniques africains en communautés dotées d'une identité collective. De même, l'existence de relations passant par des médiations collectives, avec des acteurs locaux situés à l'extérieur de la frontière des groupes ethniques africains et, singulièrement, avec ceux occupant des fonctions institutionnelles, peut être analysée comme le signe d'un fonctionnement communautaire sur une base territoriale. Conditions nécessaires mais non suffisantes, ces signes et ces indices ne permettent pas, à eux seuls, de conclure à la constitution de communautés ethniques africaines dans ces quartiers. Encore faut-il qu'y émerge un cadre identitaire qui puisse servir de référence collective, revendicable dans les rapports à l'environnement et basé sur des valeurs et des normes communes, même si elles sont contestées à certains moments.

Les conditions locales sont donc déterminantes pour la constitution, ou non, de structures communautaires « ethniques » africaines, orientées vers la France et vers les questions liées à l'inclusion des individus qui y adhèrent. Ces conditions locales sont multiples et relèvent aussi bien d'un effet d'environnement (composition globale du peuplement, ressources urbaines disponibles, pratiques institutionnelles de régulation des espaces sociaux...) que des potentialités internes aux groupes « africains » locaux (morphologie sociale, histoire, *habitus* et expériences des personnes qui les composent, type de leaders qui en émergent...).

Loin d'être la simple transposition d'un modèle de vie communautaire « traditionnelle », cette structuration a une histoire. Elle

95

plonge ses racines dans des traditions qui, en Afrique même, n'ont jamais été figées, et s'est enrichie de très nombreuses expériences dans les contextes migratoires intra-africain et européen. C'est ce dont témoigne toujours la vitalité des centaines d'associations « villageoises » pour le développement, ou celle des comités de résidents dans les foyers de travailleurs « africains », par exemple (Poiret, 1996 ; Quiminal, 1991 et 1993 ; Daum, 1992).

Les formes que prennent ces structures, leurs types d'intervention dans les relations interethniques et les résultats qu'elles obtiennent, varient donc significativement d'un quartier à l'autre, d'autant que les modes de traitement social des populations migrantes se sont considérablement diversifiés, avec l'application des lois de décentralisation et de déconcentration et le développement de la politique de la Ville.

Les champs d'interaction

Le local semble donc bien être un lieu d'expression privilégié de la tendance à l'ethnicisation des rapports sociaux. À cette échelle, les catégories « ethniques » utilisées par les acteurs sociaux deviennent effectives, se chargent de sens et s'incarnent dans des individus et des groupes concrets. De ce point de vue, le cas des populations africaines offre un exemple particulièrement intéressant. Il illustre la rencontre entre des acteurs sociaux, notamment ceux en charge de la régulation des espaces publics, et des groupes locaux ethnicisés, produits par un processus de ségrégation et de discrimination, considérés comme particulièrement « visibles » et « différents » par le groupe majoritaire, et dotés d'un fort « capital communautaire » appuyé sur des expériences nombreuses, tant en Afrique qu'en France. Bien évidemment ces groupes africains ne s'expriment pas « par eux-mêmes », sans médiation et ce sont bien des individus, leaders ou élites communautaires, que nous avons rencontrés lors de nos enquêtes. Ils jouent, sur des registres variés, un rôle important dans la production d'une identité ethnique locale sur laquelle repose, pour certains d'entre eux, leur statut de professionnels (ou de semi-professionnels) de l'intervention sociale.

Pour étudier cette rencontre, pour la constituer en objet sociologique, nous utiliserons une grille d'analyse métaphoriquement topologique, provisoirement et volontairement focalisée sur certaines composantes de la scène locale. Afin de prendre en compte conjointement, à une échelle microsociologique, des acteurs collectifs et des acteurs individuels divers, ainsi que leurs interrelations, nous aurons recours à la notion de pôle. Nous organisons notre topologie autour de deux pôles principaux : un pôle communautaire, où nous situons analytiquement les acteurs, individuels et collectifs, issus des groupes africains concrets ; un pôle institutionnel, où nous plaçons les acteurs chargés de la gestion sociale des territoires d'enquête. Entre ces deux pôles, se développent des domaines de relations et d'interactions qui fonctionnent comme des champs, des lieux où se construisent des rapports de force autour d'enjeux, en fonction des positions, des ressources et des stratégies des acteurs en présence.

Face aux pôles communautaires et à leurs porte-parole, nous avons donc identifié des interlocuteurs. Ce sont généralement des acteurs locaux de type institutionnel public ou parapublic, qui jouent un rôle régulateur dans la vie locale de nos sites d'enquête. En raison de leurs fonctions, ils entretiennent des rapports suivis avec les populations africaines. Eux non plus ne sont pas homogènes. Ils varient selon leurs parcours individuels, leur posture professionnelle et les institutions qu'ils représentent. Leurs interrelations sont plus ou moins denses, plus ou moins conflictuelles. Parmi eux, nous en avons choisi quelques-uns qui nous semblent avoir un rôle important dans le recours au registre de l'ethnique : les personnels de la protection maternelle et infantile ; les travailleurs sociaux des circonscriptions d'action sociale ; les instituteurs ; les bailleurs sociaux ; les équipes de développement social urbain ; les élus locaux. Entre ces pôles se dégagent des champs d'interaction, de conflit et de négociation : le logement, l'école, l'action sociale, les loisirs sont ainsi investis. Ce peut être aussi le champ politique qui est directement le lieu de ces interactions. Et cette liste n'est évidemment pas limitative.

Les individus qui occupent ces pôles, communautaires et institutionnels, se connaissent plus ou moins. Ils ont élaboré des représentations réciproques, qui donnent le ton de la pièce jouée sur la scène des quartiers et vont peser sur leurs relations. Nous avons recueilli, lors d'entretiens semi-directifs, tantôt individuels, tantôt collectifs, des expressions de ces représentations à travers le discours des acteurs. Cependant, ces pôles et ces acteurs se situent dans des positions inégales. « Le minoritaire se trouve en fait intégré dans un système symbolique défini par le majoritaire quels que soient par ailleurs ses essais ou ses échecs à se constituer un système propre. Plus encore, ses efforts sont orientés et canalisés par le majoritaire ; il ne peut se définir sur des références internes et indépendantes, il doit le faire à partir des références que lui offre le système majoritaire. [...] On ne peut donc dire qu'il existe des groupes ou des systèmes hétérogènes, mais bien un système de référence par rapport auquel les groupes réels – tant minoritaires que majoritaires – se définissent différemment » (Guillaumin, 1972). Parce qu'ils s'expriment au nom de certaines des institutions produites ou agréées par le groupe dominant, parce qu'ils ont derrière eux la légitimité de l'État et de la Loi, ce sont les acteurs institutionnels qui ont l'initiative de la parole, le pouvoir de désignation, voire d'assignation identitaire, et la capacité d'action.

La désignation des groupes minoritaires, en l'occurrence africains, se fait d'abord sous la forme de l'expression de problèmes sociaux qui leur sont associés, les spécifient et leur fournissent un statut imaginaire. Ils subissent ainsi un processus d'étiquetage, dont Howard Becker (1963) a montré l'importance dans la constitution de la déviance par ceux qui sont chargés de la repérer et de la traiter. Ainsi, les acteurs institutionnels construisent-ils leur public, à partir de présupposés (au moins dans un premier temps) qui s'expriment dans les stéréotypes attachés aux catégories de gestion ethnicisantes qu'ils utilisent. De la sorte, ils produisent des grilles de lecture des situations auxquelles ils sont confrontés. Ces grilles leur permettent de définir et de justifier leur cadre et leurs modalités d'action, en fonction des normes et du rôle qui leur sont assignés par leur institution d'appartenance.

Pourtant, le passage de l'institution, comme acteur collectif, à l'acteur institutionnel individuel ne peut se faire sur un mode mécanique. Non seulement les populations catégorisées opposent des résistances à la catégorisation et au traitement social ; non seulement leurs rôles et leurs normes sont hétérogènes, flous et parfois contradictoires du fait de la variété des institutions et des postures professionnelles en présence ; mais, de plus, chaque acteur institutionnel, parce qu'il ne peut être défini uniquement par son emploi, conserve une marge individuelle d'autonomie et d'improvisation par rapport à eux, ce qu'Erwin Goffman appelle « adaptation secondaire »[1]. Bien

---

1. « Les adaptations secondaires représentent pour l'individu le moyen de s'écarter du rôle et du personnage que l'institution lui assigne tout naturellement » (Goffman, 1968).

que nous ne le confondions pas avec leurs pratiques, le discours des acteurs nous intéresse en ce qu'il est lui-même une pratique (discursive) qui agit sur la réalité à laquelle il se réfère, mais aussi parce que « c'est la parole qui fait des actes un système de signes et un ensemble de significations » (Guillaumin, 1972). Le discours catégorisant renvoie à la perception subjective des différences par le sujet qui s'exprime. Il est, en lui-même, production de catégories, d'altérité et de mise à distance.

Dans les différents champs que nous avons évoqués, se cristallisent des enjeux, qui ne sont pas uniquement symboliques mais aussi matériels, largement liés à la question de la réallocation des ressources sociales de l'État. Cependant, rien ne dit que ces enjeux doivent être communs aux deux pôles que nous avons mis en relation. Ils peuvent diverger radicalement selon les points de vue, et aboutir à des impasses ou à des conflits. Ils peuvent également converger plus ou moins, et déboucher sur des négociations, des transformations mutuelles des pratiques et des représentations. Enfin, dans chacun des champs, les modalités concrètes de relations entre les deux pôles varient selon les types de dynamique communautaire qui se développent (ou non) dans les différents quartiers et selon les personnalités africaines qui en émergent, mais aussi selon les stratégies des institutions et des acteurs institutionnels qui leur font face. La question du logement permet d'illustrer ce processus.

LE RECOURS À L'ETHNIQUE
ET AU COMMUNAUTAIRE
DANS LE CHAMP DU LOGEMENT

La question du logement se présente en des termes sensiblement différents d'un segment à l'autre du parc et du marché : locatif social ou privé ; accession, aidée ou non, à la propriété ; occupation précaire de taudis... Le choix de nos sites d'enquête nous a amené à privilégier le secteur du locatif social. C'est là qu'habite la majorité des ménages de notre échantillon. C'est par rapport à ce segment, qui constitue un enjeu politique et social essentiel, que les discours des différents acteurs sont les plus abondants, les plus complets et les plus cohérents. Nous avons donc choisi de traiter plus particulièrement du parc HLM et nous l'avons fait essentiellement à partir d'un site que nous caractérisons comme une ZUP ouvrière (cf. Poiret, 1996, chap. 10.1). Il présente l'avantage de réunir en un seul quartier une forte mobilisation des acteurs sociaux africains, une grande diversité de bailleurs sociaux (et donc de pratiques de gestion et de peuplement de leurs patrimoines) et une réflexion déjà assez ancienne des collectivités locales sur le sujet. Se trouvent ainsi réunies, souvent avec des traits accentués, des caractéristiques que nous avons retrouvées de manière dispersée dans d'autres sites d'enquête.

La question du logement est abordée de manière radicalement divergente selon qu'on se situe à l'un ou l'autre des deux pôles que nous avons mis en relation. Les logeurs, pour décrire leurs publics originaires d'Afrique subsaharienne, ont recours à un système de représentations basé sur la catégorisation ethnicisante. Mais, pour les Africains, ces représentations productrices de discriminations font obstacle à la résolution de leurs problèmes, souvent dramatiques, de logement.

Perceptions et représentations des professionnels du logement

Un discours de globalisation, plus ou moins complexe. — Le discours des professionnels du logement est d'abord un discours de globalisation. Dans l'ensemble, on parle des Africains comme d'un tout : « Les familles africaines » ou « les Africains », mais aussi « l'Africain », « les Noirs », « ces gens-là ». Sans doute pourrait-on objecter que c'est le questionnement du chercheur qui induit ce discours globalisant. Et, de fait, la consigne donnée au début de nos entretiens invitait nos interlocuteurs à nous parler de leurs rapports professionnels avec les familles originaires d'Afrique subsaharienne. On peut donc considérer que cette interrogation, en concentrant l'attention sur une catégorie particulière, incite à l'ethnicisation du discours.

Pourtant, outre qu'il fallait bien indiquer le sujet que nous espérions voir aborder, deux arguments justifient notre démarche : d'une part, il était toujours loisible aux personnes interviewées de critiquer la pertinence de la catégorie proposée, ce qui est arrivé dans quelques rares cas parmi les professionnels du logement que nous avons rencontrés, pour lesquels la catégorie africaine était cependant toujours évocatrice ; d'autre part, notre consigne de départ était suffisamment large pour leur permettre de reprendre cette catégorie à leur compte en la complexifiant et c'est ce qu'ont fait plusieurs d'entre eux. Ce sont alors les modalités mêmes de ce travail de complexification qui sont instructives. Ainsi, nous n'y retrouvons pas la distinction entre les deux grands groupes (originaires du Mali, de Mauritanie et du Sénégal, et originaires des autres pays d'Afrique), pouvant eux-mêmes être subdivisés, que nous avions retenue pour structurer l'analyse morphologique de notre échantillon de familles. Car les distinctions effectuées au sein de la catégorie africaine par les professionnels du logement ne se réfèrent pas à des histoires migratoires différenciées, mais à des traductions de problèmes sociaux ou professionnels.

Quand l'ensemble « africain » est subdivisé, c'est donc en fonction de critères en rapport direct avec les différentes postures professionnelles des acteurs institutionnels : la taille des familles, qui est un critère déterminant pour les politiques d'attribution, est citée par une chargée de mission développement social ; leur ancienneté dans l'immigration (« Il y a l'Africain qui est là depuis vingt ans et celui qui est là depuis dix ans, et c'est pas les mêmes ») qui influe sur la maîtrise des codes de sociabilité locaux, est retenue par une gardienne qui cohabite avec ces familles ; leur capacité à entretenir un logement (« Je suis allée chez la famille où ils sont si serrés et là, j'ai trouvé que c'était vraiment très propre [...], j'ai trouvé qu'ils se débrouillaient bien [...]. Je n'ai pas vu les chambres mais le séjour était bien rangé [...] par contre il y en a d'autres [...] ») est un critère retenu par une conseillère sociale, qui supervise à domicile l'usage que les locataires font du patrimoine de son employeur.

Les familles originaires des autres pays d'Afrique de l'Ouest et d'Afrique Centrale sont généralement ignorées. Il est vrai qu'elles sont moins nombreuses que les familles du groupe Mali-Mauritanie-Sénégal et moins présentes dans le parc HLM. Même en questionnant directement à leurs propos, elles ne semblent pas évoquer de problèmes spécifiques, ce qui est parfois expliqué par le fait que « ce ne sont pas des familles musulmanes » (conseillère sociale). Ce sont les grandes familles d'origine rurale, sénégalaises, maliennes et mauritaniennes, qui focalisent l'attention. C'est à partir de leur perception que se construit la représentation d'ensemble des familles africaines.

La mise à distance : du social au « racial ». — L'utilisation de la catégorie africaine va permettre l'expression d'une distance, telle qu'elle est perçue par le sujet qui parle. Cette mise à distance peut être plus ou moins radicale, plus ou moins relative et transitoire ; nous pouvons l'inscrire dans un spectre des représentations allant du social au « racial », du relatif à l'absolu.

— *Le registre du social : la pauvreté, l'origine rurale, la composition familiale.*

À une extrémité de ce continuum, la catégorie « Africain » prend un contenu stéréotypique sociologisant qui se réfère aux conditions et aux origines sociales, et parfois au registre des classes sociales. Les familles africaines peuvent ainsi être représentées, d'abord, comme des familles paysannes, nombreuses, anachroniques et condamnées à disparaître :

« C'est très préoccupant ces familles très nombreuses. Pas les familles africaines plus que les autres, mais il y a plus de familles africaines très nombreuses [...] Ce n'est même pas une question de couleur de peau, [...] C'est le passage de la vie rurale à la vie urbaine. »

Si ces familles sont d'abord perçues par cette responsable du service logement municipal, comme nombreuses et rurales, ce phénomène est considéré comme passager en la forme. La polygamie est alors moins regardée comme une déviance que comme une marque d'archaïsme, un facteur aggravant les difficultés de gestion pour les bailleurs et entravant la mobilité dans le parc pour les locataires :

« Les familles africaines posent de gros problèmes d'occupation [dus] au nombre d'enfants, mais aussi à l'utilisation des équipements et aux modes de vie » (chargée de mission développement social).

On trouve aussi un registre d'expression de la différence qui présente essentiellement les familles africaines comme une sous-catégorie de pauvres en pleine expansion. Ainsi la responsable de la circonscription d'action sociale exprime-t-elle une vision totalement catastrophiste de la situation :

« Nous avons de plus en plus d'Africains, de moins en moins insérés [...] Il y en a un certain nombre qui viennent de la région parisienne qui sont refoulés, et un certain nombre dont on n'avait pas entendu parler jusqu'à maintenant, qui étaient dans des logements plus ou moins insalubres en centre ville et qui ne le supportent plus. [...] Ils tiennent, ils tiennent et le jour où ils ne peuvent plus, ils viennent nous voir [...] On est très dépourvu face à ces situations, les foyers d'hébergement sont pleins [...] et dans le logement social personne n'en veut. »

Dans ces trois cas, le recours à la catégorie globalisante africaine est présenté plutôt comme une sous-partie de l'ensemble des grandes familles rurales ou des familles pauvres. Il suppose une certaine distance sociale, mais aussi spatiale, vis-à-vis de l'objet qu'il désigne. Et, de fait, non seulement aucune de ces trois interlocutrices qui occupent des positions hiérarchiques intermédiaires, ne cohabite avec des familles africaines, mais les contacts qu'elles peuvent entretenir avec elles sont généralement, soit très ponctuels, soit médiés par des porte-parole.

— *Du social au « culturel » : comportements typiques et traits « psychologiques »*.

En s'éloignant de ces explications sociologisantes, on trouve une graduation dans les discours « culturalisants » qui construisent la spécificité des familles africaines autour de traits culturels plus ou moins sympathiques, plus ou moins dérangeants, mais posés comme un fait avec lequel il faut composer.

Cette gardienne d'immeuble en donne une version positive :

« Ils sont plus à notre écoute [que les autres locataires] », « c'est pas des gens agressifs ». « Ils sont très discrets surtout quand il y a de la bigamie. Ils la cachent. » « Ils ont peu de relations avec les autres familles, ils restent entre eux. Ils gardent leurs racines en restant dans leur ambiance familiale. » « Ils sont très solidaires entre eux. » « Ils sont souriants, calmes. » « C'est comme le tutoiement, c'est une forme de gentillesse. »

Les difficultés sont évoquées tout en nuances :

« Une seule chose me chagrine un peu, c'est au niveau de la propreté, ils sont très négligents. C'est un manque d'information peut-être. » « Les enfants sont très tôt dehors le matin, ça c'est une culture », « en grandissant ils se libèrent plus et là ça se dégrade un peu ». Si les épouses sont « moins gracieuses » que les hommes c'est « qu'elles n'ont pas leur mot à dire, alors on les voit moins ».

On rencontre ici un phénomène décrit par Colette Guillaumin (1972) dans son analyse des processus de catégorisation raciale :

« S'il arrive que dans un effort de libération de ces impératifs, le langage cherche à échapper au mécanisme de clôture stéréotypique, il le fera terme à terme, c'est-à-dire en prenant à *l'inverse* ces mêmes stéréotypes. » Ainsi les Africains sont-ils ici dépeints sur le modèle inverse des défauts du voisin envahissant et inquiétant, qu'ils sont souvent supposés être *a priori* : ils ne sont pas agressifs, ils sont discrets, attachés à la vie de famille et calmes. Apparaît alors combien, malgré la meilleure volonté, il est difficile d'échapper à la perception racisée de l'Autre, qui l'enferme dans le registre de la particularité. « Les caractères particuliers de l'individu minoritaire (ou de son groupe en tant que tel), qu'ils soient personnels ou historiques, ne peuvent apparaître que dans la mesure où ils coïncident – positivement ou négativement – avec les stéréotypes. » Dans cette perspective, ces propos illustrent les contradictions de notre interlocutrice, prise entre des convictions antiracistes et une volonté de quitter le quartier pour mettre ses enfants à l'abri. Les stéréotypes « inversés » renvoient au danger que l'on fuit, mais qu'on ne peut pas exprimer.

La version de cette conseillère sociale est moins unilatéralement positive :

> « Une chaleur qu'on ne rencontre pas ailleurs », « De la joie de vivre », « Elles sont pas exigeantes, elles se contentent de peu. » Mais « par contre, ils sont sans gêne : j'me fous du voisin ».

Pour elle, les causes des problèmes sont à chercher dans la combinaison d'une situation sociale et de caractéristiques culturelles comme, par exemple, la promiscuité aggravée par un manque de savoir-faire dans l'usage d'un appartement :

> « Leur problème principal c'est la promiscuité. Leur désir principal c'est d'avoir un grand logement parce qu'elles ne s'en sortent plus, parce qu'elles sont trop nombreuses [...]. » « Je suis rentrée vraiment chez les gens et j'ai vu des trucs pas croyables [...]. C'était le matin on ne pouvait pas marcher, il y avait des paillasses par terre et tout le monde dormait comme ça. Le linge tendu partout, donc des problèmes d'humidité, de condensation, des dégradations dans les logements pas possibles. Par exemple, ils me disent : "Oui mais il est usé, ça fait douze ans que j'habite là, l'appartement est foutu, donc il faut m'en donner un autre." "Mais par contre elles n'ouvrent pas les fenêtres, elles ne savent pas qu'on ne fait pas bouillir du riz comme ça toute la journée." »

L'ignorance des femmes est également invoquée :

« Le problème [des femmes] c'est l'analphabétisme, même dans leur langue elles ne savent pas écrire. » « Alors je les envoie à l'alphabétisation, à des cours de couture, à des choses comme ça selon leur demande [...] Elles veulent toutes travailler en ce moment donc moi je leur dis déjà : apprenez à écrire et puis on verra après. » « Tout ce qu'il faut indiquer j'indique, mais il faut voir à quel niveau elles en sont ! Et puis il y en a qui sont pas du tout prêtes à travailler, qui s'imaginent, mais elles ont toujours un bébé dans le dos, et puis leur garde-robe ! Moi je leur dis toujours : si vous voulez chercher du boulot, enlevez votre boubou et ce sera quand même mieux. »

Mais surtout la polygamie apparaît comme une déplorable fatalité qui complète une image globale d'arriération, car non seulement la polygamie accroît la promiscuité, mais elle surajoute des conflits familiaux :

« Dans les familles africaines, c'est vrai qu'il y a des conflits. La nuit il y a des bagarres dehors. Les femmes se tabassent. Et puis il y a ce qu'on ne voit pas. Et puis il y a les enfants qui ne réagissent pas bien. Il y en a qui disent : "On est 21 chez moi, mais j'ai pas le droit de le dire." Car la polygamie se cache : "Comme ils savent que pour avoir des grands logements il ne faut pas être polygame, c'est vrai qu'ils ne vont pas le chanter sur les toits." »

Ces représentations, faites d'un mélange d'altérité et de proximité, se nourrissent d'une fréquentation régulière et personnalisée de familles de migrants africains, par des professionnelles n'occupant pas de position de pouvoir dans la hiérarchie interne de leurs organismes employeurs. On peut noter aussi que ce sont des femmes qui mettent l'accent sur le fonctionnement des familles et la répartition des rôles familiaux.

— *Du culturel au « racial » : l'altérité radicale.*
À l'autre extrémité du spectre des représentations, on trouve le discours de ce chef d'agence et des gardiens d'immeubles qu'il dirige, qui se vivent comme les derniers autochtones perdus dans un océan d'Africains. Le thème de la différence culturelle est alors décliné sur un tout autre ton, celui du mystérieux et du scandaleux. L'altérité est posée comme radicale et le culturel et le « racial » s'enchevêtrent :

« Ces gens-là vivent exactement chez nous comme ils vivent chez eux, faut pas se faire d'illusion. » « C'est des coutumes qui ne sont pas faciles à comprendre. Ils sont difficiles à analyser, ces gens-là. » « On n'a pas été élevé comme ça à vivre dans la crasse. Eux ça les gêne pas du tout. » « Il n'y a pas une table, il n'y a pas une chaise, on mange par terre autour de la gamelle. »

La différence est insurmontable, elle fait fuir les « bons » locataires : « Il y a des gens bien. Dans les cinq ans ils font construire [ils s'en vont] et qui c'est qui reste ? Ceux qui ne peuvent pas partir. » Elle finit même par faire apprécier les Maghrébins :

> « C'est pas du racisme, c'est pas de la ségrégation, c'est du réalisme. Les gens du Maghreb arrivent à vivre un peu mieux que ces gens-là. Parce que ces gens-là ont gardé des coutumes complètement ancestrales. Avec trois bouts de chiffon on fait une veste, hein ! » (gardien). « Avant on avait des immigrés maghrébins qui habitaient en bonne intelligence. Maintenant il n'y a plus qu'une vingtaine de familles arabes qui veulent absolument s'en aller parce que c'est des familles africaines qui ont pris possession des lieux » (chef d'agence). Les Africains eux n'entendent pas partir : « Ils s'y plaisent ici. Certainement parce qu'ailleurs on n'en veut pas. On les a, on les garde, c'est tout... » (gardien). De plus, « ces gens-là » se croient tout permis : « Avant c'était des locataires, maintenant c'est des clients et on leur doit tout » comme à « l'Africain qui arrive dans la loge et qui dit : tu dois faire ça, on te paye » (chef d'agence).

La gardienne que nous évoquions précédemment, inversait les stéréotypes pour les rendre positifs, mais préparait sa sortie du quartier. Ses collègues masculins ne voient pas d'issue et les stéréotypes négatifs leur permettent de bien marquer leur distance. On peut probablement rapprocher cette réaction de celle évoquée par Michel Verret (1979) puis par Maryse Tripier (1990), à propos du racisme ouvrier : « Plus généralement, les immigrés représentent tout ce que la classe combat et à quoi elle cherche à échapper : la précarité, la mobilité forcée, l'exil, tout ce qui fut son passé encore proche. »

Il apparaît clairement que, à position de classe équivalente, la perception change nettement selon les sexes. Alors que notre entretien avec ce groupe de gardiens a duré plus de deux heures, on chercherait en vain la moindre information sur le mode de fonctionnement des familles africaines avec lesquelles ils cohabitent : les Africaines sont totalement absentes de leur discours ; même la polygamie n'est plus présentée comme une source de problèmes professionnels (entretien du bâti, conflit de voisinage...). Elle est simplement citée comme une forme d'insupportable barbarie, parmi d'autres.

106

Les représentations de leur public africain par les professionnels du logement remplissent une fonction d'orientation et de justification de leurs pratiques. De même que nous avons classé les types de perception de la différence sur un continuum allant du sociologisme au « culturalisme » racisant, nous proposons d'ordonner les positionnements des praticiens selon une graduation parallèle. Aux explications sociologisantes, à partir d'un positionnement en retrait par rapport aux familles et aux individus africains concrets, correspond une première famille de discours sur les orientations professionnelles légitimes. La perception des familles africaines comme phénomène social provisoire, permet de développer des discours rationnels qui, *grosso modo*, suivent deux orientations différentes : volontariste ou fataliste.

Dans le premier cas, c'est un discours rationnel et très élaboré de gestionnaire social qui est produit. Il est tenu, par exemple, par cette chargée de mission « développement social » qui part d'un constat de correspondance entre la catégorie africaine et un certain type de problèmes professionnels. Discours subtil, il souligne l'importance de percevoir ces familles non pas seulement comme des usagers de logement, mais aussi comme des habitants :

> « Pour nous il y a deux choses : le locataire, qui est notre métier de base, louer des logements. Et après, dans certains quartiers où on est très présent en nombre de logements et où il y a des dynamiques un peu difficiles, c'est considérer le locataire en tant qu'habitant. C'est pour ça qu'on est dans une dynamique de fonctionnement de quartier, d'expression des habitants. »

Il débouche sur une option de partenariat qui permet de réintroduire les acteurs sociaux africains réellement existants (même si c'est pour mieux les canaliser), sous la forme d'une coopération avec les organisations communautaires. Bien qu'elle ne soit pas dénuée de préoccupations « pédagogiques », cette démarche se caractérise avant tout par sa forme contractuelle qui confère une reconnaissance aux structures communautaires, considérés comme des partenaires.

Dans le second cas, il s'agit d'un discours au rationalisme nettement plus technocratique, comme celui de la responsable du service logement communal qui souligne d'emblée son rôle (minoré) de simple intermédiaire : « On met en rapport une offre et une demande. » En l'occurrence la demande en provenance des familles africaines est analysée avant tout comme passagère, ce qui justifie qu'on laisse un décalage persistant entre l'offre et la demande de logements et qu'on n'hésite pas à sacrifier une génération ou deux :

> « Les familles africaines réussissent à avoir des logements à dose homéopathique. Mais on ne va pas faire massivement des F5 sous prétexte qu'il y a des familles supernombreuses actuellement. On sait très bien que c'est un problème d'une génération et ces enfants sont manifestement pris en otage par leurs parents qui ne réfléchissent pas suffisamment... »

À l'appui de ce discours que l'on peut qualifier de cynique, affleure par moments un autre thème, celui de la crainte de l'envahissement résumée par cette formule choc : « Les Africains appellent les Africains. » Alors que l'option volontariste s'accompagne de la recherche de médiations, cette vision fataliste débouche sur un discours de refus de l'Autre perçu comme archaïque, irresponsable ou manipulateur.

En suivant la gradation des discours, du sociologisant vers le racisant, les affects prennent une place de plus en plus importante et ils sous-tendent explicitement les orientations pratiques. Nous avons rencontré de la compassion dans la parole coupable, volontairement et obstinément positive d'une gardienne d'immeuble aux stéréotypes inversés. Née dans le quartier, y ayant grandi, elle se sent un peu fautive d'avoir mis sa fille dans un collège privé et d'avoir demandé sa mutation pour une autre commune, dans le but d'assurer l'avenir (en particulier scolaire) de ses enfants. Les propos qu'elle tient sur ses pratiques professionnelles sont plusieurs fois empreintes de caritatisme : « Ils ont simplement besoin qu'on les aide et si c'est dans ma connaissance, je le fais » ; « On est là, on les assiste. » La démarche charitable, comme forme de relation à l'Autre a été analysée par Michel Marié (1977). Il la caractérise comme une réponse à des individus « et des individus sans aucun pouvoir, purs objets de compassion mais non pas êtres sociaux ». Ses fondements se situent dans le registre de la mauvaise conscience. Ils se construisent autour des couples honte-dette de reconnaissance, scandale-rachat. Ce qui fait écrire à Michel Marié qu' « à la limite, la charité est le premier mouvement d'une société dans sa relation à l'AUTRE ; mais elle reste entièrement sur son propre versant : premier regard sur soi-même, inquiétude, gêne, honte du premier homme sortant du paradis perdu ». Malgré ces limites, le discours de la compassion présente l'avantage d'exprimer des marques de respect et de sympathie à l'égard des locataires africains.

Nous avons aussi trouvé des manifestations de sympathie dans le discours franchement paternaliste de la conseillère sociale. Mais c'est une sympathie sans respect, comme celle que l'on peut avoir pour des enfants :

> « Je les aime bien. » « Je m'assois par terre avec eux, parfois je mange avec eux, on s'entend bien. C'est vrai qu'ils écoutent quand je leur dis : Y en a marre, regardez, on a pas de logement assez grand, vous attendez encore un bébé, etc. Quand je leur parle de contraception, tout ça. Les femmes d'ailleurs seraient peut-être d'accord si le mari n'est pas au courant. Il y en a qui ont fait le coup, mais bon ; Ils en font venir une autre alors... »

L'expression des stéréotypes permet de justifier les pratiques des intervenants sociaux. Ici ils tournent autour du thème des Africains primitifs, qui restent de grands enfants ignorants, mal élevés, bagarreurs et roublards. Ce sont des garnements qu'on aime bien, mais avec qui il faut de la poigne. Ayant ainsi posé un rapport infantilisant, notre interlocutrice peut illustrer jusqu'où va son travail tel qu'elle le conçoit, en évoquant ses enquêtes domiciliaires pour vérifier si elle a affaire à des familles de monogame ou de polygame :

> « Une fois un monsieur demandait un logement plus grand. On avait des doutes. Il demandait depuis longtemps. Moi je savais par les voisines qu'il avait deux épouses, et lui soutenait que non, qu'il avait neuf enfants et une épouse. J'y suis allé pendant qu'il n'était pas là et il y avait quand même treize lits et une porte fermée qu'on ne m'a jamais ouverte. »

Il est très peu probable que cette dame eût osé « perquisitionner » de la sorte chez des locataires « autochtones », ou supposés tels. En revanche, les relents de colonialisme qui imprègnent ses représentations lui permettent, en toute bonne conscience, d'adopter une attitude professionnelle qui, elle aussi, ne va pas sans évoquer le paternalisme colonial.

Lorsque le discours est dominé par la peur et l'amertume, il n'y a plus ni respect, ni sympathie, mais des rapports de forces. Les Africains font peur, même à la police :

« Ils [les policiers] font comme nous, si on voit quelque chose qui se passe qui n'est pas normal, qu'est-ce qu'on fait : on va tout droit. D'abord on est pas protégé et on ne va pas se faire casser la figure pour rien... » (gardien).

« Moi j'ai essayé, il y a trois ans quand je suis arrivé, de faire un peu la police [...], au moins de les sermonner. Et bien ce qui s'est passé c'est que la vengeance s'effectuait sur mes enfants à l'école [...] Mes gosses revenaient tous les jours en pleurant. Ils revenaient avec des têtes comme ça. J'ai été obligé de changer mes gosses d'école » (gardien).

C'est une peur de la violence, mais plus encore une peur de se perdre, qui s'exprime très explicitement :

« Ce n'est pas eux qui évolueront, il faut qu'on se métamorphose » (gardien). « Je préfère vivre avec un mauvais Français – même qu'il soit le plus mauvais possible – mais au moins il a quand même la mentalité française ; pas comme les Africains qui vivent tout à fait différemment de nous » (gardien).

Globalement ce discours est univoque, il pose dans une altérité radicale, insurmontable, ces Africains qui font peur. Leur « primitivisme » est tout entier situé du côté de la violence et de l'invasion : ils occupent, ils ordonnent, ils absorbent, ils imposent. Ces propos ont été tenus par un groupe de gardiens, réuni par leur chef d'agence lors d'un entretien collectif qui, par moments, frisait le *happening* (pour rester dans la métaphore théâtrale) tant la charge émotionnelle qui s'y exprimait était forte. Comment ne pas entendre, aussi, dans ces discours ouvertement racistes, le désarroi des « petits-blancs » forcés de cohabiter avec des populations auxquelles ils craignent et refusent d'être assimilés. Pire, non seulement ils doivent vivre avec ces immigrés, mais leur fonction comprend l'entretien des locaux. Ils doivent donc s'occuper des ordures, de la crasse, des immigrés. Dans les années soixante-dix, Michel Marié écrivait, à propos de la grande grève des éboueurs de Noël 1972 : « La merde, c'est la place assignée par excellence aux immigrés [...]. Les travailleurs immigrés ça a ceci de merveilleux que ça permet aux travailleurs français de refuser les tâches pénibles et sales. Mieux, ça permet de nier l'existence de celles-ci. La scotomisation de la merde manifeste ce refus » (Marié, 1977). Que dire alors de la position symbolique de ces gardiens, qui se vivent comme devant s'occuper de la merde de ceux qui sont venus pour ramasser la merde des Français...

Du côté africain, le discours des dirigeants associatifs est d'abord marqué par leur perception de la discrimination et de la ségrégation :

« La première fois qu'on s'est constitué en association, on a voulu prendre ce problème de logement à fond. On se demandait pourquoi à chaque fois qu'on déposait une demande de logement ou un changement de logement on la refusait. [...] On s'est dit, si moi je me présente quand un Français se présente et un Arabe se présente, bon, on va donner au Français blanc, à l'Arabe c'est-à-dire au Marocain ou au Tunisien, mais l'Africain c'est à voir » (M. K...). « Il faut six-sept ans au minimum, quand on a de la chance, pour changer de logement » (M. B...).

Ils ont même acquis la certitude que cette discrimination est sciemment organisée :

« On a été jusqu'à la mairie : la mairie n'a pas trouvé de réponse. On les a poussés à fond pour leur demander ce qui se passait exactement [...] La personne que nous avons eue nous a dit que c'est quelque chose qui a été voté par tous les bailleurs de logement. Tous avaient décrété comme quoi ils ne donnaient pas de logements aux Africains » (M. K...).

Cette découverte a été une « surprise ». Cette certitude est renforcée par le constat que, malgré les demandes qui s'accumulent, des logements sont détruits dans le cadre des opérations de restructuration de la ZUP : « Nous acceptons mal de voir les logements partir en l'air alors qu'on en a besoin. Nous n'avons jamais compris pourquoi » (M. B...).

Tous nos interlocuteurs africains connaissent bien l'argumentation des bailleurs pour justifier leurs « réticences ». Ils l'exposent en tentant de la relativiser, faute de pouvoir la déconstruire :

« Ils [les bailleurs] se disent, ils ne le disent pas en face, mais ils se disent que l'Africain, tu lui donnes un logement en bon état, tout neuf et, un an après, s'il le quitte, personne n'en veut plus. Ils dégradent tout, les enfants sont impolis [...] Ça c'est vrai, des fois, je le reconnais. Ça fait partie des causes [qui font] qu'ils ne peuvent pas, quand la famille commence à s'agrandir et qu'ils veulent un autre logement. Ils ont tous un tas de problèmes pour en retrouver un » (M. D...).

111

À l'argumentaire des bailleurs, qu'ils « comprennent » parfois jusqu'à le reprendre, les Africains n'ont pas d'autres réponses que d'avancer le caractère « factuel », réel, de leurs problèmes de logement :

« Reste quand même ce problème que nous avons, nous, de particulier. Les gens doivent comprendre d'abord avant de crier : "la polygamie ! Les familles nombreuses !" Les gens ne comprennent pas. Ils crient à tort et à travers. Je pense que si on comprend mieux la vie des gens c'est plus facile de trouver des solutions que de crier : "Voilà, ils font beaucoup d'enfants ! Voilà on fait ceci, cela." Cela ne résout rien du tout » (M. K...).

« Ici, la polygamie occupe un certain terrain, il y a beaucoup de familles polygames. Actuellement la majeure partie des familles polygames vivent dans des trois ou quatre pièces [...] donc elles ont toutes un problème pour se reloger [...] La majeure partie de ces polygames, c'est des gens qui n'ont pas été à l'école, qui n'ont pas vécu en ville quand ils étaient au Sénégal. Donc c'était directement la campagne – l'aéroport, l'aéroport – la France [...]. Donc c'était très difficile [...] Ces logements qui sont là ont été conçus pour des familles à la française [...] Donc avec quatre, cinq, six enfants c'est très difficile » (M. D...).

Tous les bailleurs ne sont pourtant pas perçus de la même manière : « Certains bailleurs ont plus de connaissance des Africains que d'autres » (M. T...). Deux organismes HLM apparaissent en particulier dans le discours des dirigeants africains. Dans notre quartier, ce sont les deux bailleurs qui accueillent le plus de familles africaines dans leur patrimoine. L'un, malgré ses efforts de développement d'un partenariat communautaire, est identifié à des conflits passés :

« Il regroupe plus de gens de chez Renault ou Talbot. Ils ont plus d'ouvriers dans leurs logements que d'autres. Les rapports que l'on a, n'en sont qu'à leur première étape. Il [le bailleur] avait eu un passé qui était très difficile. Il y avait l'association de locataires à l'époque où il y avait des tours [des immeubles qui ont été détruits] et puis les gens avaient fait grève, avaient refusé de payer. Et [...] au moment où on a déménagé les tours, certains sont restés les derniers. Ils ont eu du mal à retrouver [un logement] parce qu'ils avaient refusé de payer des arriérés. Ça, c'est resté dans la mémoire » (M. K...).

L'autre bailleur social est marqué par un passé de corruption :

« C'est une société plus ancrée [...] que d'autres dans le milieu africain. Le gérant qui était là avant, avait plus de rapports avec les Africains. Mais c'étaient des rapports qui n'étaient pas nets. Parce qu'il faut dire les choses telles qu'elles étaient. Les personnes qui avaient besoin d'un logement étaient obligées de donner des pots-de-vin et tout ça, pour obtenir un logement. Ça a été difficile. Maintenant tout ça on essaie de les enlever » (M. K...).

Tous ne sont pas perçus de la même manière, mais à tous il est reproché un système d'attribution « à la tête du client » : « Ça doit changer [...] cette manière de donner à qui on veut, c'est pas ça ! » En revanche, le rôle de la municipalité est décrit de manière étonnamment positive, sans grand rapport avec ses pratiques et ses perspectives réelles en matière de politique de logement.

Après avoir appris que les bailleurs auraient décidé conjointement de refuser des logements aux Africains, « on voulait une réunion tripartite avec la mairie, les HLM et l'association ». On demande que s'il y a un quelconque problème on essaie d'y remédier et pas seulement décréter qu'on ne donne pas de logement aux gens. Bon, cette réunion n'a pas eu lieu. Enfin elle a eu lieu mais sans les bailleurs. Ils ne sont pas venus. On a dit « comme c'est comme ça, maintenant on sait ce qui se passe, mais ce n'est pas normal que le maire accepte des trucs comme ça dans sa ville ». J'ai dit : vous êtes le premier magistrat de cette ville ; si des sociétés HLM font des choses sur des administrés, c'est à vous de l'interdire ! [...] Depuis l'alerte qui a été donnée par les services de la mairie, il y a eu des changements (M. K...).

Avant, les attributions se faisaient selon le bon vouloir des bailleurs, « maintenant la mairie est au courant de tout. Mme A... [la responsable du service logement municipal], avant, elle ne voulait rien comprendre. Elle avait la tête dure comme ça [il tape du poing contre une armoire métallique]. On lui a fait comprendre qu'il fallait que ça change » (M. C...). « Nous avons été reçus par Monsieur le maire il y a un mois ou deux. Il nous a consacré une matinée. On a parlé [...] : les points noirs ont été effacés et actuellement on espère que ça va aller » (M. T...).

L'apprentissage des institutions locales n'est pas chose aisée et il se fait par des tâtonnements qui laissent la place à bien des illusions. C'est ainsi que la connaissance des populations africaines par les bailleurs nous semble, elle aussi, étonnamment surestimée.

« M. B... : Ils [les bailleurs] vont faire en sorte que tout le monde ne s'entasse pas ; que, par exemple, les Peuls ne se retrouvent pas dans le même coin, que les Soninkés...

Q. : Vous pensez qu'ils sont capables de faire la différence entre les Peuls et les Soninkés ?

M. B... : Peut-être. Peut-être j'ai mal compris. »

Dans cette vision optimiste, on peut donc voir de la naïveté face à des rouages institutionnels et des interlocuteurs encore mal connus. Mais on peut également penser qu'il s'agit d'un positionnement résolument positif, qui participe d'une stratégie d'affirmation communautaire dans l'espace public local. L'interpellation ouverte, collective, publique des élus par des immigrés de la « première génération », dont beaucoup n'ont pas la nationalité française, n'est pas chose courante. Peut-être faut-il voir dans ce crédit (démesuré au vu de la réalité de leur discours et de leurs pratiques) accordé aux élus de la République, une sorte de position compensatrice, visant à atténuer une irruption inhabituelle et encore mal assurée dans le champ politique ; ou encore, une « revendication » de colonisé prenant – de facto – le dominant au jeu de ses propres valeurs.

DES ENJEUX DISSYMÉTRIQUES

Pour les professionnels du logement :
gérer le patrimoine et le « stock » de ménages africains

Du côté des logeurs, la gestion du patrimoine bâti est centrale. Dans leurs relations aux populations d'origine africaine, les bailleurs se fixent un enjeu très clair. Leur discours porte avant tout sur la gestion de la fraction de leur patrimoine déjà occupée par des ménages africains. Or, redisons-le, les stéréotypes qui alimentent les discours des logeurs sur la catégorie ethnico-raciale « Africains » correspondent à des grilles de lecture de leur environnement social et servent de justification à des pratiques concrètes :

> « Nous n'avons pas assez de contacts avec les familles africaines, donc elles nous posent des problèmes de façon globale dans l'occupation des logements, des parties communes [...]. Ils ne savent pas se servir des équipements. » « Ils posent des problèmes de voisinage, car il n'y a pas de surveillance des enfants dans la journée et même tard le soir. Et il y a la saleté dans les parties communes, des choses comme ça. [...] tout le monde est sur le constat des difficultés d'occupation des logements par les familles africaines » (chargée de mission développement social).

Il y a donc pour les bailleurs, un enjeu autour de l'entretien du bâti et de la gestion des relations de voisinage. C'est sans doute le fondement essentiel du choix de partenariat avec des associations communautaires africaines, fait par un important bailleur de ce site. D'autres logeurs, sur d'autres sites, ont adopté des orientations comparables, vers la recherche de médiations communautaires appliquées au logement. Ce sont généralement de gros organismes HLM, qui disposent d'un personnel spécialement chargé du développement social. Celui-ci se compose le plus souvent de gens jeunes et diplômés, qui n'hésitent pas à soutenir la création ou le développement d'associations communautaires africaines par la mise à disposition de locaux, par des aides financières ou des actions de formation.

La question des politiques d'attribution est assez peu évoquée par les bailleurs, et rarement sous l'angle de la discrimination. Au mieux, le discours analyse, sans les qualifier, les mécanismes discriminatoires qui sont à l'œuvre, en soulignant l'inadéquation entre le parc de logements sociaux et les besoins des familles africaines :

« Nous avons un taux de rotation important, mais c'est des petits logements. Or les familles africaines ne sont pas des familles qui demandent des petits logements. En tout cas si elles les demandent, elles ont déjà quatre enfants, donc on ne les met pas dans des petits logements » (chargée de mission « développement social »).

Nous pouvons ajouter à ce constat d'un écart persistant entre la vacance et la demande de logement, que, le plus souvent, les opérations de réhabilitation des immeubles HLM s'accompagnent d'une redéfinition des types d'appartements, par la transformation d'une partie des grands logements en plusieurs plus petits (un T5 devient un T2 et un T3, par exemple). La production de l'offre constitue un puissant outil pour canaliser la demande, pour écarter les indésirables, tout en ayant recours à des critères d'attribution « neutres ». Elle est au cœur des processus de discrimination indirecte.

Certes, cette chargée de mission peut citer le cas d'une famille logée « récemment » ou d'un ménage relogé dans un appartement plus grand. Mais, sur la quinzaine d'organismes HLM rencontrés entre l'été 1993 et l'automne 1994 dans l'ensemble des sites d'enquête, ils étaient bien peu à pouvoir nous citer au moins un cas de famille africaine ayant obtenu un logement dans leur patrimoine, autrement que par mutation interne, au cours des trois dernières années. Même la mobilité des familles africaines au sein du parc HLM est quasiment au point mort. Là aussi, des difficultés spécifiques apparaissent, qui sont liées à l'entretien du logement, comme l'explique notre interlocutrice :

> « De toute façon, les familles africaines, sur la politique d'échange [de logement] ont un problème. D'ailleurs elles disent elles-mêmes qu'elles bénéficient moins des échanges que d'autres familles, parce que la base des échanges c'est de laisser un appartement en état, pour retrouver un appartement en état. Or les familles africaines posent de gros problèmes d'occupation des logements [...] Il y a plus de difficultés que dans les familles maghrébines sur la base de l'état dans lequel ils laissent leur logement. »

Tous les responsables du logement social, et ceux du service logement de la mairie avec eux, réaffirment leur respect des formes légales et égalitaires dans la mise en œuvre de leurs politiques de peuplement. Tous les dossiers sont examinés et les attributions se font avec les mêmes critères. Il ne reste alors plus qu'à constater que les ménages africains ne sont pas « aux normes » :

> « Je leur disais : on ne trouvera jamais d'assez grands logements pour vous, ici ça n'existe pas, il faut un habitat adapté, ça n'existe pas [...] Quand il n'y a vraiment pas de solution je leur dis : faites construire une maison, vous avez tellement d'APL » (conseillère sociale).

Pas question de se faufiler subrepticement. Les procédures d'attribution sont les mêmes pour tous et qu'importe si, pour certains, ce sont en fait des procédures d'exclusion. Le registre de l'égalité formelle reste la meilleure base de légitimation de pratiques actuellement inégalitaires.

> Il y a des appartements « où les locataires en titre ne sont plus là. C'est d'autres familles qui sont là. On le sait quand les familles demandent l'allocation logement. Dans ce cas, on ne glisse pas le bail. On expulse. C'est long. Généralement ils se débrouillent pour partir tout seuls. Ils se font héberger par des amis. Il y a une famille qu'on a dû expulser, on a été jusqu'au bout de la procédure » (conseillère sociale).

Au bout du compte, ce sont deux voies de sortie qui sont indiquées aux ménages africains, face à leur situation bloquée dans le parc HLM : la sortie vers l'accession à la propriété, pour les titulaires d'un bail ; la sortie vers l'inconnu (ou plutôt vers la précarité trop connue), pour les autres, les « irréguliers », les occupants sans titre.

Pour les Africains : des enjeux complexes

Du côté des Africains les enjeux liés à la question du logement semblent beaucoup plus complexes, même s'ils sont centrés autour des politiques d'attribution. Nous les analysons selon deux axes, l'un intracommunautaire, l'autre intercommunautaire.

Un axe intercommunautaire qui vise à dégager une place un peu moins précaire et marginale pour la communauté africaine. — Il s'agit d'abord de peser sur les conditions d'attribution des logements, pour pouvoir trouver un premier logement : dans les foyers il y a « ceux qui veulent un appartement pour vivre en famille, ceux qui veulent venir en ville pour avoir un studio [...] et ces demandes ne sont jamais satisfaites », sans parler des familles qui y habitent et à qui l'on répond : « Vous êtes au foyer, vous y restez » ; pour sortir des quartiers de relégation : « Le vrai changement c'est d'essayer de diversifier dans toute la commune, au lieu d'essayer de les caser, de les mettre dans un ghetto » (M. B...) ; pour trouver des logements un peu mieux adaptés à la taille des familles : dans l'association, « nous avons créé un secrétariat qui s'occupe du logement. Son rôle est de contacter les organismes qui détiennent des logements, pour essayer de trouver des logements adéquats pour des familles qui sont en difficulté » (M. D...).

Il y a donc un enjeu matériel autour du logement et de la résorption de nombreuses situations de surpeuplement et de précarité. Mais cet enjeu est intimement lié à un autre, qui se situe dans le champ symbolique. Le catégorisé se rebelle contre son enfermement dans des limites fixées *a priori*. Il oppose une résistance aux stéréotypes et veut se faire reconnaître dans sa complexité. Pour faciliter leur accès et leur mobilité dans le parc HLM, il faut d'abord faire comprendre que les familles africaines ne posent pas forcément de problèmes :

> « Il ne faut pas mettre tout le monde dans le même sac. Il y a des Africains qui sont cool, qui ont des enfants qui sont cool. Bon il y a des fois c'est vrai, il y a des gens qui quittent leur logement, t'as pas envie de le reprendre après. Mais ça c'est pas le problème. Il ne faut pas dire que tous les Africains c'est pareil » (M. D...).

Ce qui est désiré, c'est une reconnaissance de ce que l'on est, de ce que l'on veut être, et non pas de ce que l'on est supposé être.

« Depuis la création de l'association, on avait écrit des lettres. Le président avait écrit des lettres [...] sollicité une entrevue [avec le maire] mais ça n'a pas marché ; parce qu'au début il se disait, "Bon c'est les Africains, ils sont nombreux" et on lui avait mal interprété les buts de l'association : "Il n'y a que des Africains noirs là-dedans, donc une espèce de sectarisme là-dedans." Mais c'est pas ça. Ça regroupe presque tous les pays de l'Afrique de l'Ouest. On est ouvert à tout le monde. On est ouvert au DSU, eux c'est pas des Africains et ils nous aident beaucoup. Donc, le maire nous a reçus, on a parlé » (M. K...).

À la globalisation catégorielle répond une revendication d'africanité, qui prend acte de cette catégorisation pour mieux l'aménager, pour la retourner et en faire, si possible, un atout. Il s'agit donc également, autour de la question du logement, d'obtenir une reconnaissance des instances communautaires par les interlocuteurs institutionnels :

« Ils veulent collaborer avec nous et faire de l'association l'intermédiaire entre les locataires et les propriétaires. Moi je ne suis pas contre ça. » « Le maire pensait qu'on était une association d'intégristes, pas crédible sur le terrain. Il fallait saisir l'occasion » pour montrer que « nous sommes une association de pères de famille qui se préoccupent de leur environnement » (M. D...).

Cette reconnaissance symbolique passe aussi par l'obtention de moyens, d'où la sollicitation des bailleurs pour obtenir des locaux, dans différents quartiers.

Un axe intracommunautaire avec deux enjeux principaux. — L'un, relativement secondaire dans ce champ, tourne autour de la question de l'éducation et de la réussite scolaire des enfants. Les associations font un lien direct entre leurs conditions de logement et les problèmes de scolarité des enfants :

« Nous avons remarqué que ces enfants [africains] ont des problèmes énormes au niveau de la scolarité. Ce que nous avons pu repérer, c'est qu'ils ne peuvent pas réviser convenablement à la maison » or « pour nous, s'il y a échec scolaire, il y aura sûrement la délinquance qui suit » (M. B...).

L'autre, beaucoup plus virulent, autour de la question des rapports hommes-femmes. Les demandes des hommes et des femmes en matière de logement peuvent être contradictoires. La crainte de la venue d'une co-épouse peut pousser certaines femmes à faire des

118

démarches discrètes auprès des bailleurs pour saboter la demande de logement plus grand, faite par le mari :

> « Il y a des familles qui ont refusé avec la peur d'avoir une co-épouse. Des fois, le monsieur venait demander et la dame venait derrière et disait : non, non, il ne faut pas nous donner un grand logement » (conseillère sociale).

Mais surtout, la garde du logement constitue un enjeu décisif dans les divorces qui commencent à se produire et qui semblent obnubiler les hommes. La peur des décisions de justice qui, en attribuant l'appartement à l'un ou l'autre des époux divorcés, apparaissent comme une pression extérieure dans les conflits intergénériques. Hommes et femmes africain(e)s s'accordent avec les bailleurs et les travailleurs sociaux, pour constater l'importance de la question :

> « Il y a une femme qui était là – la première épouse d'ailleurs – elle a demandé le divorce à son mari, elle avait quatre enfants. On a tout fait pour la ramener chez elle, mais elle n'a pas voulu. Je pense que c'est des mauvais renseignements qu'on lui a donnés [...] elle a un cinq pièces dont elle doit payer le loyer et elle ne travaille même pas » (M. K...).
>
> « Une fois qu'ils ont saisi la justice, c'est la loi française qui s'impose. Donc le mari est automatiquement victime. Non seulement parce qu'il sera à la justice et la majorité de ce que nous avons observé c'est que le mari doit quitter la maison et, deuxièmement, c'est sa paye qui va se diviser en deux pour nourrir sa famille et peut-être même qu'il n'aura pas le droit de visite pour les enfants. Ce qui est diamétralement opposé chez nous » (M. B...).
>
> « Tout récemment, il y a un père de famille qui, maintenant, vit au foyer parce qu'on l'a chassé de la maison et la femme reste à la maison avec les enfants. Et maintenant c'est un tas de problèmes. Elle n'arrive pas à payer le loyer, à nourrir les enfants, à les habiller... »

Les femmes ont des contre-exemples à faire valoir face aux cas mentionnés par les hommes, comme celui du divorce de cette première épouse, prononcé à son détriment :

> « Quand ils ont fait la conciliation à Versailles, il a été décidé que – [...] bien qu'ils ont reconnu que c'était le mari qui était en faute puisqu'ils ont donné à cette femme la garde des trois enfants – c'est elle qui devait partir. Soi-disant que Versailles – la loi française [...] – ils ont décidé de juger le reste par rapport à la loi sénégalaise, en disant qu'au Sénégal quand la femme divorce c'est elle qui s'en va. C'est aberrant ! Ici ils sont en location, mais au pays, dans la famille, ce n'est pas la maison du mari, mais le mari vit chez son père [...] » (Mme K...).

L'acuité de la question est confirmée par les bailleurs sociaux, qui l'abordent avec beaucoup de méfiance :

« Alors il y a des co-épouses qui sont en train de divorcer et là ça fait mal parce que, souvent, [...] c'est la dame qui a le bénéfice du logement. Donc, le monsieur doit partir avec l'autre et ça il ne peut pas le tolérer, il ne peut pas l'entendre, ce n'est pas possible. Donc en général, enfin c'est ce qui s'est passé là, il dit : "Je me suis réconcilié avec ma première épouse. Le problème reste le même puisqu'il est toujours là, avec la co-épouse [...] On est pas à l'aise par rapport à ces situations-là [...]" Dans une famille d'une des tours, il y a une procédure qui a été jusqu'au bout, mais monsieur s'est réconcilié avec sa première épouse [après divorce] pour garder le logement. Ça, ils [les hommes] nous en veulent [nous, les travailleurs sociaux], ils disent : vous aidez nos femmes à divorcer » (conseillère sociale).

Les hommes tendent à traduire cet enjeu en termes de contentieux avec les travailleurs sociaux :

« Ils n'ont pas pu nous avoir nous, maintenant ils commencent par les femmes. » « On essaie d'enlever quelque chose que nous les hommes on refuse » (M. K..).

Ils expriment un fort sentiment d'injustice, d'incompréhension et de refus de ce qu'ils ressentent comme une tentative de normalisation, organisée de l'extérieur :

« Cette femme je l'ai amenée en pleine misère, j'ai tout fait pour qu'elle soit là, sans que j'ai une seule subvention d'un quelconque organisme. Je l'ai amenée pour que nous puissions vivre ensemble, créer quelque chose ensemble. Le lendemain matin, elle se réveille et dit : j'ai droit à ça. Dans ma tête je me demande ce qui se passe. [...] L'Européen vous dira : faites ceci ou ne faites pas cela, mais il ne vous dit jamais comment eux ils font » (M. K...)[1].

Les structures communautaires sont là pour gérer ces contradictions, pour trouver des solutions de l'intérieur du groupe. Gestion

---

1. Les acteurs se connaissent bien et la pièce est rodée, ils se répondent d'ailleurs mot pour mot par entretiens interposés : « Ils m'ont agressée lors de la réunion que j'avais fait (avec le DSU) m'expliquant qu'en fait je n'étais pas le maître, et qu'ils avaient été bien sympas d'avoir été les chercher au pays (les femmes), de leur avoir offert cette vie en France qui est quand même le summum. Tu vois ? J'ai essayé de leur dire que c'était peut-être pas le summum (...) et que j'étais pas là pour qu'elles se barrent ou qu'elles se barrent pas, j'étais là pour leur donner les renseignements qu'elles me demandaient » (assistante sociale).

interne à la communauté africaine autant que possible donc, qui s'efforce alors d'intervenir comme instance de régulation et de contrôle social.

L'association « essaie d'intervenir par le biais d'une personne qui est proche et plus accommodée à la famille [...] Les problèmes les plus fréquents c'est quand il y a une deuxième femme [...] Dans un premier temps, on leur dit que, chez nous, quand une femme est en polygamie il y a des droits, des règles à respecter et là, on essaie de comprendre au moins si ces règles sont respectées ou pas. Si les règles ne le sont pas, on essaie de raisonner la personne qui les a enfreintes. On dit : bon, écoutez, vous n'avez aucun droit d'enfreindre ces règles [...] Vous les connaissez autant que nous, donc il faut les respecter si vous voulez vivre en paix » (M. B...).

Si la conciliation n'aboutit pas, la négociation peut être tripartite avec un partenaire semi-institutionnel :

« J'ai eu l'exemple d'une famille polygame [...] Il y avait des problèmes entre les co-épouses. Il y en avait une qui voulait garder l'appartement et faire partir l'autre [...] L'une des femmes est venue me trouver et j'ai fait intervenir l'association. Nous avons négocié avec la société et chacune a été relogée[1]. La deuxième est restée et la première a eu un logement » (médiatrice interculturelle).

DES MODALITÉS DE RELATION VARIABLES

Du côté institutionnel

De ce côté, les solutions pratiques, envisagées ou mises en œuvre, ne font pas l'unanimité et varient selon les représentations liées à la catégorie africaine. C'est en particulier le cas pour ce qui est des rapports aux structures communautaires. À un bout de l'éventail, on trouve une attitude de rejet catégorique à l'égard de toute forme d'organisation collective. Face à des gens qui sont d'abord perçus comme des barbares, la question essentielle consiste à savoir comment se préserver le plus efficacement. Il conviendrait

---

1. C'est l'exception qui confirme la règle.

donc de les aborder individuellement, sur la base d'un rapport de force :

> « Ils vivent très renfermés sur eux-mêmes, avec un gourou *(sic)* : c'est le patron des Noirs, ça ne s'invente pas. C'est lui qui dirige la vie de tous. J'ai vu sur certains programmes comme à Meaux, c'est pas le client [le locataire] qui venait discuter de la réclamation, c'était le patron. Et il ne vous laissait pas sortir. Il vous séquestrait jusqu'à ce que vous fassiez ce que vous deviez faire. On leur devait tout. » « C'est des gens qu'il faut traiter avec une grande fermeté parce que, si on se laisse envahir, on est cuit. » « C'est une épreuve de force » (gardiens).

À l'autre extrémité du spectre, on trouve un discours partenarial tenu par la chargée de mission développement social d'un organisme HLM :

> « On est en train de développer un partenariat avec [l'association culturelle Toucouleur] [...] Eux sont tout à fait intéressés, et nous aussi, par faire le relais en direction des familles africaines sur tous les problèmes du logement. »

Le partenariat communautaire est un choix « réaliste », une option pratique dont les préoccupations sont fort éloignées des discours officiels sur le « modèle républicain d'intégration ». Il répond à certaines tensions interethniques qui amènent le bailleur, comme acteur collectif, à travailler avec les interlocuteurs existants, même si ils ne sont pas forcément ceux qu'il souhaiterait avoir :

> « Aujourd'hui, si on avait un relais face à l'ensemble des locataires, on pourrait prendre ce relais-là. Le relais qui existe plus ou moins, est une amicale de locataires qui est tenue par les Marocains. Ils n'ont pas forcément ce côté sectaire, quoique... c'est encore à voir. Mais, si on avait des relais de façon globale, on ne prendrait pas comme ça des relais communautaires [...] On fait avec le partenariat existant. L'intérêt pour nous étant d'avoir des associations suffisamment organisées pour qu'on n'aie pas une implication trop importante. »

Mais parfois, à titre individuel, cette collaboration peut aussi être vécue comme une expérience enthousiasmante et symboliquement gratifiante :

> « Avec la communauté africaine, c'est étonnant [...] Ils sont complètement ravis qu'on puisse venir les voir et leur dire : voilà, on a une idée, on aimerait bien faire ça comme ça avec vous. Et ils sont tellement reconnaissants qu'ils nous en remercient pendant je ne sais combien de temps. Au niveau des relations humaines, c'est quelque chose d'assez

122

fabuleux [...] Avec les autres communautés ou populations [de la ZUP]
ça ne nous est jamais arrivé. Il y a un échange qui se fait, qui est assez
extraordinaire » (agent de développement DSU).

À mi-chemin de ces deux attitudes, de rejet et de partenariat, on
trouve une conception complètement instrumentalisée du rapport
aux structures communautaires, exprimée via le paternalisme, par la
conseillère sociale :

> « On va faire un travail sur l'hygiène et la propreté. On va rencontrer
> beaucoup d'adultes au travers des associations [africaines]. » L'as-
> sociation générale africaine, qui a pris contact avec elles, « à l'air d'être
> prête à participer à un travail d'éducation à faire ; ça va être long ».
> Les femmes « ont envie de bouger. On sent qu'elles en ont marre, c'est
> le moment de les prendre en main. Il y a un travail monstre à faire ».

Du côté du pôle communautaire africain

Les modalités de relations aux institutions oscillent entre deux
attitudes :

— Une volonté d'affirmation, qui peut passer par des moments
de démonstration de force, par des signaux de fermeté en direction
du pôle institutionnel :

> « Avec [un des bailleurs] il a vraiment fallu taper sur la table pour
> qu'ils comprennent que les choses ont changé » (M. K...). « Vous êtes
> là pendant des années, vous n'avez pas pu résoudre le problème. Nous
> on vient avec nos idées si vous voulez les savoir... Si vous voulez pas,
> on laisse tomber » (M. D...) ;

— Un désir acharné de démontrer leur bonne volonté et leur
efficacité, de se présenter comme des interlocuteurs responsables,
positifs et représentatifs :

> L'association générale « a fait preuve de savoir-faire en plusieurs occa-
> sions ; ils proposent toujours d'agir, ils ne sont pas revendicatifs, ils ne
> sont pas agressifs, ils ne sont pas "je veux", ils peuvent attendre très
> longtemps [...] Ils sont patients, plutôt positifs. Ils ne font pas peur
> dans la relation qu'ils établissent. Ils sont plutôt cool, souriants... C'est
> très important [...] parce que ça touche beaucoup de gens » (agent de
> développement DSU).

Les structures communautaires sont donc prêtes à se mobiliser
pour jouer les médiateurs par rapport à des objectifs qui sont

d'abord ceux des bailleurs, comme la question de l'entretien du bâti, par exemple :

« Ils veulent [...] faire de l'association l'intermédiaire entre le locataire et le propriétaire. Moi je ne suis pas contre ça. On se connaît tous et un locataire qui a un problème avec le propriétaire, on pourra intervenir [...] » (M. D...).

En partant du bilan de la dégradation des appartements qui entrave la mobilité résidentielle des familles africaines, « j'ai fait une proposition à l'association, qui a été contente de cette proposition. Je me suis dit : en fait, si ça se passe comme ça, c'est que les gens ne savent pas, c'est parce qu'on leur a jamais appris. Donc on pourrait se servir des compétences de certaines personnes qui sont sur le quartier pour monter une espèce d'atelier de bricoleurs, pour apprendre à faire la peinture, à aménager une étagère, à faire la tapisserie, de l'électricité, enfin le minimum qu'il faut savoir pour entretenir un logement. J'ai fait cette proposition à l'association [...] ils trouvent que c'est une très bonne solution [...] » (agent de développement DSU).

En retour, cette recherche de reconnaissance par les institutions a contribué à façonner la forme adoptée par les structures communautaires. En particulier, elle a pesé de façon décisive sur la place des femmes dans l'association. Le choix de leur accorder un rôle, qui ne soit pas purement décoratif, a fait l'objet d'une bataille interne aux deux principales organisations communautaires africaines de ce site. Ainsi pour l'association des familles :

« Ça a été un problème au début parce que beaucoup de gens voulaient pas qu'il y ait des femmes [...] dans le bureau [...] À l'époque on a voulu mettre une association d'hommes pour donner plus d'autorité [...] À l'époque je disais – bien que j'ai menti – le maire a dit qu'il est pas possible de faire une association sans les femmes et les enfants. [...] C'est ça qui a donné un peu peur aux gens. [...] Il y en a qui ont donné leur démission à cause de ça. [...] J'ai dit : qu'est-ce qu'on peut faire sans les femmes ? Du moment qu'on a amené nos femmes ici, c'est pour réussir [...] il faut que les femmes soient au courant de tout ce qui se passe, si tu veux pas avoir de problème après » (M. K...).

L'association « a commencé par rapport aux problèmes de couple, surtout les hommes ont commencé à avoir peur : "la loi française nous prend nos femmes" ; "ils sont en train de nous démolir". Ils voulaient s'associer, faire une association pour résoudre ces problèmes-là. Et, au départ, ils ne voulaient pas de femmes » (Mme K...).

On retrouve la même question du rapport entre les genres dans l'association culturelle Toucouleur :

« M. B... : Nous avons toujours la même difficulté : que la femme soit bien motivée, qu'elle soit active. Peut-être qu'elles ont leurs raisons, le fait qu'elles aient toujours les enfants avec elles. Elles ne peuvent pas avoir de temps libre. C'est compréhensible, mais je ne sais pas vraiment ce qui les retient. Parce que nous, le président adjoint c'est une femme. Donc celle-là ça va [...] elle se déplace, elle fait des démarches non seulement administratives, mais entre associations et autres. Mais pas toutes les femmes que nous avons [...] elles ne sont pas toutes actives.

Question : Mais leurs maris sont d'accord pour qu'elles soient actives ?

M. B... : Oui, sinon elles ne seraient pas adhérentes. Nous ne sommes pas encore au niveau occidental où, en tant que femmes, je peux aller ou adhérer où je veux, même si je n'ai pas l'autorisation de mon mari. Chez nous il y aura des conflits. »

S'il est difficile de faire des pronostics quant aux évolutions intracommunautaires liées à la question du logement, les contours de la dynamique intercommunautaire semblent se dessiner clairement. Dans le cas de cette ZUP ouvrière, les bailleurs engagés dans une politique partenariale avec les associations africaines peuvent espérer en tirer quelques bénéfices, en matière de gestion de leur patrimoine. En retour, ces associations peuvent escompter un gain symbolique de reconnaissance institutionnelle. Cependant, il très probable qu'elles n'obtiendront que peu d'amélioration, en termes de mobilité résidentielle et d'accès au parc HLM, pour des familles africaines qui n'y sont pas déjà logées. Reste à savoir si, par leurs capacités de mobilisation, elles pourront construire le rapport de force nécessaire pour peser sur cet aspect essentiel des relations interethniques locales.

L'exemple des migrants originaires d'Afrique subsaharienne montre comment de puissants mécanismes de ségrégation aboutissent à la constitution de groupes concrets africains locaux au sein desquels se développe une tendance à la communalisation, pouvant déboucher sur la constitution de structures communautaires revendiquant une identité collective. Mais, parce que cette tendance relève d'un processus d'interaction avec l'environnement local et non pas de la transplantation en France de modèles de vie communautaire « traditionnelle », ce sont les conditions locales qui sont déterminantes pour la construction de la frontière ethnique et pour la constitution de structures communautaires « africaines », orientées vers la France et les questions de l'inclusion des individus qui y adhèrent. Dans ce cadre, les acteurs institutionnels publics ou parapublics en charge de la gestion sociale des territoires où vivent ces groupes africains, jouent un rôle d'autant plus important qu'ils contrôlent l'accès à des ressources essentielles et qu'ils se trouvent, de ce fait, en position dominante.

Cette question n'est pas secondaire ; elle renforce l'hypothèse du rôle nouveau des grands appareils institutionnels d'État réputés être « au-dessus » des distinctions ethniques, dans la tendance à l'ethnicisation des rapports sociaux. En effet si, peu à peu, le rôle des politiques publiques dans le recours croissant au registre ethnique commence à être partiellement envisagé, c'est au prix de son cantonnement dans les marges du dispositif institutionnel. Il serait le fait, soit de secteurs ayant une importance secondaire (comme l'animation socioculturelle, par exemple), soit d'initiatives très localisées, voire purement individuelles (comme celles que peuvent prendre ceux qui travaillent dans les nouveaux « métiers de la Ville »). Nous pensons, au contraire, que les lois de déconcentration ont créé les conditions de son extension aux grands services extérieurs de l'État, comme l'école ou les hôpitaux, qui sont présents dans les quartiers où sont concentrées des populations précarisées.

Discrimination

6. DISCRIMINATIONS ETHNISTES ET RACISTES DANS L'ENTREPRISE : LE MUR DU SILENCE

L'inégalité structurelle des étrangers sur le marché du travail, en France, ne provient pas seulement de la faiblesse relative des qualifications professionnelles antérieures à leur immigration, faiblesse d'ailleurs souvent surestimée. Elle résulte également d'une série de dispositions officielles qui soumettent les non-nationaux – particulièrement les ressortissants des pays extérieurs à l'Union européenne – à un régime particulier. Mais elle est aussi engendrée par des pratiques discriminatoires directes ou indirectes, non légales, voire illégales, perpétrées par nombre d'employeurs, d'institutions, comme par l'encadrement ou les collègues de travail. Cet ensemble conditionne une situation marquée par l'infériorité et la subordination qui prolonge les « avantages » économiques de l'importation de main-d'œuvre bien au-delà des conjonctures d'expansion qui l'ont motivée.

Il n'est pas toujours facile, comme nous allons le voir, de faire le tour des dispositifs et des actions qui contribuent à la formation de la situation désavantagée associée à la nationalité étrangère. Mais il est encore plus ardu de montrer par quelles voies et à quel point le racisme et l'ethnisme directs ou indirects relaient une « préférence nationale » pour partie officielle et concourent à l'extension de cette condition subalterne à des personnes qui disposent de la nationalité française mais sont traitées inéquitablement en raison de leur « origine étrangère » réelle ou supposée, elle-même support, fréquemment, d'un stigmate « racial » dévalorisant (physionomie, patronyme...).

Les discriminations xénophobes, ethnistes et racistes sont, en France, à la fois connues et méconnues, selon une perception paradoxale de la réalité assez singulière. Les sondages d'opinion montrent en effet que ces pratiques ne sont pas entièrement ignorées, non plus, d'ailleurs, que la hiérarchie ethnico-raciale qu'elles induisent. Mais – même parmi les personnes qui les jugent inacceptables – elles sont assez généralement sous-estimées et mésestimées. L'ampleur des traitements inéquitables est certes sous-évaluée, mais leur consistance et leurs conséquences sociales sont, elles, inaperçues ou regardées comme marginales. Cette représentation double et quelque peu ambivalente relève pour partie de la représentation et de la définition implicite du racisme qui dominent en France. Celui-ci, en effet, y est bien plus fréquemment considéré comme une idéologie (idées, représentations, stéréotypes, opinions) que comme une relation sociale concrète (discrimination, ségrégation, marque de mépris, rejet, agression...). Ainsi y est-il plus facile d'affirmer que le Front national diffuse des idées racistes que d'admettre l'existence de pratiques discriminatoires. Il y est d'ailleurs, comme nous le verrons, plus aisé d'y faire condamner des écrits appelant à la « haine raciale » que des refus d'embauche ou de promotion professionnelle sur critères « raciaux ».

La première enquête que nous avons menée sur le racisme et les discriminations dans l'univers de travail a rencontré de telles difficultés (aperception, euphémisation, dénégation...) que nous avons alors décidé de faire porter sur ces dernières une partie de notre investigation (De Rudder, Tripier, Vourc'h, 1995). Ainsi, au-delà des faits que nous avons pu collecter qui attestent des inégalités liées à la xénophobie, à l'ethnisme et au racisme, nous nous sommes intéressés au « mystère » entretenu autour de cette question, au « mur du silence » qui la dissimule ou la dissout sous d'autres considérations. Ceci nous a permis de mettre en évidence les conditions, à la fois concrètes et idéologiques, qui s'opposent à la reconnaissance des discriminations, à leur prévention ou à leur répression et qui rendent difficiles la lutte contre le racisme, dès lors que l'on s'y intéresse en tant que réalité concrète. Il est vrai que depuis cette enquête, un mouvement de reconnaissance et de dénonciation de ces discriminations est apparu et que des dispositifs d'évaluation et de correction viennent d'être mis en place. Une bonne part des obstacles que nous avons pu identifier, cependant, est loin d'être aplanie.

Globalement, la structure des qualifications des 1,7 million d'actifs étrangers en France est nettement plus faible que celle des nationaux : ils occupent, dans des proportions supérieures aux moyennes, des emplois non qualifiés et souvent précaires (Marchand, 1992). Quasiment absents de la fonction publique (5,8 % contre 23,2 % pour les Français de naissance) et des emplois aux statuts les mieux garantis, les étrangers sont surreprésentés dans les catégories « salariés du privé » (76,4 % contre 56 %) et « emplois temporaires » (7,8 % contre 5,7 %).

Pendant un siècle, l'immigration en France a « fait le prolétariat » (Gallissot *et al.,* 1994), et malgré la diminution globale de l'emploi ouvrier, plus de la moitié des actifs étrangers demeure dans cette catégorie (contre un peu plus du quart, seulement, des Français), avec d'importantes variations selon les nationalités, puisque c'est le cas de huit Turcs et de six Maghrébins ou Portugais sur dix. La tendance à la diminution de la part des étrangers dans l'ensemble des ouvriers est pour partie liée au transfert, du fait de la sous-traitance, des emplois non qualifiés vers le secteur tertiaire. Annick Échardour et Éric Maurin (1993) relèvent ainsi que de 1975 à 1990, « les étrangers sont de moins en moins nombreux dans l'industrie (– 25 % contre – 9 % pour l'ensemble de travailleurs de l'industrie) et travaillent de plus en plus dans le tertiaire (+ 22 % contre + 16 %). Après avoir été ouvriers dans les grandes unités industrielles où l'emploi est stable et la division du travail très poussée, les étrangers deviennent la force de travail sur laquelle s'appuient les petites entreprises de l'artisanat, du commerce et des services ». La progression concomitante des employés ne correspond donc que partiellement à une amélioration des qualifications et des statuts des étrangers car ce sont pour une bonne part des emplois non qualifiés qu'ils occupent (gardiennage, blanchisserie, net-

---

1. Les discriminations ethnistes et racistes ne s'arrêtent pas au critère juridique de la nationalité, mais c'est pour les seuls étrangers que les textes limitant les droits sont explicites et que des données chiffrées existent. Ces éléments permettent d'anticiper quelque peu sur les pratiques discriminatoires qui atteignent les Français d'origine étrangère et/ou racisés.

toyage...). Ces mêmes auteurs soulignent aussi que ce déplacement vers le tertiaire s'accompagne d'une augmentation de la précarité des étrangers : il « est à l'origine non seulement d'une vulnérabilité accrue des jeunes étrangers mais aussi de difficultés de reclassement pour les anciens de l'industrie ».

La mobilité ascendante existe, cependant, mais elle reste fort limitée. Les étrangers cadres ou exerçant des professions libérales ou intermédiaires sont proportionnellement plus nombreux en 1990 qu'en 1982. Ils ne représentent toutefois respectivement que 3,7 et 3,2 % des actifs occupés. Parmi l'ensemble des ouvriers qui n'avaient aucune qualification en 1981, 6 % sont devenus ouvriers qualifiés, 6,5 % employés et 3,5 % techniciens ou cadres en 1989. Ces proportions sont bien moindres, par exemple, pour les Maghrébins : 3,5 % ont acquis une qualification ouvrière, 3,5 % sont devenus employés et 2 % techniciens ou cadres.

Les étrangers trouvent difficilement des emplois dans les secteurs « nobles » (banques, assurances, administrations) ou à haute technologie et sont plus concentrés dans les secteurs les moins « modernes » (mines, BTP, confection...) où les conditions de travail sont les plus dures et dans lesquels les entreprises sont souvent soumises à des impératifs de rentabilité à court terme et fortement dépendantes des aléas conjoncturels[1]. Dans ces secteurs, les restructurations sont fréquentes, les taux de chômage élevés et le *turn over* important.

À l'intérieur même des entreprises, la mobilité des étrangers, très forte dans certains secteurs, se fait entre fonctions équivalentes. La flexibilité à laquelle ils sont soumis n'est donc pas compensée par des avancements (Maurin, 1991). Les flux de reclassements et de promotions analysés par l'INSEE montrent que si un étranger veut être promu, il a intérêt à changer d'employeur. Ce sont donc les blocages internes aux organisations qui forment obstacle, et non la maîtrise du français, la qualification ou les compétences des personnes concernées. D'ailleurs, dans trois des quatre secteurs dans lesquels les taux de promotion interne sont très élevés – banques, assurances, location et crédit-bail immobiliers – les scores des étrangers sont si faibles qu'ils sont jugés « statistiquement non significa-

---

1. Il est impossible de connaître la part de l'entreprenariat « ethnique » et de l'emploi irrégulier – qui ne concerne pas que les étrangers mais qui les recrute en proportion importante.

tifs ». Pour le quatrième, l'énergie, ils atteignent tout juste 1 %. Les étrangers n'ont ainsi que fort peu accès aux entreprises dans lesquelles les principes de « séniorité » sont les plus efficaces et, quand ils y ont accès, ils ne bénéficient pas toujours des règles appliquées aux nationaux.

L'inégalité devant le chômage est très accusée : en moyenne, les étrangers sont deux fois plus fréquemment privés d'emploi que les Français. « Entre 1980 et 1992, le taux de chômage global est passé de 6 % à 10 %. Pour les étrangers, il croît de 9 % à près de 19 %. [...] avec des écarts entre nationalités qui s'accusent » (Marchand, 1992). Ici encore, ce sont les ressortissants des pays non membres de l'Union européenne qui sont les plus touchés. Ainsi, le taux de chômage des Maghrébins est-il triple de celui des Français. Les calculs de l'INSEE, à partir de l'enquête « Emploi » de 1989, suggèrent que, toutes choses égales par ailleurs, le risque de chômage est 80 fois plus élevé pour les originaires d'Afrique du Nord que pour les Français ; 67 fois pour les Asiatiques et les Turcs et 28 fois pour les Italiens, Espagnols et Polonais. Seuls les Portugais sont moins exposés que les nationaux. En outre, alors que la durée moyenne du chômage a augmenté de quatre mois pour les Français entre 1980 et 1992, elle a crû de sept mois pour les étrangers (INSEE, 1994). L'écart entre les taux de chômage des Français et des étrangers, contrairement à ce que l'on croit parfois, s'accroît avec le niveau de scolarisation et de qualification, notamment chez les jeunes.

Quant à l'augmentation des employeurs et travailleurs indépendants (environ 4 % des actifs employés), elle recouvre des situations diverses, mais nombre d'observateurs soulignent que la « mise à son compte » est fréquemment une stratégie palliative du chômage qui, tout en impliquant un net affaiblissement de la couverture sociale, est souvent vouée à l'échec.

DES DISCRIMINATIONS LÉGALES,
NON LÉGALES OU ILLÉGALES

Depuis une dizaine d'années, à peu près tous les aspects de la vie des étrangers en France ont fait l'objet de mesures législatives restrictives, au titre d'une volonté de contrôle des frontières et de répression de l'immigration irrégulière. Alors que l'évolution générale de la législation française (et européenne) tend à assimiler de plus en plus les étrangers aux nationaux, la subordination de ces droits à la régularité du séjour apporte de nombreuses restrictions : restauration des visas de courte durée ; fabrication « sur place » de « clandestins » auparavant régulièrement installés (cas des enfants et conjoints d'étrangers, des parents d'enfants français) ; limitation du regroupement familial ; contrôle des mariages « mixtes » et possibilité pour la puissance publique de s'y opposer ; réduction de la protection sociale et sanitaire ; limitation drastique du droit d'asile ; extension de la rétention administrative et des cas d'éloignement... (lois « Pasqua-Méhaignerie » de 1986 et 1993, et plus récemment loi « Chevènement » de 1998). La plupart de ces mesures s'appliquent officiellement aux résidents irréguliers (ou en cas de menace contre l'ordre public), mais elles concernent aussi directement leurs ayants droit, et, comme elles rendent la situation de « régulier » de plus en plus incertaine, elles menacent de fait l'ensemble des étrangers (GISTI, 1993)[1].

Pour ce qui concerne l'emploi, les étrangers sont soumis à un régime de police administrative qui les contraint à disposer d'une carte de séjour les autorisant à travailler. Depuis 1975, la règle instituée par décret est « d'opposer la situation de l'emploi présente et à venir dans la profession demandée » à l'étranger désireux de s'installer en France ou de changer de statut (d'où les nombreux problèmes rencontrés par des étudiants et des commerçants). La carte de résident d'une validité de dix ans vaut autorisation de travail et ses titulaires sont assimilés aux nationaux pour l'accès aux emplois du secteur privé. La délivrance de ce titre aux ressortissants communautaires est facilitée.

En plus des textes de référence (Constitution, Déclaration universelle des droits de l'Homme...), une série de lois contre le racisme et les discriminations a été adoptée depuis 1972. Il subsiste, néanmoins, des discriminations inscrites dans la législation et toute une série de pratiques discriminatoires non légales, voire illégales, non ou faiblement sanctionnées parce que non reconnues.

----

1. La Commission des droits de l'homme de l'ONU a dénoncé la teneur des dispositions législatives françaises et a maintes fois demandé des modifications « pour les rendre plus humaines et conformes à l'idéal français des droits de l'homme ainsi qu'aux conventions internationales relatives aux droits de la personne humaine », cf. par exemple M. Glele-Ahanhanzo (1996).

Certains emplois sont officiellement interdits à tout ou partie des étrangers. C'est le cas du corps des titulaires de la fonction publique fermé (sauf dans la recherche et l'enseignement supérieur) à tous les étrangers jusqu'en 1991 et désormais ouvert aux ressortissants communautaires (à l'exception des corps de police, armée, magistrature, administrations centrales). Au total, alors que les étrangers forment 5,5 % de l'ensemble des salariés, ils ne forment que 1,7 % des employés de la fonction publique (CERC, 1999). La Sécurité sociale, les entreprises du secteur public et nationalisé (Électricité et Gaz de France, Société nationale des chemins de fer français, Régie autonome des transports parisiens...) appliquent ce même principe d'exclusion. Plus de cinq millions d'emplois de fonctionnaires et d'un million d'emplois publics sont ainsi interdits aux étrangers non communautaires. La plupart d'entre eux ne comportent pourtant aucune prérogative de puissance publique ou de souveraineté étatique. Nombre d'étrangers extracommunautaires participent cependant à des activités de service public tout en restant exclus du statut correspondant. Ils sont recrutés sur contrats plus ou moins précaires (cas des maîtres auxiliaires de l'Éducation nationale et des médecins étrangers de l'Assistance publique, notamment) ou par l'intermédiaire d'associations sous-traitantes (en particulier dans les services sociaux).

Certaines professions libérales, particulièrement celles qui sont liées aux secteurs juridiques et de santé, mais aussi celles d'architecte, d'expert-comptable, de géomètre expert sont aussi fermées aux étrangers extracommunautaires[1]. Les professions de santé sont même soumises depuis les années trente à la double exigence de la nationalité et du diplôme français. Bien des professions indépendantes ou de direction leur sont aussi interdites selon un inventaire qui conjugue suspicion et protectionnisme (débits de boisson, fabrication ou commerce des armes, direction ou gestion d'entreprise de surveillance, de gardiennage, de transports, de messagerie de presse, d'assurances...)

L'étude du CERC (Connaissance de l'emploi, des revenus et des coûts) déjà citée conclut qu'en additionnant secteurs public, parapublic et privé, « l'estimation des emplois fermés aux étrangers non ressortissants de l'espace économique européen aboutit à une fourchette de 6,5 à 7,2 millions d'emplois, soit 29 à 33 % du "stock" ».

1. Sauf accords internationaux de réciprocité. Pour plus de détail voir Lochak (1990).

Les salariés étrangers bénéficient désormais (lois de 1972, 1975 et 1982) du même droit syndical et de représentation dans l'entreprise que les salariés français. Il subsiste cependant des interdictions d'accès à certaines fonctions dans les instances paritaires ou consulaires et dans les ordres professionnels. Les étrangers sont ainsi exclus des tribunaux de commerce, des chambres de commerce et d'industrie, d'agriculture... comme des fonctions de médiateur ou de conciliateur. Électeurs aux Conseils de prud'hommes, ils n'y sont pas éligibles et ils ne peuvent pas non plus siéger dans les Comités techniques régionaux et nationaux de prévention des accidents du travail. Quand on connaît leur exposition aux conflits et, plus encore, aux accidents, de telles exclusions semblent particulièrement scandaleuses.

Le principe d'égalité en matière de droits sociaux s'est progressivement imposé et se trouve explicitement rappelé dans la plupart des conventions internationales relatives à la protection des travailleurs migrants et de leurs familles. La principale discrimination subsistant juridiquement est une conséquence de la réglementation sur le séjour. Les enfants d'étrangers qui ne sont pas nés en France et qui n'y sont pas entrés dans le cadre d'un regroupement familial régulier n'ouvrent pas droit au versement des allocations familiales, même ·s'ils sont de nationalité française. D'une manière générale, désormais, le versement des prestations sociales (assurance maladie, maternité, invalidité, décès, allocation logement...) est subordonné à la régularité du séjour non seulement du bénéficiaire direct, mais encore de ses ayants droits, même s'il existe des exceptions dictées soit par des impératifs de santé publique, soit par des considérations humanitaires (Lochak, 1999). Une bonne part de ces dispositions semblent en contradiction avec les traités internationaux signés par la France[1]. Une autre source de discrimination légale se trouve dans l'application du principe de territorialité, pourtant déclaré anticonstitutionnel. Les prestations familiales ne sont versées à taux plein que pour les enfants vivant en France. Pour ceux restés au pays,

1. Traité de Rome ; Convention n° 118 du Bureau international du travail qui parle de « résidence habituelle » et définit le principe d' « absence de condition administrative de résidence » pour ce qui concerne la Sécurité sociale ; Accord de coopération CEE-Algérie, Tunisie, Maroc, Turquie assimilant, dans le domaine de la protection sociale, les ressortissants de chacun de ces pays aux ressortissants des États membres de la Communauté européenne et donc, aux nationaux de ces pays ; Convention de Lomé, Charte sociale européenne, Convention des droits de l'enfant.

elles le sont selon un barème inférieur déterminé par des conventions bilatérales et elles cessent, en outre, d'être versées en cas de chômage ou de préretraite. Ainsi, le prétendu principe de territorialité conduit à spolier des travailleurs de droits acquis par des années de travail et de cotisation. Ce n'est que depuis 1998 qu'il est devenu possible de liquider sa retraite à partir de l'étranger et d'y exporter les rentes d'invalidité et d'accidents du travail, mais les obstacles (justificatifs à fournir) sont tels qu'ils rendent parfois cela impossible. Quant aux décisions municipales visant à réserver aux seuls Européens le bénéfice de certaines aides sociales, elles ont été condamnées par le Conseil d'État et les tribunaux administratifs, et, désormais, la plupart des allocations dites « non contributives » ou « de solidarité » (allocation supplémentaire du Fonds national de solidarité, allocations aux adultes handicapés, aux personnes âgées, aux mères de famille...) sont accessibles aux étrangers.

Aux discriminations issues de la loi, ou de son interprétation, s'ajoutent les discriminations illégales. Plusieurs jugements, au cours de ces dernières années, ont permis que soient enfin appliquées les dispositions déjà anciennes du Code pénal qui prévoient des sanctions contre les offres d'emploi discriminatoires. Les infractions de ce type ne sont cependant presque jamais sanctionnées lorsqu'elles émanent d'un service public. Comme le souligne le MRAP (Mouvement contre le racisme et pour l'amitié entre les peuples), « il semble que la mise en cause des dépositaires de l'autorité publique se heurte souvent à la dilution des responsabilités au sein de l'administration ». Notons, à cet égard, que les directeurs des agences pour l'emploi qui laissent publier ou apposer dans leurs locaux des annonces discriminatoires ne sont qu'exceptionnellement condamnés, alors qu'ils sont personnellement responsables au regard de la loi.

Les refus d'embauche à caractère discriminatoire sont souvent cités, tant par les victimes que par les organisations syndicales ou antiracistes, comme monnaie courante. L'action, en cette matière, est très malaisée. L'employeur est en effet libre d'embaucher qui bon lui semble, à condition de ne pas se fonder sur des critères prohibés par la loi. Mais comme il n'est pas tenu de justifier son choix, il lui est aisé d'échapper à toute accusation formelle. Deux types de droits en viennent à s'opposer : celui de la liberté de choix de l'employeur et celui de l'égalité de traitement des demandeurs d'emploi (Ray, 1990).

L'inégalité entre étrangers et Français dans les rémunérations, l'application des règles concernant le salaire de base ou le règlement des heures supplémentaires, l'accès à la promotion et à la formation professionnelle, se lit, parfois, dans les statistiques lorsque celles-ci existent. Mais l'octroi discriminatoire des primes (d'assiduité, de rendement...) est à peu près impossible à démontrer : « Le principe "à travail égal, salaire égal" interdit à l'employeur de rémunérer différemment les femmes que les hommes, les étrangers que les nationaux, etc., il ne lui interdit pas de différencier les rémunérations en fonction des mérites et des performances de chacun ou d'accorder des primes dont la jurisprudence reconnaît la licéité » (Lochak, 1987).

Il est notoire que l'activité syndicale ou l'exercice du droit de grève fait encourir plus de risques aux étrangers, aux Français d'origine étrangère et aux Français « de couleur » qu'aux autres.

Le bénéfice de divers droits dérivés de la qualité de salarié leur est souvent difficile à obtenir. C'est particulièrement vrai pour l'obtention d'un logement dans le cadre du dispositif dit « du 1 % patronal » (contribution des entreprises de plus de 50 salariés au logement social permettant une réservation de logements).

STÉRÉOTYPES ET CONSTRUCTION
DE LA DIFFÉRENCE

« Derrière les problèmes particuliers aux immigrés[1] il y a sans doute le handicap d'une expérience tardive de la France et celui de la langue. On estime qu'environ un immigré sur trois maîtrise très mal le français. Mais cela n'explique pas tout : les Portugais dont l'immigration est plus récente, et qui ne parlent pas mieux le français, ont moins de difficultés que les Algériens. D'autres facteurs entrent en jeu, dont le dynamisme propre à chaque communauté. Chez les Portugais le taux d'activité féminine est très fort et nombreux sont les ouvriers du bâtiment qui se mettent à leur compte : autant d'atouts pour contourner le déclin industriel et la menace du

1. Il s'agit ici, selon une fréquente confusion, non d'immigrés, mais précisément d'étrangers.

chômage. Le cas particulier portugais traduit peut-être aussi une politique différente des employeurs à l'égard d'une main-d'œuvre européenne plus proche culturellement : dans l'industrie par exemple, les passages d'ouvrier non qualifié à ouvrier qualifié sont quatre fois plus fréquents chez les Portugais que chez les Maghrébins. Ces derniers semblent avoir plus de difficultés à s'intégrer à l'entreprise. »

Nous avons choisi ce long extrait d'un article à vocation scientifique pour son caractère exemplaire. Il montre en effet à quel point les explications fournies pour rendre compte de la situation inférieure des étrangers, et particulièrement de certains d'entre eux, sur le marché de l'emploi évitent de renvoyer expressément aux pratiques et processus discriminatoires, pourtant ici présents en filigrane sous l'expression euphémisée « politique différente des employeurs ».

Selon un raisonnement récurrent, qui s'étend bien au-delà des publications savantes, les causes du « handicap » des populations étrangères sont d'abord recherchées dans les « caractéristiques » de ces dernières. Les différences entre groupes nationaux sont considérées comme des effets de leurs « particularités » : certains « semblent avoir plus de difficultés à s'intégrer à l'entreprise », tandis que d'autres font preuve de « dynamisme », sans qu'on sache ni pourquoi ni comment ces traits seraient apparus ou se seraient développés. Puis, lorsque aucune de ces interprétations ne semble suffisante, l'invocation de la fameuse « proximité culturelle » – [idée selon laquelle il y aurait moins de « distance » entre un paysan portugais non francophone et un patron d'entreprise qu'entre ce même patron et un ouvrier algérien francophone...] – vient remplir le vide. Cette « explication » mérite qu'on s'y arrête car elle fait partie des idées reçues, sans avoir jamais pu recevoir de validation scientifique (De Rudder, 1987). En effet, la proximité et la distance culturelles sont des appréciations subjectives et pour partie idéologiques socialement construites au cours même des rapports interethniques et n'ont aucune consistance hors de ces rapports. Or ces jugements de proximité ou de distance sont généralement considérés en France, comme des évidences, des réalités objectives susceptibles, en conséquence, de servir de fondement rationnel, à tout le moins raisonnable, à l'action. C'est pourquoi une « politique différente » basée sur une présumée « proximité culturelle » n'est pas qualifiée clairement pour ce qu'elle est : une politique purement et simplement discriminatoire érigée sur des préjugés et des stéréotypes ethniques hiérarchisants. Le recours aux notions de « distance » ou de « proximité » culturelle ne sont qu'un leurre idéologique qui, par soumission au sens commun, objectivise des représentations et catégorisations éminemment relatives. On peut s'inquiéter du fait qu'une publication scientifique s'y réfère sans autre forme de procès critique, ni au plan scientifique, ni au plan juridique...

Mais si ce texte est fort démonstratif de la généralité de l'évitement, voire de la forclusion, d'une bonne part du procès de formation de l'inégalité « ethnico-raciale » en France, c'est aussi parce qu'il fait apparaître que le racisme ou l'ethnisme en acte ne sont pas considérés comme des causes efficientes de cette inégalité. Une sorte de prévention « objectiviste » ou « positiviste » entrave l'analyse, parce que celle-ci ne peut s'appuyer sur l'évidence de faits dûment collectés, répertoriés, comptabilisés ou susceptibles de l'être. Et pour cause ! C'est une cécité sociale largement partagée qui frappe les discriminations, directes ou indirectes, logées au cœur de stratégies dissimulées et de dispositifs routinisés, et tout se passe même, bien souvent, comme si leur simple évocation relevait d'une démarche obscène ! Quelques exemples permettront d'étayer et d'illustrer cette analyse.

À L'EMBAUCHE : DES PROCÉDÉS DIRECTS
ET INDIRECTS D'ÉVITEMENT DES « INDÉSIRABLES »

Un certain nombre, évidemment incalculable, d'employeurs refuse tout candidat dont l'origine ou la couleur ne lui convient pas et cet ostracisme touche particulièrement les personnes d'origine maghrébine, africaine, gitane ou antillaise. Ces rejets *a priori* s'exercent en toute impunité dès lors qu'ils ne sont pas assortis de propos racistes explicites : ainsi un patron peut-il déclarer, comme chacun sait, que l'emploi est déjà pourvu, mais il peut aussi faire passer un test technique trop difficile pour la qualification requise, exiger des compétences hors de propos (parler parfaitement le français pour un poste de femme de ménage, par exemple) ou des horaires intenables, voire prétendre que le candidat est trop qualifié pour l'emploi qu'il propose... Il existe aussi des stratégies d'évitement préventif. L'exigence de photos d'identité sur les documents de candidature peut venir compléter le tri effectué à partir des patronymes, tandis que les postulants habitant des quartiers stigmatisés peuvent être récusés au vu de leur adresse. C'est d'ailleurs pour remédier à l'effet repoussoir des noms des cités trop mal famées qu'une municipalité de la banlieue parisienne a profité d'une opération d'urbanisme pour changer les libellés des rues et bâtiments.

Les formules codées inscrites par les agences d'intérim sur les offres d'emploi discriminatoires – comme le fameux « BBR » (pour dire bleu-blanc-rouge, soit Français d'origine française !) – participent, en toute illégalité, de ces procédés d'élimination (Yamgnane, 1992). Mais, de façon plus générale, les intermédiaires qui mettent en relation l'offre et la demande, comme par exemple les employés des agences pour l'emploi, se trouvent parfois en situation difficile pour refuser ce type d'exigence, et finissent par s'en faire complices de fait. À quoi bon, en effet, chercher à s'opposer à un patron qui, de toute façon, décidera en dernier ressort comme il l'entend ? Pourquoi envoyer « au casse-pipe » un candidat qui ne sera pas accepté ? Ne vaut-il pas mieux pourvoir l'emploi avec une personne qui « convient » plutôt que de perdre l'offre et, ensuite, la clientèle de l'employeur ?

De façon plus globale, le fait que les procédures de recrutement accordent désormais une place croissante aux entretiens oraux, aux investigations sur la « personnalité », les opinions personnelles et des aspects de la vie des candidats qui ont de moins en moins de rapport avec les compétences professionnelles laisse une place considérable à l'arbitraire (Lyon-Caen, 1990). De multiples procédés garantissent à l'employeur sa liberté de choix à partir de critères prétendument objectifs : tests psychologiques et même graphologiques, questions sur les loisirs et les engagements personnels (vie associative)... Ce changement affecte aussi la fonction publique qui s'enorgueillissait de recruter ses personnels sur concours écrits et anonymes (procédure qui a sans doute historiquement favorisé l'embauche des femmes).

Certains employeurs, cependant, développent des arguments explicites en défaveur de l'emploi de « gens de couleur » ou dont les origines étrangères sont considérées comme « visibles ». Le plus répandu concerne l'impossibilité qu'il y aurait à mettre ces employés en contact avec la clientèle ou le public, sans dévaloriser l'image de l'entreprise et sans mettre en péril ses performances économiques face à la concurrence. L'exposé d'un directeur de l'ANPE, dans un colloque sur l'exclusion le 27 février 1994, est plus qu'illustratif à cet égard : « Ce qu'on attend dans le tertiaire, c'est pour une part du culturel, du relationnel. [...] Pour cette relation, pour ce relationnel dont je parle, on voit qu'il y a des gens, sans qu'ils y puissent rien, qui ne sont pas bien qualifiés pour ça. [...] Malheureusement il y a des gens avec lesquels on a du mal à se sentir de plain-pied. C'est quoi ? C'est les étrangers, et plus la couleur est foncée, plus on a du mal à se sentir de plain-pied » (cf. *Le Monde,* 14 janvier 1995 ; voir aussi De Rudder, 1995)[1]. L'ethnicisation des tâches ou des emplois est ainsi fréquente. Un employé de supermarché d'origine algérienne résumait crûment cette ségrégation parfois systématique : « Nous, déjà, il faut qu'on nous embauche, et quand on nous embauche, on nous met dans les réserves, pas dans les rayons ni aux caisses. » Aujourd'hui apparaissent des mouvements revendicatifs contre l'absence de représentation des « minorités visibles »[2], ou leur cantonnement dans des rôles négatifs ou dévalorisants stéréotypés, à la télévision et dans la publicité[3].

D'autres employeurs font valoir que ce sont leurs employés qui refusent de travailler avec une personne étrangère ou « de couleur », d'autres estiment qu'un « déséquilibre » ethnique créerait des difficultés ou des conflits dans le collectif de travail... Les refus d'embauche explicitement argumentés sur le nombre des « immigrés » déjà employés ont été, jusqu'ici, appréciés contradictoirement par les tribunaux. Si un employeur a été sanctionné au motif que c'était à lui d'organiser le travail de façon à éviter les antagonismes, un autre a été relaxé parce que ses motivations n'étaient ni racistes ni xénophobes.

Dans nombre de grands services publics, les offres d'emploi circulent dans l'entreprise et sont en fait déjà pourvues par les enfants du personnel, ou par « recommandation » avant d'être rendues

1. Notons qu'à la suite d'un procès intenté par le MRAP, l'auteur de ce discours a été relaxé.
2. L'expression « minorité visible » est d'usage courant au Canada. Elle commence tout juste, en ce printemps 2000, à apparaître en France, presque simultanément dans les discours revendicatifs et ceux de membres du gouvernement. Les textes officiels, depuis que le gouvernement se préoccupe de lutter contre les discriminations (début 1999), utilisaient plutôt l'expression « personnes étrangères ou issues de l'immigration »...
3. Cf. *Libération,* 22 mai 2000, p. 28 ; *Le Monde,* 23 mai 2000, p. 23.

publiques. Il semble, par exemple, que 80 % des Contrats emploi-solidarité[1] d'une entreprise de transports publics de la région parisienne ont été attribués de cette façon au début des années quatre-vingt-dix. Dans certains organismes publics (transports, hôpitaux...), la moitié des agents a au moins un parent qui y travaille également. La concentration d'un grand nombre de personnes originaires d'un même lieu géographique (Auvergnats, Corses, Antillais, ou Bretons) atteste aussi de l'existence de ce qu'on appelle pudiquement des « réseaux informels de recrutement ». Ces pratiques de recrutement préférentiel des enfants du personnel ou sur recommandations ont des effets discriminatoires indirects, notamment sur les jeunes d'origine étrangère. En effet, ceux-ci – dont les parents n'ont pu être recrutés du fait de la clause de nationalité – n'ont pas accès à l'information anticipée et restreinte. Ce système de recrutement existe aussi dans le secteur privé, où il fonctionne parfois comme une loi non écrite, consensuelle, et souvent soutenue par les organisations syndicales. Le résultat varie donc, aujourd'hui, selon que les entreprises employaient ou non beaucoup d'immigrés il y a quinze ou vingt ans. Mais celles où ils étaient nombreux sont souvent en récession et embauchent très peu. Au cours de notre enquête, certains immigrés, employés dans de grandes entreprises où l'embauche préférentielle des enfants a traditionnellement cours, se sont toutefois plaints que leurs enfants en bénéficient moins que ceux des « Français ».

Il faut signaler, enfin, que l'embauche préférentielle d'étrangers ou de minoritaires est rarement synonyme de traitement égalitaire : leurs caractéristiques juridiques, « culturelles » ou d'apparence sont alors autant de prétextes pour les employer à des conditions désavantageuses. C'est ce qui s'est passé dans les années soixante et c'est ce qui se perpétue dans le travail illégal offert aux « clandestins ». Le « réalisme » que l'on attribue à l'entrepreneur se traduit aussi bien par le recrutement de jeunes issus de l'immigration maghrébine, s'il pense qu'ils sont adaptés à son public, qu'à leur exclusion dans le cas contraire. La question est alors reportée sur leurs conditions d'emploi, de travail et de rémunération.

---

1. CES : contrats temporaires réservés aux chômeurs depuis plus d'un an, financés en partie par l'État.

Plaisanteries d' « un goût douteux », stéréotypes dévalorisants et globalisants, célébration de la supériorité de la culture française, plainte à l'égard du nombre des « immigrés » et du comportement des jeunes « issus de l'immigration », critique de la religion musulmane... les relations de travail et de péritravail (vestiaire, cantine, cafétéria...) sont souvent fortement imprégnées d'un racisme plus ou moins ouvert, plus ou moins voilé. Traditionnellement, le patronat et l'encadrement tentent, lorsque des minoritaires font partie de leur personnel, d'en limiter l'expression pour éviter les heurts. En fait, ce sont surtout les injures et les coups qui peuvent s'ensuivre, qui sont réprimés, ainsi que, parfois, les discriminations perpétrées par l'encadrement, lorsqu'elles sont « trop grossières ».

Il est ainsi des formes de racisme qui sont jugées « acceptables » et qui font même fréquemment partie de la convivialité ordinaire des collectifs de travail. Plus même, il est des expressions fort explicites de racisme qui ne sont pas perçues comme telles. L'appréciation du caractère raciste de tel propos ou de tel comportement n'est nullement consensuelle, encore moins l'évaluation de sa gravité. D'où l'accusation récurrente de « manque d'humour » et d' « exagération » adressée aux victimes non consentantes, accusation qui vient accoler un stéréotype de plus au portrait du minoritaire.

De celui-ci, en effet, on attend la soumission. C'est de son silence qu'il peut, éventuellement, tirer une certaine « acceptation » de ses collègues ou de ses supérieurs. S'il admet et plus encore s'il participe de ces échanges de propos de fait insultants ou calomnieux, il sera estimé « conforme » ; il sera alors extrait de son groupe : comme le merle blanc, « il est une exception », « il n'est pas comme les autres ». Sa situation correspond à l'expression proverbiale selon laquelle « tout antisémite a son bon juif ».

On est loin, en France, de la *political correctness* qui impose au moins un minimum de respect langagier, et il n'y existe pas même de « code de bonne conduite ». Le racisme ordinaire est soit ignoré, soit admis, à tout le moins toléré (comme d'ailleurs le sexisme ordinaire). Cette dénégation et cette indulgence généralisées pèsent lourdement sur les capacités d'action des victimes qui se retrouvent ainsi isolées à double titre : d'une part, elles sont contraintes de taire la souffrance que leur imposent les atteintes réitérées à leur dignité ; d'autre part, elles sont privées de moyens d'agir puisque ce qui leur est infligé n'est pas reconnu comme un délit. Lorsque, tout de même, elles protestent, elles sont renvoyées à leur prétendue « hypersensibilité » qui déforme leur perception et à leur tendance à la « paranoïa », imputations de troubles qui constituent, à l'insu des accusateurs, la reconnaissance paradoxale des tourments qu'ils lui imposent. Quant à ceux qui franchissent le pas de la mise en accusation, elles rencontrent les plus grandes difficultés pour obtenir justice, et même pour parvenir jusqu'aux tribunaux.

L'OPACITÉ DE L'ENTREPRISE ET LE SYLLOGISME DE SA RATIONALITÉ

Les entreprises privées ou publiques, les administrations, comme toutes les grandes organisations, fonctionnent, en France, sur une opacité structurelle érigée en principe de gestion. Cette opacité n'est que faiblement tempérée par l'obligation légale de fournir des statistiques concernant les étrangers (mais évidemment pas les Français d'origine étrangère). À cela s'ajoute la difficulté pour des syndicats, voire pour des inspecteurs du travail (lesquels en ont le droit), comme pour des chercheurs, d'accéder aux données biographiques des salariés. L'entreprise, en effet, se considère comme un lieu privé et ce qui s'y passe reste pour partie impénétrable. Il est donc très difficile d'y faire apparaître au grand jour les éventuelles discriminations en matière de conditions d'emploi, de salaires, de carrières et de promotions, de licenciements. Les actions en justice et les jugements des tribunaux sont loin de constituer une source de renseignements satisfaisante, nous le verrons. Et en dehors des associations antiracistes et de solidarité et, plus récemment, de certains syndicats, les discours sur le monde du travail nient ou minimisent presque toujours ce type de pratiques. Cette réponse d'une employée de l'ANPE est typique de cette démarche :
« Lorsqu'ils sont confrontés à des refus, ils [les travailleurs étrangers] se sécurisent en l'attribuant à la couleur de leur peau. Or, s'ils ne sont pas pris, c'est parce qu'ils ne sont pas rentables. [...] Pourquoi voulez-vous que les employeurs introduisent dans l'entreprise des éléments de gestion étrangers à sa vocation de pro-

ducteur, c'est-à-dire qui ne soient pas liés à une rentabilité d'ordre économique ou financier ? »

La prétendue rationalité du monde du travail et de l'entreprise, sa soumission à des impératifs économiques et à des normes abstraites (compétence, spécialisation des fonctions, ancienneté...) servent d'argument d'autorité pour invalider toute interrogation sur les discriminations ethnistes ou racistes. Le caractère « non raciste » de l'univers du travail est ainsi « démontré » par un raisonnement en forme de syllogisme : l'entreprise est un lieu de rationalité ; le racisme est d'ordre irrationnel ; ils sont donc incompatibles.

Du coup, tout se passe comme s'il n'existait que des cas isolés, condamnables et même parfois effectivement condamnés, relevant d'attitudes individuelles « imbéciles » ou de comportements « maladroits » et rabaissés au rang d'anecdotes. On a vu, pourtant, qu'une part des employeurs qui évitent d'embaucher des minoritaires avancent très officiellement des arguments fondés sur ce qu'ils jugent correspondre à une bonne gestion entrepreneuriale.

Ainsi, avant même d'envisager les procédures qui permettraient de constater des actes racistes et d'en mesurer l'ampleur, on se heurte donc à une pure et simple non-considération, produite par la culture de l'entreprise comme par la culture nationale. Cette culture universalisante n'est récusée ni par les organisations syndicales ouvrières ou patronales ni par les associations antiracistes. L'universalisme de la vision de classe des uns vient ainsi s'opposer à l'universalisme libéral des autres, dans un champ idéologique commun d'où sont quasiment absentes les références pluralistes.

SYNDICALISME ET LUTTE
CONTRE LES DISCRIMINATIONS :
DES POSITIONS DE PRINCIPE ANTIRACISTES
ET UNE ACTION ANTIDISCRIMINATOIRE DIFFICILE

Les syndicats, seules organisations collectives présentes au sein des entreprises de quelque importance, ont des positions antiracistes affirmées, mais rencontrent des difficultés pour lutter contre les discriminations ethnistes et racistes. Leurs problèmes sont d'ordres divers, internes et externes, mais malheureusement pour partie convergents.

Les confédérations syndicales ont depuis longtemps une double position : revendication d'égalité des droits, donc opposition au patronat lorsqu'il surexploite les « immigrés », pèse ainsi sur les salaires et divise les travailleurs, d'une part ; exigence d'un contrôle étatique de l'immigration et forte tendance au protectionnisme sur le marché du travail, surtout en période de récession de l'emploi, d'autre part. Présentée comme la défense conjointe des intérêts de la classe et de la nation, cette double position, si elle peut être favorable à l'intégration des immigrés, notamment via l'incorporation au mouvement ouvrier, ne manque cependant pas d'ambiguïtés (Gallissot, 1988). Depuis longtemps aussi, les déclarations générales des centrales contre le racisme rencontrent des problèmes de traduction concrète à la base – c'est même, pour certaines régions et certaines périodes historiques un euphémisme !

Contrairement à ce que l'on entend dire parfois, le racisme et la xénophobie ne sont ni nouveaux ni rares, dans les entreprises, y compris chez les militants. Aujourd'hui, le vote, pour le Front national n'est pas exceptionnel et certains représentants syndicaux sont même membres de ce parti. L'adhésion au principe de la « préférence nationale » est très épandue et se meut (ou masque) souvent en position « anti-immigrés ». Il est aussi nombre de syndiqués qui, surtout attachés à la défense des salariés et/ou à des revendications corporatistes, estiment que la lutte contre le racisme est de nature politique et n'est donc pas du ressort du syndicat ou n'est pas une priorité.

On ne peut entièrement séparer les élus ou les militants de leur base. Les uns comme les autres baignent dans le climat général de racisme plus ou moins « soft », c'est-à-dire à la fois très présent et dénié. Ceux qui considèrent qu'il est nécessaire que le syndicat intervienne dans la lutte contre les discriminations avouent leurs difficultés et parfois leur désarroi. Beaucoup craignent, non sans raison, de ne pas être suivis par l'ensemble du personnel lorsqu'ils veulent dénoncer une injustice, et du même coup, de provoquer des divisions et des défections, voire une sanction lors des élections professionnelles. Cette inquiétude est même « théorisée » par le secrétaire général de Force ouvrière, qui, après avoir affirmé : « Le racisme dans l'entreprise, ça n'existe pas », ajoute « il n'est pas intelligent » d'introduire le débat sur ce sujet dans l'entreprise, car cela risque d'entraîner « une césure entre les travailleurs » (AFP, 1997). Les militants antiracistes sont d'ailleurs parfois brocardés pour leur « préférence » pour « ces gens-là » et même tenus à l'écart par leurs collègues qui leur reprochent de délaisser les principales revendications au profit de la défense d'une minorité qu'ils ne jugent pas réellement maltraitée, souvent tout au contraire (« il n'y en a que pour eux » est une doléance fréquente en milieu populaire).

Jusqu'à présent aucune des grandes organisations syndicales n'a entamé de procès pour discrimination ethniste ou raciste. D'ailleurs, à notre connaissance une seule – la CGT lors de son 45e Congrès – a explicitement inscrit désormais la lutte contre le racisme dans ses statuts dans le but de pouvoir se porter partie civile auprès des tribunaux, la CFDT considérant que cet objectif « allait de soi », et n'avait pas à être spécifié[1].

Quoi qu'il en soit, si l'on ne s'intéresse qu'aux instances et personnes désireuses d'intervenir, on constate qu'un bon nombre de militants pense que le recours juridique est à double tranchant et d'une efficacité douteuse. Selon elles, il convient surtout d'agir à l'intérieur de l'entreprise, de convaincre, d'unifier le personnel et, sur cette base, d'obtenir des résultats tangibles, et non uniquement différés ou « purement symboliques ». Elles estiment notamment que les sanctions judiciaires sont très difficiles à obtenir et qu'elles risquent d'entraîner des « effets pervers » opposés aux buts poursuivis.

LES ALÉAS DE LA DÉFENSE DES VICTIMES
DE DISCRIMINATION : COMMENT LUTTER
CONTRE CE QUI N'EXISTE PAS[2] ?

Il existe, en France, un décalage fondamental entre les textes de lois et les conditions de possibilité de leur application. Le droit français respecte, ici scrupuleusement – comme ailleurs ou plus qu'ailleurs ? – le principe de la présomption d'innocence. Le plai-

1. La loi de 1972 prévoit un délai de cinq ans entre la date d'inscription de cet objectif dans les statuts et la possibilité de se porter partie civile dans les procès pour diffamation ou discrimination raciales. Il semble que cette possibilité puisse être désormais accordée juridiquement aux syndicats, indépendamment de cette inscription dans leurs statuts (cf. compte rendu de la Déclaration commune de lutte contre les discriminations dans le monde du travail ; Déclaration de Grenelle, 11 mai 1999).
2. Nous reprenons ici une idée essentielle de Danièle Lochak, dont l'expression « une discrimination qui ne peut être prouvée n'existe pas » résume parfaitement l'impasse juridique actuelle (Lochak, 1997).

gnant est donc tenu de faire la preuve de la discrimination ethnique ou « raciale » dont il a été victime. Plus encore, il doit montrer *l'intention* discriminatoire de celui, personne physique, qu'il accuse. Cette preuve n'est plus exigée par les lois britannique et américaine qui admettent l'existence du racisme structurel et des discriminations indirectes et acceptent de statuer à partir d'un faisceau de présomption ou même à partir du résultat (le constat de l'inégalité). En fait, le droit français induit, *de facto*, une scission entre les notions de racisme et de discrimination raciste.

Cette question de la preuve paralyse l'action en justice. Prouver qu'une personne est privée d'un déroulement de carrière normal en vertu de son apparence « ethnique » ou « raciale » suppose un protocole (que seul l'inspecteur du travail peut établir) qui mette en évidence que d'autres personnes, en tous points comparables à l'exception de ce trait, ont eu un déroulement de carrière plus favorable. Qui va s'adresser à l'inspecteur du travail, pour lui proposer cette mission ? S'engager dans cette voie signifie qu'on envisage une suite juridique. Or les victimes comme leurs défenseurs sont la plupart du temps dans l'incapacité de réunir un nombre d'éléments suffisants pour entamer cette action en justice avec quelque chance de succès. Il n'y a guère de preuve tangible, le poids des « connivences de groupe » fait que les éventuels témoins hésitent à dénoncer des collègues ou des supérieurs et la situation de l'emploi rend fort efficaces les pressions qu'ils peuvent subir.

Les victimes sont donc très désarmées pour agir, et ne peuvent le faire qu'isolément ou, au mieux, avec le soutien d'organisations antiracistes extérieures à l'entreprise.

Or il s'avère qu'attaquer un employeur ou ses représentants pour discrimination est une procédure grave. En cas de succès, il y a parfois nullité de l'acte discriminatoire (la personne licenciée doit être réintégrée) mais, plus souvent, condamnation de l'employeur à des dommages et intérêts : « En pratique, un licenciement raciste peut intervenir sans que le salarié qui en est la victime puisse obtenir une réintégration. Tout au plus ce salarié pourra obtenir des dommages et intérêts basés sur le caractère abusif du licenciement. »[1] Comme l'observe le GISTI (1994), il existe « une opposition jurisprudentielle à la réintégration ». En cas d'échec, le plaignant

---

1. Jean-Jacques Dupeyroux, « Peut-on être licencié en raison de sa race ? », *Le Monde*, 7 avril 1993.

peut à son tour être attaqué devant les tribunaux pour diffamation par l'employeur innocenté.

C'est pourquoi syndicalistes et inspecteurs du travail préfèrent souvent organiser la défense des victimes à partir des motifs plus « classiques », plus sûrs et, *de facto*, plus efficaces. Un de ces inspecteurs nous a même expliqué que, lors du licenciement collectif de délégués syndicaux tous « Africains », il a fondé son argumentaire sur les articles du Code du travail relevant de la protection des droits syndicaux, sans même faire mention d'une discrimination raciale, qu'il estimait lui-même flagrante.

Ainsi, la discrimination raciste ou ethniste n'est pas, en France, un argument premier, ni même secondaire. Elle n'est, le plus souvent, pas évoquée du tout : « La discrimination pour motif racial n'est souvent pas même soulevée par le plaignant, persuadé de ne pas parvenir à rapporter la preuve du fondement discriminatoire » (GISTI, 1994). Il se dit même, aux prud'hommes et dans les tribunaux, que l'accusation de racisme est de l'ordre de l' « effet de manche » d'avocats à cours d'argument. Il semble ainsi que plaider sur ce terrain risque d'entraîner la victime dans une voie sans issue et lui faire perdre le bénéfice – si l'on peut dire – d'une ligne de défense plus efficace et plus sûre.

Cette recherche de l'efficacité dans la défense des salariés tend donc à décourager le recours aux lois réprimant les discriminations et participe de ce fait à la non-(re)connaissance du racisme. En 1994, la présidence du tribunal des prud'hommes de Paris nous a ainsi affirmé que, jamais, sur les 17 000 cas traités chaque année par les tribunaux consulaires de Paris, l'accusation de racisme n'avait été portée. Elle ajoutait (malgré l'existence, depuis 1990, de l'article L 122-45 du Code du travail) que si cela arrivait « nous ne voudrions pas l'entendre et nous renverrions les personnes devant les tribunaux de droit commun ». Il semble néanmoins qu'une évolution des prud'hommes sur ce point soit possible, dont témoigne la condamnation récente d'un employeur au motif que le plaignant était victime « d'une certaine discrimination due à son origine camerounaise ». Il reste que les services centraux de l'inspection du travail de Paris, nous ont répondu ne s'être jamais livrés à des études sur cette question et ne pouvoir donc fournir la moindre indication...

Ainsi, les institutions spécialisées dans les litiges entre salariés et employeurs et le droit du travail ne « savent » rien ou presque sur le racisme et la discrimination. L'occultation, l'euphémisation de ce sujet construisent un « mur du silence » que consolident, « pour la bonne cause », une partie de ceux qui sont les meilleurs défenseurs des minoritaires et de l'égalité des droits. Le principe même d'égalité en vient à « abriter » des pratiques racistes dont la condamnation reste au seul plan des déclarations... de principe.

Les discriminations ethnistes ou racistes, explicitement revendiquées par l'extrême droite, n'ont pas acquis, dans l'opinion française, un statut d'illégitimité tel que des victimes se sentent autorisées à se mettre en mouvement, à faire connaître leur situation et à espérer la mise en place de formes de solidarité. L'action juridique en est d'autant plus entravée.

Le problème, cependant, semble émerger lentement dans l'action publique. Ceci provient peut-être du fait que la discrimination atteignant, de plus en plus, des personnes de nationalité française, son caractère raciste ne peut plus être nié. Pour nombre d'intervenants sur le marché du travail, l'inégalité de traitement de personnes installées depuis longtemps en France ou qui y sont nées apparaît comme un frein à l'intégration et comme une des principales remises en question des « vertus » du « modèle assimilateur » français. Cette idée a d'ailleurs été reprise récemment par le gouvernement. Une certaine urgence est désormais ressentie par les organisations antiracistes, les centrales syndicales et un certain nombre d'intervenants sur le marché du travail pour que les discriminations soient connues, dénoncées et condamnées. La recherche peut, en cette matière, apporter de précieux éléments de connaissance sur l'ampleur, les voies et les processus. Encore faudrait-il qu'une volonté politique encourage de tels travaux. Or, comme nous avons essayé de le montrer, il faut une forte détermination pour surmonter la « loi du silence ». Nombreux sont encore ceux qui, de fait, considèrent que « reconnaître » les discriminations constitue, par soi-même, un risque majeur de déstabilisation sociale et politique.

7. ÉTUDIER LES DISCRIMINATIONS ETHNISTES ET RACISTES DANS LE DOMAINE DU TRAVAIL ET DE L'EMPLOI. PROPOSITIONS THÉORIQUES ET MÉTHODOLOGIQUES

LES DISCRIMINATIONS COMME EXPRESSION DU RACISME DANS LES RAPPORTS SOCIAUX

Depuis quelques années des ouvrages spécialisés dans tel ou tel champ des sciences sociales traitent de la question des discriminations dans leur domaine d'investigation comme l'école ou le logement. Par-delà la diversité des approches, leur point commun tient à leur difficulté à réintroduire les discriminations étudiées dans une analyse d'ensemble du racisme et des relations interethniques.

En effet, bien qu'elle ait augmenté ces dernières années, la production nationale des sciences humaines sur le racisme reste essentiellement constituée d'analyses abstraites de type historique, philosophique ou psychosociologique, très peu appuyées sur une base empirique. De leur côté, comme le remarque François Dubet (1989), les travaux empiriques sur l'immigration invoquent fréquemment le racisme mais l'étudient rarement. Sans doute certains historiens ont-ils mis en lumière le racisme et la xénophobie subis par les différentes vagues migratoires qui ont peuplé la France depuis un siècle (Schor, 1985 ; Green, 1985, etc.) ; d'autres chercheurs ont analysé l'impact de l'histoire coloniale sur les rapports entre autochtones et migrants issus des anciennes colonies et les liens entre nationalisme et racisme (Gallissot, 1987 ; Balibar et Wallerstein, 1988) ; d'autres encore ont travaillé sur les modes contemporains d'expression de l'idéologie raciste (Taguieff, 1988 ; Bonnafous, 1991). Il n'en demeure pas moins un hiatus global entre la généralité des recherches sur le racisme et « l'éparpillement problématique et la faiblesse de la structuration conceptuelle » de la recherche sur les migrations (De Rudder, 1991). Ce relatif « point aveugle » théorique, qui s'est cristallisé à la faveur du développement de la « sociologie des migrations », se traduit par une tendance à réduire le racisme à une idéologie extérieure à l'interaction sociale et ayant une simple fonction de justification des pratiques d'exploitation ou de domination. Pourtant, comme l'a montré Colette Guillaumin (1972), le racisme est bien un rapport social qui nécessite d'être analysé en termes de processus : processus de racisation, de formation de la perception de « l'Autre », de production et de reproduction de rapports de domination économiques, sociaux, politiques et symboliques.

Faire la liaison entre le racisme et les relations sociales dans lesquelles il intervient – et ne pas s'en tenir à une approche qui le traite comme une pure idéologie doctrinaire aux traits idéals typiques, hors du social – suppose donc d'aborder le racisme en tant que composante interne des relations entre groupes. D'un point de vue sociologique, il s'agit de replacer son analyse dans le champ des relations interethniques (qui unissent dans un même système social groupes dominés et dominants), de le conceptualiser comme la « face mentale » d'un rapport concret (Guillaumin, 1972) et, en conséquence, de rechercher des indices verbaux ou comportementaux de racisme dans les pratiques sociales ordinaires.

Cette perspective sociologique nous a amené à placer au cœur de nos travaux la distinction essentielle (De Rudder, 1990) entre les *rapports* interethniques – qui sont des rapports sociaux qui s'inscrivent, au niveau structurel et macrosocial, dans les rapports nationaux et internationaux, et qui fondent et organisent la coexistence et les contacts entre majorité et minorité ; et les *relations* interethniques – qui s'inscrivent dans le cadre des rapports interethniques, mais qui disposent d'une marge de liberté quant à la concrétisation des contacts entre groupes en présence et à l'importance accordée au facteur ethnique (cf. aussi chap. 2). La sociologie des relations interethniques vise à ajouter une dimension supplémentaire aux analyses « classiques » des rapports sociaux en termes de classes, de sexes, d'âge. Cependant, contrairement à ces autres grandes variables (qui sont aussi des constructions sociales),

154

l'ethnicité ne repose pas sur un substrat aisément objectivable. Elle ne peut être saisie que dans l'interaction. En effet, il n'y a pas d'abord des groupes ethniques, puis mise en relation, c'est tout au contraire cette relation qui est première, car c'est elle qui produit et modélise l'ethnicité (Barth, 1995). Son étude suppose une démarche à la fois dynamique et constructiviste, qui articule en un va-et-vient des perspectives théoriques fortes et des observations empiriques denses.

La faiblesse scientifique française en matière de sociologie du racisme et des relations interethniques apparaît d'autant plus nette-ment que la construction européenne s'est traduite (notamment) par une multiplication des programmes européens touchant à ce domaine. Ceux-ci constituent autant de cadres de confrontation de l'état d'avancement de la réflexion dans les différents pays de l'Union européenne. Si cette comparaison n'est guère à l'avantage de notre production nationale, elle offre aussi une opportunité pour bénéficier des acquis de la recherche dans d'autres pays européens et en particulier en Grande-Bretagne et au Benelux. À cet égard, notre participation à différents programmes comparatifs financés par l'Union européenne, nous a permis de nous familiariser avec cer-tains apports théoriques essentiels en matière d'analyse des discrimi-nations ethniques et « raciales » (cf. notamment Wrench, 1996).

ETHNISME ET RACISME[1]

Le mouvement syndical est aujourd'hui confronté à deux pro-blèmes, qui ne sont certes pas nouveaux mais qui demandent des réponses actualisées. Le premier problème concerne la banalisation des idées racistes et xénophobes et de l'idéologie de la préférence nationale sur le marché du travail et dans l'entreprise. Le second est l'émergence de discriminations à base ethnico-raciale touchant des personnes de nationalité française.

Pour les chercheurs, l'étude de ces phénomènes se heurte à des difficultés méthodologiques spécifiques. D'une part, l'absence de statistiques basées sur des critères d'origine, de religion, de langue

1. Cf. *supra,* chap. 2.

155

ou de phénotype, interdit une approche globale de la question. De la sorte, les outils mis au point par les études sur les rapports de genre pour mesurer les discriminations sexuées en termes d'écarts objectifs (de salaire, de carrière...) ne sont pas transposables dans notre domaine de recherche. D'autre part, la conception française de la dénonciation comme de l'analyse du racisme tend à réduire ce phénomène au racisme intentionnel. Elle laisse donc de côté ce qui fait l'essentiel du « racisme ordinaire », c'est-à-dire des discriminations qui sont considérées comme « naturelles » et qui confinent certains groupes (les femmes, les immigrés, les « Noirs »...) dans des statuts inférieurs. Pour poursuivre le rapprochement avec les études sur les rapports de genre, plus anciennes et mieux connues, les difficultés actuelles à traiter de la discrimination ethniste sont assez comparables à celles qui concernent le harcèlement sexuel (difficulté de la preuve, banalité du sexisme, etc.). L'occultation est telle que les victimes peuvent ne pas être, elles-mêmes, conscientes des discriminations qu'elles subissent et, inversement, elle ouvre la voie à toutes les confusions et peut pousser certains à imputer à du racisme des difficultés qui relèvent d'un autre ordre.

Enfin, de manière très globale, la distinction entre ethnisme et racisme est souvent difficile à opérer. Le registre de l'ethnicité est basé sur des catégories renvoyant à des traits culturels, plus ou moins reproduits par des mécanismes sociaux de transmission. L'ethnicisation peut d'ailleurs se transmettre par simple « imprégnation », suivant le principe qui voudrait que « qui s'assemble se ressemble ». En témoignent les obstacles rencontrés par ceux qui, en d'autres circonstances, seraient identifiés comme « franco-français », s'ils n'étaient stigmatisés par une adresse située dans une cité ou un quartier ethnicisé. À habiter dans des territoires désignés comme des « quartiers d'Arabes » (les « 4 000 » à La Courneuve, le « Franc-Moisin » à Saint-Denis...), on est traité comme un « Arabe ».

Plus généralement le registre ethnique suppose explicitement ou implicitement des matrices sociales qui transmettent l'ethnicité : la famille, la cité... Il combine ainsi les effets de culture et de structure, l' « intériorisation de l'extériorité » et l' « extériorisation de l'intériorité » (Bourdieu, 1982), et s'inscrit dans un *continuum* entre les « peuples » et les « cultures » qui autorise le recours à des combinaisons d'identification adaptées aux circonstances, comme on le voit pour ces sportifs français ou binationaux, qui sont qualifiés d'Algériens ou d'Américains lorsqu'ils perdent, et de Français lorsqu'ils gagnent. *A contrario*, par le recours au biologique, le registre de la « race » introduit une coupure radicale dans le processus de différenciation et de catégorisation *d'alter*, qui interdit toute combinaison d'identification possible : on est « Noir », « Blanc » ou « Métis »... mais jamais « Noir-Blanc », « Noir-Métis » ou « Blanc-Métis »...

Ethnisme et racisme relèvent donc bien de deux registres distincts. La difficulté d'analyse vient du fait que les mêmes termes, les mêmes catégories de pensée peuvent être investies d'un contenu différent selon les interlocuteurs et les circonstances. Pour constituer en objet sociologique la rencontre entre des acteurs majoritaires et minoritaires, il convient donc de se doter d'une grille d'analyse des discours tenus par les acteurs en présence et, en premier lieu, par les acteurs majoritaires qui sont en position de force. Ce sont eux qui ont l'initiative dans le processus de construction des catégories ethniques ou « raciales » qui sont ensuite, implicitement ou explicitement, utilisées pour orienter et justifier des pratiques différenciatrices.

Les catégories en question peuvent être plus ou moins globalisantes ou plus ou moins différenciatrices, selon qu'elles se réfèrent plutôt au registre social, au registre culturel ou au registre « racial ». Or, dans le discours, les passages d'un registre à l'autre sont incessants, le plus souvent inconscients et fréquemment imperceptibles. La pratique langagière expose donc comme un *continuum* ces enchaînements du sociologisant au culturalisant puis au racisant, comme autant de « paliers » sur une échelle ordonnée. Cette apparence de continuité masque cependant une série de ruptures qualitatives dans le système de représentation, ruptures qui signalent l'ambivalence des perceptions et l'ambiguïté des positions. Le registre du social est en opposition radicale avec celui du « racial ». Quant au « niveau » du culturel, s'il se situe en position intermédiaire, c'est justement qu'étant particulièrement équivoque, il peut, selon les cas, renvoyer plutôt à l'historico-social ou plutôt à l'ethnico-« racial ». Le culturel est toujours susceptible d'être généalogisé et donc biologisé, et le biologique a toujours des présupposés, des implications culturels, ne serait-ce que parce que la constitution de la vision raciale est inséparable de l'entreprise d'expansion de la colonisation qui fut en même temps culturelle. L'étude des entretiens que nous avons eus avec des acteurs majoritaires, montre combien ces limites sont poreuses, fluides, mobiles. Quand le recours à l'ethnique est totalement figé, lorsque les représentations sont basées sur des traits culturels réifiés, on entre alors de plain-pied dans le registre du « racial », même si le vocabulaire utilisé n'est pas celui par lequel s'exprime traditionnellement le racisme doctrinaire.

Les individus qui composent les groupes minoritaires, ethnicisés ou racisés, ne sont pas des objets inertes et c'est bien sur des relations, des interactions, qu'il faut travailler. Il s'agit donc également de comprendre comment eux aussi se situent par rapport à cette ethnicité ou à cette « race » imputée au quotidien et comment ils l'adaptent. La méthode constructiviste et inductive que nous utilisons fonde sa validité sur le fait que le contenu recouvert par les termes « race » et « ethnicité », tout comme l'utilisation qui en est faite par les acteurs sociaux, ne sont pas définis *a priori* par le chercheur (cf. Poiret, 1996). Au contraire, ils émergent progressivement de l'enquête et de l'analyse des matériaux recueillis, conservant ainsi l'aspect dynamique qui fait tout leur intérêt et leur valeur heuristique.

La question du racisme s'inscrit donc bien dans le rapport avec *alter*, en tant qu'il est défini par ses origines réelles ou supposées, mais avec le franchissement d'un seuil qualitatif en matière d'enfermement dans une catégorie, définitivement scellée par le recours au biologique. Cependant, l'usage de références biologisantes prend souvent une forme euphémisée, celle de la généalogisation du social. C'est ainsi que les notions de « deuxième génération » ou de « Beurs » permettent d'associer à des jeunes nés en France la migration de leur parents et donc de les maintenir dans un statut d'allogène par un mode de filiation qui relève plus de l'hérédité que de l'héritage ou de la socialisation. En ce sens, la distinction entre ethnique et « racial » nous semble pertinente, de même que la distinction entre ethnisme et racisme.

DÉFINITION DE LA SITUATION
ET CONTEXTUALISATION DES RELATIONS INTERETHNIQUES
DANS LE TRAVAIL ET L'EMPLOI

Si, en France, les études urbaines ont, depuis plus de vingt ans, intégré la dimension des relations interculturelles ou interethniques dans leurs analyses, il n'en va pas de même dans le domaine de la sociologie du travail. Dans les années soixante-dix des chercheurs (Frémontier, 1971 ; Linhart, 1978 ; Tripier, 1987) avaient déjà mis l'accent, non seulement sur l'existence de pratiques discriminatoires de la part des entreprises à l'encontre des « immigrés », mais encore sur l'importance et la place du racisme dans les relations de travail. Des historiens ont étudié les poussées de xénophobie qui ont secoué le monde ouvrier. Certains sociologues comme Michel Verret (1979), ont mis l'accent sur l'ambivalence du racisme ouvrier, à la fois expression de la concurrence entre travailleurs et forme d'intégration à la classe, passant par une minorisation chargée de paternalisme de la part des ouvriers qualifiés autochtones vis-à-vis des o.s. immigrés, incarnations de la précarité dont cherche historiquement à s'extraire la classe ouvrière. Les premiers travaux sur le sujet réalisés par des chercheurs de l'URMIS faisaient remarquer l'occultation généralisée et le caractère quasi tabou de la question du racisme dans l'entreprise et les relations de travail (cf. chap. 6). En outre, les manifestions de racisme dans les rapports sociaux professionnels ont souvent été perçues, y compris par les chercheurs, comme une importation idéologique venue de l'extérieur du monde du travail et de l'emploi et parasitant, en quelque sorte, ses logiques et rationalités propres (économiques, de classe, manageriales...).

La récente prise de conscience de l'existence de facteurs de racisme internes à la sphère du travail et de l'emploi constitue donc, à cet égard, une avancée dans la réflexion sur ce sujet[1]. Cependant, il convient de ne pas passer d'un extrême à l'autre, en considérant à nouveau l'entreprise et le marché du travail comme un isolat, produisant de manière totalement autonome ses propres relations interethniques. Il faut, au contraire, tenter de restituer la dialectique qui combine les rapports à l'environnement, les effets de contexte, et la place du registre ethnique et « racial » dans les relations sociales qui se développent dans les situations de travail, de péri-travail et sur le marché de l'emploi.

---

1. « L'hypothèse de départ était que le racisme n'était pas engendré par des situations de travail mais importé dans l'entreprise par un certain nombre d'événements extérieurs. Je me trompais, le racisme est désormais intégré dans le processus de travail », Philippe Bataille in *Le Monde* du vendredi 21 février 1997. Voir aussi *Syndicalisme Hebdo*, n° 2636, p. 9 à 12.

L'introduction de la dimension contextuelle permet de distinguer ce qui relève de l'analyse macrosociologique de ce qui varie en fonction des situations locales et relève d'une approche micro- ou mésosociologique. Elle permet de situer ce qui est de l'ordre des relations par rapport à ce qui est de l'ordre des rapports interethniques et qui s'impose donc *de facto* dans toute définition de la situation par les acteurs sociaux.

Cette contextualisation est essentielle pour l'analyse des représentations et, en particulier, pour préciser l'usage des catégories qui servent à les exprimer. Les groupes minoritaires (ethnicisés ou racisés) et les appartenances (imputées ou revendiquées) sont le fruit de processus permanents. Ils peuvent, synchroniquement ou diachroniquement, prendre des formes, des contenus et des usages extrêmement divers, selon les circonstances, les stratégies et les enjeux dans lesquels ils sont engagés. C'est ainsi qu'un même terme (Africain, Beur...) peut être investi d'un contenu plus ou moins ethnicisant ou racisant, selon les interlocuteurs et les circonstances dans lesquels ils s'expriment. Le contexte local (urbain, politique...) peut être plus ou moins stigmatisant et cela a des effets sur la construction symbolique de la réalité. Ainsi ces effets de contexte ne peuvent-ils pas seulement être ramenés à une simple question de représentations d'*alter* et de l'altérité. Parce qu'ils pèsent sur les *définitions de la situation*[1] qu'en ont les acteurs sociaux engagés dans des processus d'interaction, parce qu'ils sont le lieu de cristallisation de rapports de forces, ils s'imposent aux individus comme des faits, comme des « configurations » qui limitent la marge de manœuvre des acteurs individuels et collectifs en les plaçant en situation d'interdépendance (Elias, 1991).

Les différentes études de cas que nous avons effectuées montrent à quel point la place et les modalités du recours au registre de la « race » et de l'ethnicité dans les relations de travail et de péritravail ne peuvent être envisagées indépendamment du contexte

---

1. On doit la notion de « définition de la situation » à William I. Thomas, résumée par Robert K. Merton de la manière suivante : « Quand les hommes définissent des situations comme réelles, elles sont réelles dans leurs conséquences. » Thomas montre que les représentations, l'évaluation et les significations attribuées à une situation par un groupe social donné influencent leur action sur cette situation et tendent à la modifier dans le sens de leurs croyances (Thomas, 1923 ; Merton, 1965).

local dans lequel il s'inscrit. Trois exemples tirés de nos récentes enquêtes le montrent :

— L'inscription urbaine du lieu de travail dans des secteurs ethniquement stigmatisés peut provoquer des effets de contraste qui poussent les salariés à se définir par opposition à leur environnement ou, à l'inverse, à occulter, tant que faire se peut, la dimension ethnique sur le lieu de travail. Le premier cas de figure peut être illustré par la situation de l'université Paris 8, à Saint-Denis, dans laquelle une fraction des personnels en proie à un sentiment d'insécurité redéfinit les frontières légitimes de la communauté universitaire par opposition à la population ethnicisée environnante réduite à quelques figures récurrentes (les « jeunes des cités », les « faux étudiants », les « islamites ») qui ne rendent compte ni de la diversité de l'environnement ni de la complexité de son interpénétration avec la susdite communauté (Poiret, Vourc'h, 1997). Le second cas correspond à la situation d'un hypermarché marseillais, véritable « îlot de richesse » planté au milieu de cités pauvres et stigmatisées, dans lequel tout est fait pour que la clientèle oublie les alentours, à commencer par une banalisation volontariste des employés majoritairement recrutés dans les quartiers riverains (V. De Rudder *et al.*, 1998).

— La traduction des problèmes professionnels en termes ethniques ou « raciaux » varie, selon l'appartenance aux groupes majoritaires ou minoritaires des personnels et du public. Ainsi, dans l'hypermarché marseillais, la répartition des minoritaires du côté des personnels et des majoritaires du côté du public se traduit par une occultation quasi systématique de la dimension ethnique dans les rapports de travail, au bénéfice d'une interprétation en termes sociaux. À l'inverse, dans un dépôt de bus de la RATP, des machinistes, appartenant pour la plupart au groupe majoritaire, tendaient à interpréter les problèmes de violences urbaines auxquels ils sont confrontés en termes ethniques ou « raciaux ». Plus précisément ils tendaient à construire une figure sociale de l' « agresseur » qui combine ces références ethniques avec des caractéristiques de génération (les jeunes) et de lieu de résidence (les cités).

— Le contexte politique peut peser lourdement sur les relations de travail comme le rapportait cet agent de l'administration des Finances de Toulon, en expliquant que l'accession du Front national à la mairie s'était traduite par une hégémonie de plus en plus affichée des discours et des pratiques racisants au sein du service public.

LES FORMES LÉGITIMES DU RECOURS
À LA « RACE » ET À L'ETHNICITÉ
DANS LE DISCOURS DES MAJORITAIRES

La tendance à l'ethnicisation, voire à la racisation, des rapports sociaux qui travaille la société française est de mieux en mieux reconnue. Ceci ne signifie pas que l'expression d'une vision ethnicisée ou racisée du monde a envahi le monde social, en tous lieux et en toutes circonstances. Même si la prise du pouvoir politique local par le Front national dans certaines communes du sud-est de la France semble avoir eu pour effet d'y lever l'interdit qui pesait depuis la Libération et les décolonisations sur l'affirmation publique d'idées et de représentations ethnistes ou racistes, les discours des majoritaires sur les minoritaires revêtent, dans la plupart des cas, des formes socialement et politiquement plus acceptables. En France, où les catégories ethniques sont dans la position paradoxale d'exhibition-inhibition, cette acceptabilité passe le plus souvent par un système de conversion et de glissement entre des registres hétérogènes. C'est ce régime de traduction qui fait entendre « noir » quand on dit « Africain » et « jeunes issus de l'immigration » quand on énonce « Zone d'éducation prioritaire » (Streiff-Fenart, 1998). Ainsi, le recours à la catégorisation ethnique demeure-t-il en grande partie euphémisé et soumis à des règles implicites (règles dont on voit bien qu'elles varient, jusqu'à l'opposition, selon que l'on s'intéresse à l'art, à la musique, à la mode ou à la vie quotidienne, sociale ou politique). Pour que l'inférence ethnique ou raciale puisse être énoncée sans détour, le locuteur doit s'entourer de précautions qui ont pour but de valider son propos et, plus encore, de l'autoriser. Dans le cadre des entretiens d'enquête, tout particulièrement, l'interviewé est contraint d'exposer la situation ou les circonstances qui légitiment les catégories qu'il utilise.

Cette légitimation s'appuie sur une double construction : d'abord la présentation d'une position sociale « objective » qui accrédite l'adoption d'un point de vue ethnicisant ou racisant ; ensuite une rhétorique justificatrice qui peut s'adosser au « vécu » subjectif, à la morale ou à l'idéologie. La composition entre ces deux éléments varie selon les personnes et les contextes. Pour illustrer cette double construction des formes de légitimation du recours à l'ethnique, on peut citer trois exemples tirés de nos récentes enquêtes : les points de vue sexués sur les relations inter-ethniques ; les considérations sur la religion comme fondement du recours à l'ethnicité sur le lieu de travail et la victimisation du groupe majoritaire.

Les points de vue sexués
sur les relations interethniques

Une partie des discours des femmes – en se situant clairement dans la position de minorité sexuelle – exprime ouvertement un point de vue sur les relations interethniques. Le contenu de ce type de discours n'est pas univoque.

— Il peut autoriser l'expression non censurée d'une vision eth-niste ou raciste des hommes « arabes », « turcs » ou « africains », globalement caractérisés par leur misogynie et leur machisme. En contrepoint de ce thème viennent alors des manifestations de sym-pathie, de solidarité ou de commisération à l'égard des femmes minoritaires, considérées comme étant leurs premières victimes. Nous avons rencontré ce type d'attitude à propos des relations de travail à l'université, mais aussi à l'école, où certaines institutrices revendiquent des pratiques de mise à l'écart volontaire des pères d'élèves africains, sous couvert de complicité féminine avec leurs épouses[1]. Quel que soit le contenu (compréhensif ou stigmatisant) du discours, l'adoption d'une posture féministe paraît être un des moyens les plus « légitimants » pour affirmer une vision ethnicisée des relations sociales dans le monde du travail et pour justifier les pratiques différenciatrices qui s'en inspirent parfois.

— Mais il peut aussi être le moyen d'affirmer une position tolé-rante et pluraliste, une compréhension voire une empathie de mino-ritaire à minoritaire, en quelque sorte (De Rudder *et al.*, 1990). C'est ce que semble évoquer l'implication particulièrement forte des femmes syndicalistes (comparativement à leurs homologues mascu-lins) dans une enquête en cours sur le racisme dans les relations de travail avec la fédération CGT du ministère des Finances.

---

1. « Au début, les hommes venaient me déranger... me voir pour des choses dérisoires et ils me disaient : "Nos femmes ne parlent pas." Moi je leur ai répondu : "Écoutez, entre femmes on arrivera certainement à se comprendre." Depuis je ne vois pratiquement plus les pères » (Poiret, 1996).

Comme le note Jocelyne Streiff-Fenart (1999) : « Le refus de désigner les différences en termes ethniques et raciaux [...] tend à les convertir en différences religieuses, au point que, symboliquement la figure de l'étranger ou de l'immigré tend à se confondre avec celle du musulman. » Parce que la religion semble tout entière située dans l'ordre du culturel, elle constitue un moyen d'euphémiser l'ethnique. C'est ce dont témoigne cet extrait d'entretien réalisé avec un cadre d'hypermarché. Dans l'ensemble de nos interviews avec l'encadrement, la dimension ethnique du recrutement avait été soigneusement occultée, tout en restant omniprésente en arrière-plan. Celui-ci finit par donner sa version de l' « ethnicité :

« Q. : Par rapport à la diversité ethnique, comment l'évalueriez-vous, parmi les caissières ?

— De quelle façon vous l'entendez ?

Q. : La vôtre...

— La mienne ?... *[très lentement]* Alors, je dirais, qu'aujourd'hui dans la population « caissières », il y a de 12 à 15 % des caissières qui suivent scrupuleusement... la religion de leurs parents. Donc qui ont fait le ramadan sur la période du mois de janvier, *[silence]* et c'est tout. »

La place de la religion (musulmane) au travail paraît donc être un sujet de discours assez facilement acceptable, sans doute parce que ne constituant pas, *a priori*, un déni d'universalité. Cependant, une analyse plus approfondie de ces discours montre qu'ils ne portent pas tant sur les pratiques elles-mêmes que sur des imputations ethniques liées à l'origine des employés.

C'est ainsi qu'un autre cadre, après avoir lui aussi constaté, le peu d'impact du ramadan sur l'organisation du travail, commentait la création d'une section de la CFTC dans l'hypermarché : « Certains employés ne comprenaient pas bien ce que la Confédération française des travailleurs *chrétiens* venait faire dans un magasin dont une bonne part de la population est plutôt de pratique musulmane. [...] Ce qui est intéressant c'est de savoir par rapport à qui ils vont s'identifier. [...] Alors, peut-être qu'en effet tous les *Musulmans* [...] vont se reconnaître dans quelqu'un qui a *la même origine qu'eux* et qui sera dans un autre syndicat peut être moins marqué [religieusement]. » On voit ainsi comment la religion offre un terrain propice à un jeu de « montré-caché » de l'ethnicité au travail, comment elle permet d'en parler sans le dire.

La victimisation du groupe majoritaire

Une autre des postures les plus courantes permettant le recours au registre de la « race » et de l'ethnicité passe par l'exposition d'un préjudice personnel. L'attitude « anti-immigrés », présentée comme une réaction de protection face à une agression a déjà été analysée dans le champs urbain, notamment comme réaction défensive à une « invasion » (De Rudder, 1991). Dans les relations de travail et de péri-travail, le même type de propos peut être tenu. C'est ainsi que, parmi les machinistes de la RATP conduisant sur des lignes « chaudes », revient fréquemment le constat que les fauteurs de troubles sont des jeunes « Noirs » ou « Maghrébins ». Pourtant, certains machinistes sont, eux aussi, issus de groupes minoritaires et ils ont à faire face aux mêmes types de comportement de la part des jeunes des cités. De plus, les chauffeurs ne sont pas les seuls à faire les frais des agressions et des incivilités puisque les passagers – qui, sur ces lignes, sont souvent à l'image des habitants des cités dévalorisées qu'ils desservent et qui concentrent de fortes proportions de populations issues des migrations postcoloniales – les subissent également. Un jeu d'occultation, de tri et de reconstruction de la réalité préside à l'exposition d'une situation où ne seraient face à face que des majoritaires (victimes) et des minoritaires (agresseurs).

La prise de position « anti-immigrés », en tout cas « anti-jeunes immigrés », ici, se présente comme d'autant plus légitime que c'est la société française tout entière qui, à travers chaque agent du service public, est présentée comme victime.

FAIRE PLACE À LA PAROLE
DU MINORITAIRE

Si les majoritaires peuvent recourir à des postures et des rhétoriques leur permettant d'exprimer d'une manière recevable leur vision des relations interethniques, qu'en est-il du minoritaire ? À maints égards, le « dominé », en tant qu'individu, est le grand absent des recherches comme des discours sur les discriminations et le racisme. Ceux-ci ne le prennent généralement en compte que comme une figure collective et la victime n'apparaît le plus souvent que comme une « annexe ». Au mieux, elle est traitée comme un simple révélateur des pratiques et des comportements « déviants » du dominant. Cette tendance est particulièrement marquée en France, puisque c'est à la seule victime qu'incombe la charge de la preuve. Au pire, elle est tenue pour « responsable » du comportement reproché au dominant, comme si elle en était la cause. Son discours, sa protestation se retournent alors contre elle. Le sens de la parole et de l'expérience du minoritaire constitue donc généralement une sorte d'impensé dans l'étude des processus discriminatoires. Pourtant, elle est bien souvent le seul élément disponible pour aborder ce sujet. Plus globalement, cette surdité collective entraîne une disqualification de la plainte des victimes et, en retour, elle tend à banaliser les pratiques discriminatoires et à déculpabiliser ceux qui les admettent.

Les travaux que nous avons menés sur ce sujet montrent – par-delà la diversité des définitions et des explications qui sont proposées – que c'est l'analyse même de la discrimination, comme acte et/ou comme processus, qui, en France, reste bloquée par une conception juridiste du racisme et de ses manifestations concrètes. Le plus fréquemment la discrimination raciste ou ethniste est conçue comme un acte volontaire, individualisé et malveillant. Or cette définition restrictive entrave la compréhension des processus quand ce n'est pas celle des comportements eux-mêmes. D'une part, elle interdit de connaître l'ensemble des motivations qui sous-tendent les pratiques (refus de promotion, de stage ou d'embauche...) étiquetées comme « racistes » par ceux qui les réprouvent, du simple fait que ce label constitue en lui-même une accusation. D'autre part, elle ne permet pas d'accéder à l'enchaînement des causes institutionnelles, structurelles, organisationnelles..., plus ou moins générales, plus ou moins spécifiques, qui conduisent à l'élimination de certains candidats sans que l'on puisse supposer, *a priori*, d'intention discriminatoire.

En effet, rares sont les cas où le discriminateur offre la preuve de la discrimination à sa victime. Il est effectivement assez peu fréquent qu'un employeur, un logeur, voire un collègue de travail laisse une trace tangible des motivations de son comportement discriminatoire, ce qui suppose, en premier lieu, que celui-ci soit perçu et assumé comme tel. De même est-il rarissime que les propos racistes ou ethnistes proférés à l'encontre d'une personne ou d'un groupe soient dénoncés par des tiers. Il est vrai que la perception du caractère raciste ou discriminatoire des interactions varie en fonction de la définition de la situation par les acteurs en présence : selon leur appartenance ou non à la catégorie racisée ; selon les sensibilités individuelles de ceux qui en sont les victimes ou les témoins ; selon le contexte local dans lequel elle s'inscrit. Ainsi, l'appréciation de la gravité des propos et des actes dépend-elle des circonstances et des personnes qui les tiennent. Comme les propos sexistes ordinaires, le « racisme de bistrot » fait l'objet d'une indulgence voire d'une connivence assez répandue.

Face à cette tolérance usuelle et généralisée, les tentatives des victimes et des témoins pour se faire entendre ou pour protester se retournent contre eux et ils apparaissent dès lors comme des perturbateurs. S'ils ne se heurtent pas au mutisme, au refus de débattre, les voilà à leur tour accusés de manquer de sens de l'humour ou de cordialité, quand ils ne sont pas accusés d'hypersensibilité et même frappés d'ostracisme (cf. chap. 6). La référence, même métaphorique, à la « paranoïa » relève bien d'une forme de prise en compte du mal-être de la victime, mais elle l'impute à des caractéristiques propres au sujet minoritaire (sensibilité exacerbée...) et en aucun cas aux configurations sociales qui pourraient en être la cause[1].

Le rejet de la plainte de la victime, la dénégation de sa souffrance (Dejours, 1998) représentent un enjeu éthique mais aussi social important en ce qu'ils expriment un refus de toute contestation des rapports de domination établis entre racisants et racisés, ethnicisants et ethnicisés, « en-groupe » et « hors-groupe », pour reprendre la terminologie de Robert K. Merton (1967). Il devient dès lors extrêmement difficile aux groupes et personnes ainsi traités de contester la place qui leur est attribuée car le « hors-groupe » est l'objet d'une « condamnation systématique (qui) joue presque *indépendamment de ce qu'il fait* ». Merton nomme « alchimie des mœurs » ce procédé qui transmute les qualités, actions ou attitudes valorisées parmi les « en-groupe » en défaut, dès lors qu'elles sont le fait de « hors-groupes » : « Commençons par une formule d'al-

---

1. Il faut souligner que les études criminologiques ont rencontré les mêmes difficultés dans les années soixante : « Cette discipline (la victimologie) relativement nouvelle, s'est transformée d'une victimologie de l'acte à une victimologie d'action, d'une victimologie centrée sur le rôle et les prédispositions victimogènes de la personne lésée en une victimologie appliquée, soucieuse d'améliorer le sort de la victime en offrant à celle-ci l'aide, l'appui et le dédommagement nécessaires pour alléger ses souffrances » (Fattah, 1981).

chimie dont la simplicité est attrayante : la même conduite doit s'évaluer différemment selon les personnes. Par exemple, l'alchimiste expert verra immédiatement que le mot "ferme" se conjugue proprement comme suit : je suis ferme. Tu es entêté. Il a une tête de cochon... » Cette alchimie repose sur une « autohypnose » des majoritaires, laquelle leur permet non seulement de rejeter sur le groupe ethnicisé l'origine des discriminations qu'il subit, mais surtout de ne pas entendre la plainte des dominés qui pourrait leur révéler la réalité des rapports sociaux de domination dans lesquels ils sont engagés.

Entre le marteau et l'enclume,
une tierce personne

Entre le dominé et le dominant existe un troisième groupe de personnages, que nous nommerons « initiés », à la fois dénonciateurs des pratiques et comportements qu'ils réprouvent, et porte-parole des victimes. Erwin Goffman (1993) les définit comme des « compatissants prêts à se mettre à [la] place [des stigmatisés] et à partager avec eux le sentiment qu'ils sont des êtres humains et "essentiellement" normaux, malgré les apparences et quoiqu'ils doutent d'eux-mêmes ». Goffman distingue deux grands modes d'entrée dans la catégorie des compatissants : l'une passe par l'expérience personnelle du stigmate et de la position minoritaire (ce peut être, par exemple, les femmes qui projettent leur expérience personnelle sur des individus ou des groupes ethnicisés ou racisés) ; l'autre résulte de leur intimité avec un ou des stigmatisés, « relation telle que, sous certains rapports, la société en vient à les traiter tous les deux comme s'ils n'en étaient qu'un » (c'est notamment le cas des conjoints ou parents de minoritaires)[1].

1. La *VO Hebdo* n° 2798/237 du 10-16 avril 1998, relate ainsi le cas d'un facteur syndiqué à la CGT qui explique son refus de distribuer la propagande du Front national, malgré les menaces et les pressions, par le fait qu'étant père d'un enfant handicapé, il ne peut oublier les propos de J.-M. Le Pen opposant « les aides dont bénéficient les handicapés, qui affaibliraient le corps social, et la sélection des plus forts qu'opèrent les éleveurs de chiens et de chevaux ». Voir aussi Norbert Elias (1996) lorsqu'il commente la remarque suivante « quand Paul parle de Pierre, il nous en dit plus sur Paul que sur Pierre » ou Murard et Mouliere (1997).

Dans la plupart des recherches que nous avons menées, c'est par l'intermédiaire de l' « initié » que nous avons eu accès à des informations portant, d'une part, sur les traitements que subissent les « stigmatisés » et, d'autre part, sur les comportements et pratiques du groupe des discriminateurs.

Cette tendance est particulièrement nette dans les secteurs qui relèvent du statut de la fonction publique. Là, les agents titulaires issus de groupes ethnicisés sont rares, tandis qu'une distinction entre « eux » et « nous », entre les « en-groupe » et les « hors-groupe » est fréquemment établie parmi le public, usagers ou clients. La recherche que nous menons en partenariat avec la Fédération CGT du ministère des Finances est particulièrement éclairante à ce propos. Dans le traitement des dossiers, les discussions entre collègues, l'accueil ou le contrôle du public, les pratiques et comportements discriminatoires semblent souvent être devenus une des composantes de l'organisation du travail, des relations professionnelles et de la convivialité. Si nous nous en tenions aux premiers récits rapportés par les « initiés » avec qui nous travaillons dans ce secteur, il nous faudrait envisager l'hypothèse que le comportement de certains agents relève d'un « ressentiment xénophobe » (De Rudder *et al.*, 1990), marqué par le recours à un double registre, celui du racisme différentialiste et celui de la xénophobie chauvine, proches des caractéristiques de la « personnalité autoritaire » décrite par Adorno (Adorno *et al.*, 1964). Cependant, la poursuite de cette collaboration montre qu'il est souhaitable de sortir des mises en accusation individuelles pour prendre en compte les rapports et les relations de travail et de péritravail. En particulier, il est essentiel de ne pas négliger le rôle de l'employeur et de la hiérarchie dans l'organisation et la finalité du procès de travail. En effet, le racisme ne peut être analysé seulement comme une déviation des personnes relevant de la psychologie et de la pathologie comportementale, il doit être compris comme un rapport social dans lequel les personnes sont prises sans que l'on puisse uniquement rapporter leurs comportements à leurs traits individuels.

C'est ainsi que la réorientation productiviste des missions du Service public des Finances, en modifiant les conditions du traitement de l'usager, a introduit une rupture au sein du fonctionnement des administrations du Trésor et des Impôts. Elle a amené ces services à trouver un nouveau mode de régulation « consensuel » permettant de supporter l'augmentation de la charge et la dégradation des conditions de travail. Une fois abandonné le principe du traitement égalitaire des contribuables par l'introduction d'une notion de rentabilité des missions, il devient possible de lui substituer des modes de repérage et de sélection des individus tout aussi contraires à l'éthique traditionnelle du Service public. Tout se passe alors comme si la différenciation du traitement des usagers, selon leur richesse d'abord, puis selon d'autres attributs, relevait d'une nécessité du service que la hiérarchie semble, si ce n'est favoriser, du moins accepter comme mode efficace de gestion des dossiers. Dans cette nouvelle perspective, ce n'est plus l'État-employeur qui est rendu responsable des difficultés professionnelles, mais l'usager, et parmi les usagers, certains plus que d'autres.

Nous avons d'ailleurs recueilli diverses anecdotes illustrant le refus de l'encadrement de s'opposer aux propos et attitudes ouvertement discriminatoires de certains agents. Ce mutisme et l'absence de sanction, même dans les cas les plus graves, laissent moins supposer une forme d'acquiescement qu'un refus de leur part d'intervenir sur ce qui apparaît comme une convivialité de bureau garantissant la bonne exécution des tâches. Le comportement des agents peut alors être analysé, selon les termes de C. Dejours (1993), comme une stratégie collective de métier par la mise en œuvre d'une « idéologie défensive ». Il s'agit d'une « forme radicalisée de stratégie collective de défense [...] marquée par l'effort désespéré de maintenir la cohésion des agents entre eux par référence à l'ennemi commun ».

Faire taire les victimes et leurs « porte-parole » : un enjeu social

Cette question ne peut être ramenée à une simple manipulation d'une idéologie raciste dans le cadre de rapports de classes *stricto sensu*, comme le prétend une certaine vulgate « marxiste ». Elle renvoie, y compris dans le domaine du travail, avant tout à une question de statut, de reconnaissance de la pleine citoyenneté, qui peut se combiner, de manière variable, avec des enjeux de classe liés à la position des uns et des autres dans les rapports de production.

Dans le champ urbain, le rapport entre le sentiment de déprivation de pouvoir parmi les majoritaires et l'ethnicisation des relations sociales a été montré à travers l'analyse de la cohabitation entre autochtones et immigrés dans des quartiers populaires (De Rudder, 1991). Or, la position par rapport au pouvoir, et à son propre pouvoir, renvoie à des enjeux qui prennent la forme de l'interpellation de l'État et de la revendication d'un privilège national. Ainsi l'expression du racisme n'est pas tant un outil idéologique pesant sur des enjeux de classe qu'un moyen de revalorisation statutaire pour les classes dominées, par identification aux classes dominantes au sein de l'État-nation.

Ce type de phénomène a été mis en évidence dès le début du siècle par Max Weber (1922). À travers l'analyse de la situation des « Blancs » pauvres des États du sud des États-Unis, celui-ci a montré comment la peur du déclassement pouvait s'exprimer sous la forme de la défense de l'identité raciale ou ethnique en mobilisant ce qu'il nomme l' « honneur ethnique », c'est-à-dire l' « honneur spécifique de masse parce qu'il est accessible à tous ceux qui appartiennent à la communauté d'origine à laquelle ils croient subjectivement ». Le recours à l' « honneur ethnique » permet aux éléments dominés du groupe majoritaire de s'identifier aux éléments dominants.

Cette prédominance des enjeux de statuts se retrouve dans les relations de travail et peut être illustrée par le récit de ce douanier français d'origine maghrébine qui, étant monté en grade, est affecté à une brigade en tant que contrôleur disposant d'un certain pouvoir hiérarchique : « On est arrivé [dans cette brigade] à trois contrôleurs. Il y avait deux Français et moi-même... Dès que je suis arrivé, il y avait un groupe d'anciens et, de suite, j'ai senti de l'hostilité envers moi. [Au bout de deux mois], je suis allé voir mon chef de poste et j'ai demandé à avoir une explication avec toute la brigade. J'ai dit : "Il y a des problèmes. Apparemment je ne plais pas à tout le monde, donc je voudrais savoir pourquoi, avoir un dialogue." Alors on a convoqué cette fameuse réunion [durant laquelle] il m'a été dit : "Mais oui, mais toi tu es trop autoritaire. On te soumet des initiatives mais tu ne veux pas les entendre, etc.", alors qu'en deux mois de service on ne m'a soumis aucune initiative et les gens ne viennent même pas discuter avec moi. Alors j'ai dit : "Mais ce n'est pas vrai, vous ne venez même pas me voir" [et ils m'ont répondu] "Mais non, tu te fais des films et tout" [En fait], il y a deux clans. Il y a ceux avec qui je m'entends très bien puis il y a les autres avec qui je ne m'entends pas du tout, donc c'est tendu. Dès que je leur dis quelque chose, sans donner d'ordre, par exemple : "On va faire ci on va faire ça" les gens [me répondent] "Ouais, mais tu sais, là c'est chaud, etc. Non on ne veut pas faire ça." Ils ne veulent pas. Mais quand c'est les deux autres contrôleurs qui leur donnent des consignes de travail, là il n'y a pas de problème. Ils se taisent et ils font le travail, alors que quand c'est moi qui leur demande de faire quoi que ce soit... Non, je suis autoritaire. »

Dans cet univers professionnel où les rapports hiérarchiques et d'autorité sont très prégnants, l'accusation d'autoritarisme permet de renvoyer sur les caractéristiques propres de la victime ce qui apparaît clairement comme un enjeu de statut : ne pas accepter d'être sous les ordres d'un contrôleur ethnicisé.

La question n'est pas de prendre ou non les déclarations de ce douanier syndicaliste, appelons le Karim, pour argent comptant. Différentes hypothèses peuvent en effet être envisagées : il peut être excessivement autoritaire et être considéré comme caractériel par ses subordonnés ; il peut exercer son autorité dans les limites de ce qui est communément admis dans l'exercice d'une fonction de commandement ; il peut ne pas être particulièrement autoritaire. En fait, la réalité de l'autoritarisme de Karim importe peu. Ce qui compte, c'est que les différents acteurs engagés dans ces interactions sont pris dans une situation surdéterminée par les rapports ethniques et qui s'impose à eux comme un malaise partagé (Goffman, 1993). Dans ce cadre contraignant, la marge d'autonomie des relations interethniques au sein de l'univers de travail est si faible qu'aucun des protagonistes ne peut poser ouvertement la question du conflit larvé qui les oppose. Ouvrir les hostilités reviendrait à amener à l'avant-scène un registre ethnique qui est tout à la fois masqué et omniprésent, pesant et surtout illégitime au sein du service public.

— Si Karim n'est pas spécialement autoritaire, il s'agit purement et simplement d'un prétexte pour refuser une situation hiérarchique qui est ressentie comme inacceptable.

— S'il s'agit de manifestations classiques d'autorité, nous sommes dans une situation d' « alchimie des mœurs » qui transmute en défaut une qualité normalement reconnue dans cet univers professionnel régi par une discipline quasi militaire.

— S'il s'agit d'un autoritarisme outrancier, l'enfermement dans la catégorie ethnique qui est à la base de la définition commune de la situation (Karim se distingue lui-même des contrôleurs « français ») empêche ses subordonnées de contester ouvertement ce mode de commandement au sein de la brigade, de peur d'être taxés de racisme.

Dans tous les cas de figure, la hiérarchisation interne au service des douanes entre en contradiction avec une hiérarchisation ethnique implicite qui imprègne beaucoup plus largement les rapports sociaux. Pour sortir de cette situation bloquée, il aura fallu que Karim prenne le taureau par les cornes et fasse appel à un supérieur hiérarchique afin qu'il provoque une confrontation au cours de laquelle l'argument de l'autoritarisme est apparu, alors qu'il n'avait jamais été formulé au cours de deux mois de malaise larvé. Ce faisant il ramenait la question sur le seul terrain légitime dans des relations professionnelles, celui de la contestation de sa compétence et de sa pratique de l'autorité hiérarchique.

À travers ce témoignage, on peut comprendre comment la plainte du minoritaire est rejetée, retournée à l'expéditeur en quelque sorte. Les causes du problème ne sont pas situées du côté des rapports de domination et des discriminateurs, mais elles sont renvoyées sur les caractéristiques propres de la victime, ici son éventuel autoritarisme. Quant aux enjeux de cette scène, ce ne sont pas directement des enjeux de classe. Les douaniers ne remettent en cause ni la division du travail dans leur service, ni l'autorité des contrôleurs en général. Ce qu'ils contestent en fait, c'est la légitimité de la détention de pouvoirs hiérarchiques par un individu, particulier, qu'ils ne considèrent pas comme étant « vraiment » français. L'enjeu est bien constitué par les privilèges attachés à la nationalité qui sont refusés au minoritaire.

En déniant aux victimes la possibilité d'exprimer leur souffrance, il ne s'agit pas seulement de refuser toute contestation des rapports ethniques ou « raciaux », il s'agit aussi de les redoubler. La négation de la parole des victimes constitue un processus d'apprentissage. Elle aboutit à l'intériorisation de l'interdit pesant sur la remise en cause de ces rapports de domination qui restent dans l'implicite. M. B..., agent de sécurité de la RATP, lui aussi français d'origine maghrébine, nous a ainsi raconté son expérience de cette forme très particulière de socialisation à la « culture d'entreprise ».

« B... : Ça arrive régulièrement d'entendre des machinistes à côté, qui disent : "Ouais, j'en ai marre de tous ces babouins, de tous ces Bougnoules !", des trucs comme ça. Je fais celui qui n'entend rien bien sûr.

Q. : Ça doit pas être facile tous les jours, non ?

B... : C'est pas facile du tout, pas facile du tout. J'avoue que mon chef d'équipe a eu à me retenir la première fois... la première et la deuxième fois en fait, quand je suis arrivé. Parce que moi en vivant ici [en Seine-Saint-Denis], ça c'est des trucs que j'ai entendu depuis que je suis tout petit déjà. C'était pas la première fois. On pourrait croire qu'on est blindé mais c'est difficile de s'habituer quand même à ça... Et j'arrive dans mon nouveau travail et je vois que ce sont les gens que je suis chargé de protéger qui parlent comme ça. Alors je n'ai pas compris la première fois.

Une fois même, il y avait un machiniste qui ne m'avait pas vu, j'étais dans son dos... Il parlait avec un autre machiniste et il disait : "Ouais, t'as vu, la bande de ratons là, je les aurais bien écrasés." Il s'est retourné, il m'a vu, il m'a tendu la main [dans les dépôts de bus, on se serre systématiquement la main entre collègues de la RATP, tous grades et toutes fonctions confondus]. J'ai refusé de lui serrer la main, c'est normal. Je lui ai dit : "Non, tu vas pas serrer la main à un raton quand même !" Je sais pas comment il l'a pris, il est parti. Il peut le prendre comme il veut, je m'en fous de toute façon. Et puis des fois je fais celui qui n'entend pas... ça ne sert à rien que je fasse une histoire quoi. C'est vrai que le racisme on le vit sur le terrain, on le vit chez nos collègues... et puis on fait avec, quoi. [...]

Q. : Et la direction du dépôt ne fait rien ?

B... : C'est un délit mais personne n'a encore porté plainte pour ce genre de chose. Moi je sais que je ne m'en priverais pas, ça c'est sûr et certain. Si jamais un jour il y a... Mais je vous dis, quand j'entends ce genre de chose, ce n'est jamais adressé à moi... donc... Mais si ça m'était adressé, moi j'irais porter plainte, ça c'est sûr.

Q. : En tout cas la direction pouvait prendre des sanctions internes.

B... : Je ne peux pas vous parlez de la direction des bus, parce que nous [les services de sécurité] on ne dépend pas d'eux. Nous on est sous les ordres de M. X... On ne reçoit d'ordres de personne d'autre. C'est lui qui décide. Quand on veut nous faire faire quelque chose, on passe par lui et lui dit oui ou non. La direction des bus, le directeur du centre est très gentil hein, mais c'est bonjour-au revoir. C'est un directeur de centre, il n'a pas de temps à nous accorder. »

C'est bien d'une forme de socialisation à l'entreprise et aux relations ethniques et « raciales » qui y ont cours, qu'il s'agit. Face à la réaction indignée de M. B... confronté pour la première fois aux propos racistes de ses collègues machinistes, l'encadrement n'oriente pas sa colère vers les voies institutionnelles qui permettraient d'engager des sanctions, il lui apprend à l'étouffer. À défaut de s'habituer à la violence raciste, le minoritaire doit apprendre à « faire avec ». C'est ainsi que « la surdité du discriminateur finit par rendre le discriminé aphone ».

Des stratégies pour masquer
un déni d'universalité

Dans bien des cas les victimes de propos ou d'attitude racistes ont donc le sentiment qu'on ne les « entend » pas, qu'on ne conçoit ni ne comprend leurs souffrances, que le préjudice qu'elles subissent est profondément sous-estimé. De ce point vue, les différents travaux effectués dans le cadre de campagnes de *testing*[1] indiquent que le partenaire ethnicisé de l'équipe des testeurs doit faire l'objet d'une attention et d'un soutien psychologique particuliers car, dans le cadre de ces tentatives d' « objectivation » des pratiques discriminatoires, il est soudainement amené à prendre conscience de l'ampleur du préjudice qu'il subit. Les multiples petites rebuffades qui, habituellement, ne sont perçues que par bribes et qui peuvent toujours relever de multiples explications, apparaissent brutalement, par la comparaison systématique majoritaire/minoritaire, pour ce qu'elles sont : un déni d'universalité.

Autour de l'enjeu que constituent l'acceptation et la reproduction des rapports de domination, des stratégies sont donc développées, de part et d'autre de la frontière ethnique, pour maintenir un cadre de travail tolérable pour le plus grand nombre et tendre à éviter la multiplication des conflits frontaux. La négation de la parole et du vécu minoritaires a donc un certain nombre d'effets induits sur les comportements des acteurs en présence.

— Des stratégies de convergence peuvent voir le jour : minoritaires et majoritaires peuvent traiter la dimension ethnique des rela-

1. Le *testing* consiste à constituer des paires ou des triplettes d'enquêteurs ne se différenciant que par la caractéristique supposée susciter la discrimination. Elles sont utilisés pour tester les éventuelles différences de traitement dans l'accès à des ressources (travail, logement...).

tions de travail « à la rigolade », chacun étant censé n'y voir qu'un sujet de plaisanterie sans conséquence. Le minoritaire peut aussi être atteint d'une sorte de « syndrome de Stockholm »[1] : intérioriser le stigmate et adhérer aux stéréotypes du majoritaire pour mieux tenter de s'en démarquer individuellement. Dans cette logique, la personne ethnicisée ou racisée devra en permanence apporter des preuves d'une exemplarité que les membres du groupe majoritaire ne se préoccupent pas de produire pour eux-mêmes.

— Des stratégies de divergence peuvent aussi être mise en œuvre et, dans ce cas, il y aura un désaccord sur la définition de la situation. Les conflits peuvent alors être déplacés vers un objet de substitution, socialement plus acceptable. C'est par exemple le cas du contrôleur des douanes évoqué ci-dessus. Faute de pouvoir lui reprocher d'être « arabe », c'est son éventuel « autoritarisme » qui est mis en cause. C'est également le cas lorsque l'on passe du registre des relations interethniques à celui des relations de sexes, comme nous l'avons déjà évoqué. Le désaccord sur la définition de la situation peut également se manifester à travers la mise en œuvre de stratégies discursives qui visent à éviter la confrontation : aux cas particuliers elles opposent des considérations générales (« j'ai fait ceci avec cette personne, mais je n'ai rien contre ces gens-là ») et aux considérations générales des cas particuliers (« je ne peux pas avoir des comportements racistes parce que j'ai des amis arabes, ou juifs, noirs... »).

— Enfin, des stratégies de rupture existent pour sanctionner ceux qui refuseraient d'accepter des modes de régulation moins conflictuels. Les victimes, mais aussi plus largement ceux des personnels qui protestent trop, peuvent être ostracisés, rejetés à la frontière du collectif de travail et de la sociabilité majoritaire. L'action syndicale contre les discriminations se trouve d'ailleurs fréquemment confrontée au risque de telles mesures de rétorsion. Même quand la volonté d'intervenir existe chez les syndicalistes (ce qui n'est pas toujours le cas), comment le faire sans prendre le risque de se couper d'une partie de sa base sociale, électeurs, syndiqués et même militants actifs ?

1. Le syndrome de Stockholm désigne le processus par lequel les victimes d'une prise d'otage finissent par adhérer à la démarche de leurs ravisseurs et à prendre fait et cause pour eux. Il constitue une sorte d' « autohypnose » du dominé dont Merton (1967) semble évoquer aussi la possibilité.

Les psychologues et les sociologues devraient, quant à eux, être plus sensibles aux effets immédiats ou différés de ce racisme banal. L'euphémisation généralisée qui enrobe ces situations concourt à la dévalorisation « ethnique » ou « raciale » dont l'impact devrait aussi être étudié en termes de « passages à l'acte ».

INTÉGRER LES ACQUIS ET LES LIMITES DES RECHERCHES EUROPÉENNES ET NORD-AMÉRICAINES EN MATIÈRE DE DISCRIMINATIONS

Dans un domaine où, en France, beaucoup reste à expérimenter, il est urgent de mettre au point des outils méthodologiques adaptés. Ces outils méthodologiques peuvent être classés en trois grandes catégories d'approche (Wrench, 1997 *b*) visant respectivement à évaluer l'ampleur des discriminations subies, à prouver leurs fondements ethniques ou « raciaux » et à expliciter les processus discriminatoires et leurs motivations. Tous trois posent, à des degrés divers, certains problèmes épistémologiques et déontologiques liés au statut particulier de la dimension ethnique dans la tradition « républicaine » française.

Évaluer l'ampleur des discriminations : une approche statistique

La constitution d'un appareil statistique permettant de suggérer l'ampleur des discriminations subies par les groupes ethnicisés ou racisés dans leur accès à des ressources essentielles comme le travail, pose de nombreuses difficultés épistémologiques et déontologiques.

Cependant, certaines approches microstatistiques sont possibles. L'une consiste à travailler sur des données secondaires localement constituées (fichiers du personnel en entreprise, fichiers de locataires ou de demandeurs de logement, fichiers de jeunes demandeurs d'emploi dans les Missions locales...). Une autre consiste à créer des bases statistiques originales, selon des formes diverses qui peuvent être ponctuelles (mini-recensements internes à des organisations communautaires, par exemple) ou s'inscrire dans la durée (constitution de cohortes à partir des effectifs d'une classe de BTS ou d'une classe d'âge parmi les demandeurs d'emploi recensés dans une institution locale, par exemple).

La loi « informatique, fichiers et libertés » proscrit la constitution de fichiers nominatifs mentionnant des références ethniques, et *a fortiori* « raciales ». Ceci n'empêche d'ailleurs pas certaines institutions de constituer des statistiques concernant les origines, souvent sous l'apparence formelle de données relatives à la nationalité des individus, comme c'est le cas dans l'enseignement du premier degré (Poiret, 1996). Il y a donc, à la fois, une nécessité d'engager une réflexion avec la Commission nationale informatique et liberté sur les droits et les devoirs des chercheurs dans ce domaine et, une opportunité de traiter secondairement les données déjà recueillies par certaines institutions locales. La constitution de cohortes ou les possibilités de mini-recensements « intracommunautaires » posent beaucoup moins de problèmes juridiques, ne serait-ce que parce qu'elles supposent une étroite collaboration avec les personnes enquêtées.

Malgré les difficultés qu'elle soulève, l'approche statistique est irremplaçable à plusieurs égards et en particulier pour dessiner les contours et la morphologie sociale des groupes locaux de populations susceptibles d'être ethnicisées ou racisées ; pour avoir une vision d'ensemble du niveau et du type de formation des personnes qui en font partie, ainsi que leurs modes d'insertion (ou d'exclusion) dans les marchés du travail et du logement. Cette vision globale portant sur quelques points essentiels peut ensuite être rapprochée des données disponibles sur leurs groupes de référence locaux, régionaux, nationaux (par classes d'âge, par sexes...) de manière à faire ressortir les similitudes et les écarts de situation. De la sorte, il est possible de faire apparaître certaines différences dans le devenir social des « minoritaires », qui peuvent alors être considérées, par hypothèse, comme des indices de discrimination « raciale ».

Prouver le caractère ethnique
ou « racial » des discriminations :
le testing

L'approche statistique, si elle permet de montrer l'existence de discriminations et, éventuellement, d'en évaluer l'ampleur, ne permet certainement pas d'apporter la preuve de leur fondement ethnique ou « racial ». Fournir cette preuve suppose de recourir à d'autres méthodes et en particulier au *testing* (Fix et Struyk, 1993) ou tests de discrimination[1]. Cette procédure de recherche couramment utilisée dans différents pays (Angleterre, États-Unis, Pays-Bas, Canada, Australie) permet de créer, dans la vie réelle, des situations expérimentales de manière à faire apparaître, au cours des interactions organisant l'accès à des ressources stratégiques (emploi, logement...), des discriminations en raison de caractéristiques non pertinentes à l'égard de la situation. Elle suppose le recours à une équipe de « testeurs » (deux ou trois) présentant, pour leurs interlocuteurs, des caractéristiques pertinentes identiques (âge, situation de famille, formation, revenus... selon les cas) et ne différant que par la ou les caractéristiques présumées susciter la discrimination (ethnicité, couleur de peau, genre, accent... selon la variable indépendante choisie). La présence ou l'absence de différence de traitement permet alors fonder une interprétation en termes de discrimination. En particulier, certaines données comportementales font l'objet d'une procédure de recueil et d'analyse systématique et rigoureuse : ainsi, qu'il s'agisse d'une demande d'emploi ou de logement, les différentes phases du processus sont précisément observées (prise de contact téléphonique, déroulement du rendez-vous, type de suites qui lui sont données), puis comparées.

À notre connaissance, le test de discrimination n'a jamais été pleinement expérimenté en France, malgré des sollicitations, depuis plusieurs années, du Bureau international du travail (BIT) (Bovenkerk, 1992) qui a favorisé l'introduction récente de cette approche dans différents pays européens (Allemagne, Espagne, Belgique, Danemark). Le recours à un tel « transfert de méthodologie » suppose bien évidemment de réunir certaines conditions, en particulier en termes de formation à cette nouvelle approche et d'analyse critique des travaux réalisés en ce domaine, de manière à en dégager les apports et les limites. Il suppose également de réunir des moyens matériels importants, ne serait-ce que pour l'embauche et la formation des « testeurs », surtout si l'on vise à apporter la preuve statistique de la discrimination.

---

1. Des « tests » de ce type sont aussi utilisés dans une perspective militante pour faire apparaître au grand jour des discriminations non reconnues et pour dénoncer nominalement des personnes ou des organisations. Il ne s'agit pas alors d'un usage à fin de recherche, qui suppose un protocole systématique et, généralement, un appareillage statistique.

Aux États-Unis, ce type d' « audits » comprend fréquemment plusieurs centaines voire plusieurs milliers de tests. Cependant, d'autres orientations plus qualitatives ont été développées, notamment au Canada, pour mettre en évidence les voies et les moyens de la discrimination (cf. par exemple, Henry et Ginsberg, 1985). À titre d'exemple, une paire de « testeurs » répondant à une offre de location devra être attentive aux différences de renseignements demandés aux candidats, d'accueil et d'informations qui leur sont données, de propositions qui leur sont faites, etc. En l'état actuel des choses, cette orientation qualitative semble moins complexe à introduire en France.

Expliciter les processus discriminatoires
et leurs motivations : des hypothèses fortes
et une démarche empirique inductive

Si la méthode du test de discrimination peut permettre de mettre en évidence le fondement ethnique ou « racial » de la discrimination, elle n'épuise pas les besoins d'information sur les processus discriminatoires et leurs motivations. Ce travail d'explicitation suppose le recours à des méthodes qualitatives. En s'appuyant sur l'analyse bibliographique, le recueil de discours et l'observation *in situ,* celles-ci visent à fournir aux chercheurs les moyens de reconstituer la scène qui se joue entre les différents acteurs en présence : restituer le contexte, sa configuration, ses enjeux ; confronter les points de vue des uns et des autres (discriminateurs, victimes, « initiés », hiérarchie, témoins passifs...).

Nous avons souligné ci-dessus, dans une perspective épistémologique, l'importance d'une construction progressive des catégories d'analyse de l'ethnicité, par un va-et-vient entre repères théoriques forts et observations de terrain. Cette démarche empirique inductive n'est pas sans point commun avec certaines méthodologies qualitatives beaucoup plus développées aux États-Unis et au Canada qu'en France, comme la *grounded theory* (ou « théorisation ancrée ») (Glaser et Strauss, 1967) ou l'approche « mixte » de Miles et Huberman (1991), qui visent à produire une théorie enracinée dans l'observation de cas empiriques considérés comme autant d'instances du phénomène social envisagé.

Cette approche méthodologique repose sur un mode d' « échantillonnage » qui ne vise pas au contrôle de l'ensemble des paramètres pour la vérification d'hypothèses (« toutes choses étant égales par ailleurs... »), mais à jouer sur les similitudes et les contrastes entre les groupes et les situations, afin de préciser et de fonder des catégories d'analyse et des concepts opératoires émergents. L'accent mis sur les similitudes vise à établir les catégories de base et leurs propriétés, et la recherche de contraste permet d'élargir les variations du phénomène et ainsi de spécifier et d'élargir la portée des catégories conceptuelles produites (Laperriere, 1997). D'où l'importance du recours à des terrains d'enquête variés, incluant des points de comparaison situés dans d'autres contextes nationaux.

CONNAÎTRE LES DISCRIMINATIONS POUR LES COMBATTRE

On ne peut dissocier les élaborations scientifiques des conditions sociales de leur production. Or il existe des difficultés spécifiquement françaises qui handicapent la recherche dans notre domaine d'étude. Les contraintes juridiques et politiques qui pèsent sur le traitement de la question des rapports interethniques et la relative marginalité académique et sociale de ce champ de recherche ont abouti à créer un décalage entre une demande sociale croissante et une position de retrait de la production sociologique en grande partie orientée par la commande publique.

La sortie de ce hiatus suppose aujourd'hui, de réunir les conditions nécessaires à l'exploration de nouvelles pistes méthodologiques. Deux d'entre elles nous semblent particulièrement importantes :

— La première concerne la possibilité de constituer, légalement et légitimement, des dispositifs microstatistiques prenant en compte des paramètres ethniques, voire « raciaux » lorsque ceux-ci correspondent à des catégories massivement utilisées par les acteurs sociaux pour orienter et justifier leurs actions. La Loi informatique, fichiers et libertés doit de toute façon être revue à des fins d'harmonisation européenne. Cette occasion devrait être saisie pour envisager et définir enfin les conditions d'exercice des activités de recherche, dans ce domaine comme dans d'autres.

— La seconde porte sur l'introduction en France des méthodes de *testing*. Malgré les demandes réitérées du Bureau international du travail et les propositions que nous avons faites de programme d'expérimentation de cette méthode, les organismes financeurs français n'ont jamais voulu s'engager dans cette voie. Les différents observatoires des discriminations mis en place à l'échelle européenne et à l'échelle française, offriront peut-être l'occasion de réenvisager cette perspective.

Si les possibilités de développement de ces pistes de travail relèvent en grande partie de la responsabilité de l'État, celle-ci est encore plus nette concernant la perception sociale des discriminations fondées sur les origines, réelles ou supposées. Quelles que soient ses limites, le travail accompli ces dernières années pour lutter contre les discriminations sexistes n'a pas d'équivalent dans le domaine des discriminations ethnistes et racistes. Les campagnes de lutte contre le viol, le harcèlement sexuel, les écarts sexués en termes de salaires ou de déroulement de carrière ont commencé à remettre en cause le caractère « normal », « naturel », de telles pratiques. Tout ceci reste à faire dans notre domaine. En particulier, un des principaux enjeux actuels nous semble se situer dans la libération de la parole des victimes. La possibilité – encore très fragile – pour les femmes d'exprimer légitimement leur refus des discriminations sexistes n'a rien d'un phénomène spontané. Elle résulte de choix politiques et de luttes sociales. Il reste aujourd'hui à créer un cadre qui permette aux victimes des discriminations ethnistes ou racistes, de faire reconnaître leur souffrance et entendre leur colère.

L'État ne peut pourtant pas être tenu pour seul responsable de cette situation qui concerne la société civile dans son ensemble et les institutions qui la structurent. L'exemple des luttes contre les discriminations sexistes montre toute l'importance d'un mouvement social, pour faire évoluer les représentations, les pratiques et la législation. Rappelons cependant que le mouvement autonome des femmes, tel qu'il s'est développé après Mai 1968 en France, n'a pas été accueilli spontanément « à bras ouvert » par les organisations syndicales et politiques. L'émergence d'un grand mouvement social antiraciste, qui ne se situe pas uniquement sur un terrain idéologique, constitue donc un enjeu d'importance.

Point de vue

8. CONTRE L'INÉGALITÉ RACISTE :
UN UNIVERSALISME EN ACTE

Depuis quinze ans, dans un contexte global de puissante ethnicisation des rapports sociaux, un mélange de bonnes paroles et de tactiques politiciennes a laissé un libre espace de déploiement aux discriminations et ségrégations quotidiennes, ouvertes ou voilées. En effet, la crainte de favoriser, fut-ce par « effet-pervers », la progression électorale du Front national a confiné l'action publique contre le racisme à la contestation idéologique, à l'appel aux valeurs républicaines et aux calculs politiciens. La mobilisation antiraciste des années quatre-vingt a été étouffée sous la politisation « noble » et les excitations médiatiques autour des réponses « responsables » qu'il convenait d'apporter à l'extrême droite. Les luttes discursives, essentielles mais sans immédiate productivité sociale, ont été privilégiées, tandis que les mouvements de solidarité ont porté sur le droit au séjour des étrangers, fortement menacé. Or, s'il est indispensable d'affronter l'idéologie raciste et ses transformations, il urge d'en combattre les modes d'expression directs et indirects et, plus encore, d'en enrayer les effets concrets. Ceci suppose la mise en place de dispositifs publics de lutte contre les discriminations et d'égalisation des chances.

Or, depuis le début de l'année 1999, le gouvernement français a dénoncé ces discriminations et progressivement créé des instances destinées à les enrayer.

Au silence et aux dénégations qui jusqu'alors accueillaient les plaintes des victimes, succède une dénonciation tous azimuts de discriminations tantôt présentées comme l'expression d'une déviance idéologique, tantôt comme le résultat de préjugés, tantôt comme des pratiques « innocentes » et involontaires qu'une information efficace et de la simple bonne volonté suffiraient à réformer. Cette conception des discriminations, si elle représente indéniablement un progrès par rapport à l'aveuglement antérieur, ne prend pas la mesure du problème. Elle néglige le poids propre des institutions et de l'appareil d'État lui-même dans la production des inégalités « raciales » et elle ne prend pas la mesure de la consistance proprement raciste des discriminations, à savoir la production et la reproduction d'un rapport social de domination qui imprègne et structure la société dans son ensemble.

Il était certes temps que les plus hautes institutions et responsables de l'État dénoncent enfin fermement les pratiques ethnistes et racistes qui se sont développées quasi librement au sein de la société française à l'abri de la bonne conscience que fournissait le prétendu « modèle républicain ». La phase actuelle, cependant, est celle des positionnements de principe accompagnés systématiquement d'un « marquage territorial », chacun cherchant à limiter les interventions extérieures en s'autoproclamant à la fois résolu à se battre et expert pour intervenir en son propre sein.

Les partenaires sociaux comme les grandes administrations et les ministres eux-mêmes sont prompts à dénoncer les déviances des autres : celles des employeurs ou des propriétaires de boîtes de nuit, de commerces ou de logements... Mais chacun cherche surtout à éviter toute incursion qui pourrait dévoiler ses pratiques « ordinaires » (ou moins ordinaires) directement ou indirectement discriminatoires. Or, c'est bien au sein même de ces instances officielles et à travers elles que le racisme – reconnu, ignoré ou dénié – produit ses effets les plus structurants en termes d'ordre et de hiérarchie socio-ethniques. Car ces institutions sont grandes pourvoyeuses de catégorisations *pratiques*, construites dans et pour l'action. Elles produisent quotidiennement des catégories de classement qui servent à orienter et à justifier les pratiques de leurs agents et sont généralement des condensés où se mêlent préjugés, interprétations et généralisations abusives. L'activité classificatoire de ces instances construit des ressemblances et des différences, c'est-à-dire des frontières entre des groupes réels ou inventés par la rationalité ou l'irrationalité bureaucratique. Elle est d'autant plus efficace qu'elle rejoint souvent les croyances et stéréotypes infondés qui circulent à propos des groupes victimes de traitements inégalitaires. Ainsi, les discriminations indirectes, celles qui relèvent de comportements professionnels routiniers, perpétrés ou abrités par des administrations et des institutions, étatiques ou non, ne sont-elles ni corrigées ni sanctionnées. Elles sont généralement inaperçues, intégrées comme « allant de soi » ou comme « nécessaires » au bon fonctionnement des services. Ce sont ces situations qui finissent par être vécues pour ce qu'elles sont par ceux qui en sont victimes : une discrimination à l'état de système. Les dispositifs mis en place depuis 1999 peuvent ainsi être analysés simultanément comme une reconnaissance de faits jusqu'ici « ignorés » et comme une diversion, un moyen de contenir des revendications sociales plus radicales en faveur de l'égalité.

Pour que la lutte contre le racisme et les discriminations quotidiennes soit effective, il convient de sortir des effets d'annonce et de bien prendre conscience de ce que la mise en place de politiques dans ce domaine signifie. Or, trop souvent, on se réfère, pour les valoriser ou les dévaloriser, à des notions mal traduites, mal comprises et sorties de leurs contextes historico-politiques, pour évoquer les programmes mis en œuvre aux États-Unis dans les années soixante puis au Canada, en Grande-Bretagne, aux Pays-Bas, en Belgique... depuis les années quatre-vingt. Nous n'évoquerons ici que marginalement le poids propre de chacune des histoires étatico-nationales et coloniales sur la définition des mesures contre les inégalités racistes, mais il est absolument nécessaire de rappeler que celles-ci en sont directement tributaires : ce qui est fait aux États-Unis entre dans le cadre d'une société qui fut à la fois coloniale, faiblement centralisée et esclavagiste ; la Grande-Bretagne, comme la France, fut une métropole impériale, mais leurs modes d'administration coloniale furent sensiblement différents ; le Canada, la Belgique, les Pays-Bas et, dans un certaine mesure, le Royaume-Uni sont originellement (voire constitutionnellement) des sociétés pluralistes...

L'ÉVOLUTION DES POLITIQUES PUBLIQUES FRANÇAISES :
DU « TOUT-INTÉGRATION »
À LA PRISE EN COMPTE PARTIELLE
DES DISCRIMINATIONS[1]

Si la tendance à l'ethnicisation, voire à la racisation des rapports sociaux qui travaille la société française, est désormais assez bien reconnue dés lors qu'il est question de dénoncer les « bandes ethniques » constituées par les « sauvageons » de nos banlieues, elle est moins souvent perçue comme la source même des inégalités subies par les groupes et les individus ethnicisés ou racisés. En ce domaine, la réponse officielle relève généralement de la réaffirmation de l'égalité de chaque individu devant la loi et par la loi ; donc de l'égalité des droits, mais aussi, et de plus en plus, des devoirs, comme en témoignent les débats autour de la répression des « incivilités » et autres délits attribués aux jeunes des « classes dangereuses ».

Le « modèle républicain », qui se présente pourtant comme « idéal typique », relève plus d'un discours performatif, d'une injonction adressée aux pouvoirs publics comme aux immigrés et à leurs descendants pour qu'ils se conforment à un schéma assimilationniste, que d'une analyse de la réalité sociale (Lorcerie, 1994). L'omniprésente référence à ce « modèle » n'entrave certes pas les manifestations de racisme ou d'ethnisme, mais elle délégitime les expressions collectives des minoritaires, soupçonnés de « repli communautaire », voire de « communautarisme » dissident. Elle en vient ainsi à constituer un système d'intimidation qui interdit tout mouvement social revendicatif de la part des groupes minoritaires, sans leur fournir les moyens de combattre l'inégalité et l'oppression dont ils sont victimes. Cette contradiction entre l'affirmation de l'égalité des droits et la tendance actuelle à l'ethnicisation des rapports sociaux suscite parmi les populations d'origine étrangère, des réactions qui vont du scepticisme à l'opposition, parfois violente, à l'égard des discours et dispositifs qui célèbrent l' « intégration ». L'écart entre leur expérience quotidienne et le prône « républicain » provoque la défiance envers un langage perçu comme manipulateur et délibérément aveugle aux discriminations. Mais cette contradic-

1. Cf. *supra,* chap. 1.

tion induit aussi une inquiétude croissante parmi les acteurs institutionnels qui ont en charge l'application des politiques sociales. Car, s'ils proclament généralement leur attachement à l'individualisme universaliste, ils sont aussi conduits à tenir compte des stigmates ethniques ou « raciaux » dans leur action quotidienne, ne serait-ce, parfois, que pour tenter d'en compenser les effets inégalitaires.

Contrairement à ce que l'on affirme généralement, le recours à l'ethnicité au niveau local a déjà une histoire en France, même si elle est méconnue (comme est aussi occultée l'administration proprement ethniste et raciste des colonies). Pour s'en tenir à l'immigration, les migrants polonais de l'entre-deux-guerres ont même développé des formes de structuration communautaire très importantes et pour partie soutenues par les pouvoirs publics, locaux et nationaux.

Cependant, la phase actuelle de la mobilisation de l'ethnicité dans les rapports sociaux présente certaines particularités par rapport aux périodes antérieures. Elle n'est plus suscitée par la gestion patronale de la main-d'œuvre, comme dans les cités ouvrières du nord de la France, ni par l'action de l'État du pays d'origine en direction de ses ressortissants. Cette ethnicisation est produite par les politiques publiques françaises, telles qu'elles se sont développées à la faveur de la remise en cause partielle du modèle jacobin centralisateur, depuis le début des années quatre-vingt, via les transferts de compétences vers les échelons supranationaux européens, d'une part, et vers les collectivités territoriales, dans le cadre de la décentralisation, d'autre part. Décentralisation et déconcentration ont renforcé le pouvoir urbain des échelons locaux, et donc, leur rôle direct ou indirect dans certains mécanismes de discrimination et de ségrégation. Elles ont, dans le même mouvement, favorisé le développement d'un clientélisme politique et social. Le clientélisme politique entraîne des formes de discriminations ethnistes, comme les quotas appliqués au nom du « seuil de tolérance », de la recherche de la mixité ou de la diversité, selon les registres argumentaires utilisés. Quant au clientélisme social, il a été favorisé par l'émergence de la politique de la Ville qui, parallèlement à l'extinction des institutions spécifiquement en charge des « travailleurs immigrés », a suscité l'apparition de « spécialistes » de l'immigration, au cœur même des dispositifs de la gestion des espaces publics locaux. Dans ce cadre, une lecture ethnicisée des réalités locales s'est généralisée, qui se traduit souvent par une « sous-traitance » de l'action publique par les « structures communautaires » associatives.

Ces institutions, centrées sur les zones de ségrégation sociale et ethnique, concentrent ainsi une sorte de « schizophrénie » de l'appareil d'État, partagé entre un discours officiel et les pratiques réelles de ceux qui, à la base, sont investis de quelques parcelles de la puissance publique. À cet égard, les Schémas locaux d'intégration, mis en place par le Fonds d'action social en région Nord-Pas-de-Calais, offrent un exemple éclairant. Réaffirmant l'existence du « modèle français », ils constatent sa faible efficience locale et un rejet massif des discours sur l'intégration par les populations ethnicisées auxquelles ils s'adressent et qui les reçoivent avant tout comme un discours stigmatisant, velléitaire, ne remettant pas en question l'ordre social qui les marginalise. Catherine Neveu (1997) montre que ces dispositifs sortent du cadre habituel de référence à l'intégration-assimilation, en prenant en compte ce qu'elle nomme la « racialisation de l'imaginaire social », comme facteur spécifique de discrimination. Dès lors, les difficultés de l'intégration ne sont plus interprétées (uniquement) en termes de caractéristiques propres aux populations réputées « immigrées », mais (aussi) d'incapacité de la société française et de ses institutions à enregistrer et gérer la diversité ethnique.

Le passage d'une problématique de l'intégration-assimilation à celle de la lutte contre les discriminations suppose de reconnaître que, dans le contexte actuel, la tradition d'occultation du registre ethnique se transforme en préjudice. Non seulement elle ne suffit pas à garantir l'égalité des chances, mais elle masque le poids des représentations et des pratiques ethnicisantes, tant dans les relations sociales que dans les pratiques institutionnelles. Mais ce constat ne rend pas plus aisée l'adoption de politiques de prévention ou de correction des inégalités ethniques ou « raciales », dans la mesure où le cadre juridique interdit la prise en considération explicite des groupes en situation minoritaire. La voie choisie pour concilier le noyau paradigmatique constitué autour de la citoyenneté universelle et du principe formel d'égalité individuelle, d'une part, avec la promotion de l'égalité réelle, d'autre part, s'organise politiquement autour de dispositifs de « lutte contre l'exclusion », « contre les inégalités » ou « pour la citoyenneté »... qui visent des publics définis par des situations sociales et économiques, souvent géographiquement circonscrites. La politique de la Ville fournit la plus grande part de ces dispositifs qui ont pour objectif de « compenser les handicaps territoriaux », comme les « Zones d'éducation prioritaires », les « Zones urbaines sensibles » ou les « Zones franches ». Ces « bricolages » permettent de mettre en œuvre, sur une base territoriale, ce que les conseillers d'État appellent le principe de « discrimination justifiée ».

Cependant, depuis quelques mois, un discours gouvernemental qui ne se limite pas à la revendication du principe de « discrimination justifiée » est apparu. De la sorte, les responsables du ministère de l'Éducation nationale revendiquent comme une « discrimination positive » les dispositifs de Zones d'éducation prioritaire, reprenant ainsi une catégorie politique opérationnelle états-unienne, sans en mesurer les conséquences.

AUX ÉTATS-UNIS, L'*AFFIRMATIVE ACTION* :
LA RECHERCHE D'UNE ÉGALISATION
DES DROITS ET DES CHANCES

Aux États-Unis, l'*affirmative action* a été mise en œuvre dans la foulée des grandes réformes juridique et institutionnelle concernant les droits civiques menées dans les années soixante et soixante-dix par les gouvernements démocrates en réponse aux mouvements sociaux noirs et aux émeutes des ghettos. Elle s'est inscrite, plus largement, dans une politique sociale d'ensemble dite de « grande société » *(Great Society)* qui se donnait pour objectif la « guerre à la pauvreté ». Dès 1961, John F. Kennedy promulguait un décret contraignant les entreprises passant contrat avec l'État fédéral à prendre des dispositions pour favoriser l'embauche de membres de groupes minoritaires et à mettre fin aux pratiques discriminatoires. Au fil des ans, cependant, il est apparu que ces incitations étaient insuffisantes pour corriger des inégalités structurelles qui s'auto-reproduisaient et défavorisaient de génération en génération les individus appartenant aux groupes ethniques minoritaires, et tout particulièrement les Noirs, dans la compétition interindividuelle : « Vous ne pouvez pas prendre une personne qui, pendant des années, a été handicapée par des chaînes, la libérer et la placer sur la ligne de départ en lui disant qu'elle est libre d'entrer en compétition avec les autres », déclarait ainsi le président Lyndon Johnson en 1965. L'*affirmative action* a alors évolué d'une conception individualiste de l'égalité des droits vers une compensation délibérée et collective des injustices du passé et du préjudice actuel, phase considérée comme une condition préalable pour l'accès à l'égalité.

L'analyse des résultats de cette politique volontariste de réduction du racisme institutionnel est d'autant plus malaisée que celle-ci a subi diverses inflexions avant d'être pratiquement démantelée.

Elle a d'abord été élargie à toute une série de groupes minoritaires qui ont fait valoir les désavantages historiques et structurels dont ils étaient victimes. En même temps, elle s'est fragmentée sous l'effet de la promotion particularisante de l'*ethnic pride* (« fierté ethnique ») et de l'abandon progressif des références socio-économiques englobantes, de classe, notamment (Glazer et Moynihan, 1975). Sous l'impulsion de l'administration Nixon, l'objectif de « neutralisation » des imputations « raciales » et ethniques, qui prévalait au début de l'*affirmative action*, a été abandonné au profit d'une logique de classification raciale systématique. C'est ainsi qu'ont été institués les rares dispositifs de « discrimination positive »[1], comme les quotas « raciaux » pour l'accès aux universités de la côte Ouest qui ont été interdits dés 1977 (Thermes, 1999). Enfin, alors que les transformations économiques et sociales poussaient à la rivalité entre minoritaires, et donc à la consolidation des barrières ethniques, le désengagement des instances fédérales est venu vider de leur contenu une bonne part des dispositifs de départ.

Il n'en reste pas moins que cette politique a connu de réels succès : le racisme a beaucoup perdu en légitimité sociale et la discrimination directe a régressé. Les femmes noires et les fractions de la population noire intégrées dans le procès de travail, surtout les classes moyennes, ont directement bénéficié des mesures promotionnelles.

Dans le même temps, il est vrai, la désindustrialisation des centres-villes, la montée du chômage et de l'emploi précaire, en particulier chez les travailleurs les moins qualifiés, la diminution drastique des crédits sociaux sous le gouvernement Reagan ont aggravé considérablement les conditions de vie et les chances de mobilité sociale du prolétariat des ghettos. Mais les effets négatifs de ces mutations ne sont pas immédiatement rapportables à l'*affirmative action*.

---

1. Contrairement à ce que l'on croit souvent en France, les mesures de « discrimination positive » à proprement parler, ne sont autorisées aux États-Unis comme en Grande-Bretagne qu'en certains domaines sociaux et pour certains groupes, par exemple pour les handicapés (comme en France, d'ailleurs). Elles y sont en fait, comme les quotas stricts, interdites en matière de genre et de minorité ethnique.

Il est aisé de critiquer l'*affirmative action* américaine, en soulignant l'ambiguïté – voire les contradictions – de ses orientations
comme de ses résultats (De Rudder, Poiret, 1999). On aurait tort,
néanmoins, de regarder les effets indésirables de cette politique
comme preuves de l'inapplicabilité de toute mesure volontariste de
correction des discriminations. Au contraire, en tenant compte des
contextes historico-politiques qui distinguent la France des États-
Unis, de la Grande-Bretagne, etc., il importe de tenter d'en tirer des
leçons.

L'*affirmative action* états-unienne a surtout bénéficié à ceux qui,
parmi les minoritaires, étaient déjà les mieux armés dans la compétition économique. La polarisation sociale au sein de ces groupes s'en
est trouvée accrue sans que les frontières ethniques ne s'assouplissent
pour autant. La combinaison de l'action positive avec la politique de
« guerre à la pauvreté » a fini par faire émerger la figure de groupes
sociaux démunis, à la dérive ou franchement déviants, tout particulièrement les « pauvres noirs ». L'apparition du terme *underclass* a
sanctionné la stigmatisation de cette population massivement
assignée à un chômage durable et de plus en plus isolée dans ses
quartiers délabrés (Wilson, 1994).

En France, la définition actuelle des politiques antidiscriminatoires et sociales paraît fort différente. Celles-ci ont d'abord
combiné une approche spatialisée, visant à compenser les handicaps économiques et sociaux associés à la ségrégation résidentielle
(sociale, mais aussi, de fait, ethnique) et une approche dite de
« lutte contre l'exclusion » qui tente d'amender le caractère cumulatif et reproductif de ces handicaps (scolarité et formation professionnelle, aides sociales, incitations à l'implantation d'entreprises...). Elles ne distinguent pas explicitement des groupes
ethniques mais définissent des territoires d'action. Ainsi, à la différence de ce qui s'est passé aux États-Unis, aucun secteur urbain
n'a été complètement délaissé par les pouvoirs publics. Aujourd'hui
s'y ajoute un volet plus explicitement antidiscriminatoire, dans
lequel sont normalement impliqués les ministères et les grandes institutions, aux côtés des associations ou syndicats « invités » à parti-

ciper aux divers organismes créés, notamment les Commissions départementales d'accès à la citoyenneté (CODAC) établies dans chaque préfecture.

L'approche territoriale entraîne un risque de « surlocalisation du social » (Belbahri, 1984), processus par lequel les problèmes sociaux locaux sont définis sans relation avec l'ensemble sociétal dont ils sont à la fois le produit et l'expression. De même, les analyses politiques (et sociologiques) de l'exclusion tendent à faire apparaître les « exclus » comme des populations « caractéristiques », définies par leur extériorité par rapport à la société globale et à ses évolutions – et aujourd'hui, surtout, par les risques sociaux qu'ils représenteraient – tandis que les processus et les rapports sociaux qui produisent la marginalisation sociale sont passés sous silence. Le stigmate territorial sanctionne d'ailleurs cette tendance qui s'exprime, notamment, par des refus d'embauches fondées sur le lieu de résidence. Dans le même mouvement, des analyses en termes culturalisants resurgissent, qui font état de dispositions spécifiques des populations reléguées à l'égard du travail, de l'institution familiale, de la discipline... toutes descriptions dépréciatives connues aux États-Unis sous l'intitulé « culture du ghetto ».

Quant à la politique de la ville, censée répondre à un vaste ensemble de problèmes sociaux, elle a, comme nous l'avons vu, ses propres ambiguïtés en matière d'ethnicisation et de racisation. Tout se passe en fait comme si un processus souterrain d'ethnicisation globale de la partie du prolétariat exclue de l'emploi et ségrégée, tendait à se développer.

La prise en compte de ces évolutions et de ces risques permet de préciser les données du problème. D'un côté, l'occultation des discriminations ethnistes et racistes finit par les cautionner de fait. Ce *statu quo* nourrit des « différencialismes », minoritaires comme majoritaires, lesquels consolident les hiérarchies. D'un autre côté, l'expérience états-unienne montre que les politiques de lutte contre ces discriminations peuvent, lorsqu'elles définissent des groupes défavorisés sur des critères univoques (la « race », l'ethnicité, l'*underclass* ou les « exclus »...) rater pour partie leurs objectifs et contribuer tant au renforcement des frontières ethniques ou « raciales » qu'à la fragmentation sociale.

La voie entre ces deux écueils est donc étroite, qui permet de combattre les effets concrets du racisme ou de l'ethnisme, sans redoubler leur impact par désignation institutionnelle des catégories de populations que ceux-ci prennent pour cible. Pour rendre « visibles » les minorités, les Québécois les comptent et se comptent eux-mêmes. C'est en utilisant la même logique circulaire, ici celle de la phénotypie, que sont mises en œuvre des mesures destinées à corriger les inégalités : c'est du fait du racisme que les groupes minoritaires sont discriminés et c'est au nom du même racisme que leur sont proposées des mesures compensatoires. Privés de leur humaine universalité par la minorisation qu'impose le racisme, on peut cependant douter que ce soit par le recours au même registre que les minoritaires puissent redevenir universels.

L'orientation choisie, en France, qui sélectionne des critères sociaux de « discrimination justifiée » et qui conserve l'axiologie universaliste, tout en l'appliquant à des espaces concrets, semble offrir, au moins dans le contexte historique et politique de ce pays, une issue raisonnable. Elle n'en est pas moins, actuellement, trop abstraite, et, de ce fait, elle encourt le risque de prolonger les politiques coloniales, dans lesquelles l'idéal de la civilisation libératrice a couvert et justifié l'ordre social raciste. Pour qu'elle cesse de se cantonner aux déclarations de principe, plus intimidantes qu'efficientes, il est nécessaire que le racisme en acte – soit les exclusions et les discriminations – ne soit pas traité comme un problème « à part », une sorte d'épiphénomène, grave certes, mais sans rapport direct avec les autres processus inégalitaires généraux, y compris ceux qui procèdent ou accompagnent la ségrégation territoriale à grande échelle qui sévit en France.

Et elle doit être posée publiquement comme un problème politique global, concernant l'ensemble de la population de la France et relevant de ce que le Conseil d'État nomme l' « intérêt général » et William J. Wilson un « problème d'organisation sociétale ».

Les politiques de la ville ou de « lutte contre l'exclusion » se présentent pour partie comme des « actions positives » en ce sens qu'elles mettent en place des mesures de « rattrapage » des inégalités. Leurs effets sont pour le moins limités pour ce qui concerne le traitement et la prévention des discriminations, tandis que diverses institutions pratiquent des « bricolages » ethniques sans cadre normatif et totalement inévaluables. Le récent dispositif de lutte contre les discriminations tend encore à les considérer comme des « cas » à traiter, et non comme des obstacles sociaux à l'égalisation des chances.

L'adoption d'une politique volontariste de réduction des inégalités ethniques et « raciales » exige plus de clarté, ne serait-ce que pour être soumise à un débat démocratique. Surtout, elle requiert impérativement la pleine prise en compte des effets structurants de la reproduction intergénérationnelle des inégalités sociales à base ethnique ou « raciale ». L'approche individualiste (un auteur / une victime), même lorsqu'elle met en cause des représentants des institutions publiques, interdit pratiquement que l'on s'attaque aux discriminations indirectes comme aux diverses formes du racisme institutionnel, plus encore au racisme systémique.

La clarification du débat suppose aussi de reconnaître qu'il n'a, en fait, jamais été question, en France, en dépit de quelques déclarations d' « affichage » pour le moins imprudentes, de mettre en place des dispositifs de « discrimination positive ». Ce type de politique se caractérise par l'adoption de quotas préférentiels réservés à tel ou tel groupe minoritaire, ce qui suppose l'établissement préalable de statistiques de référence, et donc, pour ce qui nous intéresse ici, de dénombrements ethniques ou « raciaux » pour chaque domaine où il est censé s'appliquer. On n'imagine guère que de tels décomptes puissent être officialisés sans rencontrer l'opposition d'une majorité de Français. Quoi qu'il en soit, la « discrimination positive », au sens propre, implique une démarche de définition de catégories fermées et exclusives qui ne tient guère compte du caractère pluridimensionnel des rapports sociaux de domination et qui réduit les relations interethniques à leur seule mode de régulation juridique. À cet égard, la focalisation médiatique du débat français sur la seule « discrimination positive » apparaît comme un reflet inversé et un faire-valoir de la démarche des théoriciens du « modèle républicain d'intégration » qui, en tendant à réduire le social à sa seule dimension juridico-étatique, ignorent les multiples ajustement qui naissent dans le cours des relations interethniques.

Plutôt que de nommer indûment « discrimination positive » – ce qui contribue à les disqualifier comme s'il s'agissait de faveurs – des mesures destinées à restaurer plus d'égalité interethnique, on pourrait s'interroger enfin, en France, sur l'inclusion d'une « action positive » dans une politique plus générale de réduction des inégalités.

Depuis quelques mois, le gouvernement français semble, à l'instar d'autres pays européens, chercher les voies d'une lutte plus efficace contre les discriminations racistes, ethnistes et xénophobes. On ne peut que se réjouir de voir enfin reconnus, au plus haut niveau de l'État, l'ampleur et le caractère inadmissible de pratiques largement répandues mais jusqu'ici occultées. Il y a là comme une lézarde dans la bonne conscience assimilationniste des pouvoirs publics. Oui, les inégalités illégales touchent massivement non seulement des étrangers mais aussi des Français qui ne sont pas vraiment acceptés comme tels. Oui, il y a urgence à engager une véritable politique d'égalisation des chances qui prenne en compte le poids des représentations et des pratiques racistes, tant dans la société civile qu'au sein des institutions. Oui, il s'agit d'un enjeu majeur pour l'égalité et la démocratie, donc pour l'ensemble des habitants, citoyens ou non, de ce pays.

Les orientations gouvernementales actuelles risquent, toutefois, de méconnaître l'ampleur des problèmes, de manquer leurs objectifs affichés et, surtout, de susciter une immense déception, à la mesure de l'attente qui s'est brusquement manifestée au grand jour lors de l'ouverture de la ligne téléphonique gratuite destinée à recueillir plaintes et témoignages. Les mesures concernant le logement ignorent les processus de ségrégation qui produisent les quartiers de relégation. La charge de la preuve n'est pas inversée, tout juste aménagée, ce qui laisse encore aux discriminateurs comme aux tribunaux toute latitude pour se réfugier devant l'insuffisance de démonstration des faits incriminés. Les pouvoirs des inspecteurs du travail sont élargis, mais leur nombre notoirement insuffisant n'est pas accru et ils sont déjà débordés. Les discriminations indirectes ne sont pas même prises en considération, en attendant sans doute que le Groupe d'étude des discriminations, institué en 1999, ait mené sur ce sujet toutes les recherches nécessaires... Les écoutants du « numéro vert » (114) n'apportent aucune aide puisqu'ils ont pour fonction de trier les appels et de les distribuer dans les Commissions départementales d'accès à la citoyenneté, chargées, elles, de les « traiter ». Ce dispositif hyperinstitutionnel supposerait, pour être réellement efficace, une énorme mobilisation d'instances (police, justice, éducation nationale, logeurs et employeurs publics et privés, etc.) qui, aujourd'hui encore, exercent quotidiennement des formes directes ou voilées de racisme dont les effets inégalitaires sont macrosociaux.

Si un dispositif volontariste de correction des inégalités et de lutte contre les effets pratiques du racisme n'est pas mis en place, ces mesures ne feront qu'aggraver la faillite d'une politique qui se prétend d' « intégration » des immigrés et de leurs enfants, mais qui a pour effet de concourir à leur marginalisation. Car il ne suffit déjà plus de « reconnaître » l'existence des discriminations, même si leur étude est encore nécessaire après une si longue ignorance volontaire. Il faut d'emblée engager l'action et, pour cela, l'analyse des dispositifs publics de lutte contre le racisme et les discriminations mis en place dans d'autres pays européens peut aider à dégager quelques éléments d'orientation essentiels.

Il convient, d'abord, de reconnaître que la législation actuelle est inefficiente parce qu'elle est à la fois inappliquée et inadaptée. Deux modifications, à tout le moins, doivent être mises en chantier d'urgence : la charge de la preuve ne doit plus incomber aux seules victimes, lesquelles ne peuvent presque jamais l'apporter ; la définition légale de la discrimination doit inclure les pratiques qui, sans intention de nuire, engendrent des inégalités « raciales » ou ethniques plus ou moins systématiques, voire structurelles. Ce faisant, il ne s'agit certes pas de diluer les responsabilités individuelles mais de compléter la législation pénale qui permet (parfois) de condamner des racistes par une législation civile permettant de condamner du racisme. Mais il faut aussi rompre avec les sempiternelles justifications des inégalités par la fatalité des effets de « la crise » ou par les caractéristiques des victimes elles-mêmes, généralement soupçonnées d'utiliser l'accusation de racisme pour masquer leurs propres insuffisances. Il faut cesser de considérer comme anecdotique le récit des exclusions, des humiliations, des plaisanteries et des multiples formes de harcèlement « racial » quotidien. Il faut, enfin, accepter de prendre au sérieux les témoignages des victimes, aujourd'hui systématiquement suspectées de mensonge, d'exagération ou de paranoïa.

On sous-estime les effets sociaux catastrophiques que la tolérance résignée à l'égard des discriminations ethnistes et racistes provoque chez leurs victimes, souvent nées ou élevées dans un pays dont elles épousent les idéaux proclamés. Il a fallu tout l'attrait moral du « modèle » républicain égalitaire, et sa puissance d'intimidation, pour que n'éclate pas jusqu'ici plus violemment le rejet d'un ordre social raciste de fait. Renvoyées à leur sort individuel, ces victimes ressentent leur oppression comme une contradiction intolérable ou elles l'intériorisent comme un destin. Ceci tend à les conduire soit au renoncement et au repli, que l'on a beau jeu de condamner aussitôt comme « communautaire », soit aux comportements de révolte ou de rupture (violences « urbaines », délinquance, voire terrorisme) traités par l'appel à la répression.

De même il faut mesurer l'étendue du malaise qui saisit aujourd'hui nombre d'agents des services publics (enseignants, éducateurs, formateurs, agents de l'ANPE ou des missions-emploi...). Ils se trouvent démunis de moyens pour combattre les discriminations qui sapent leur action quotidienne et frappent de jeunes Français que rien – sauf la couleur ou l'origine réelle ou supposée – ne distingue de leurs congénères avec lesquels ils vivent et qui, eux-mêmes, sont déjà pour partie privés de formation, d'emploi, de sécurité, d'avenir, de dignité... (ce qu'on appelle confusément l' « exclusion »).

Enfin, la dégradation des relations professionnelles qu'induisent les comportements racistes dans les administrations et les entreprises est par trop négligée. Bien des agents des services publics et des militants syndicaux se retrouvent isolés lorsqu'ils veulent protester contre des comportements discriminatoires. Ceux qui en appellent au droit et à l'*ethos* républicain endurent railleries et marginalisation au sein de leur collectif de travail et parfois jusqu'à l'intérieur de leur section syndicale. Cette pression s'apparente, toutes proportions gardées, à celle subie par les victimes directes du racisme, qu'elles soient leurs collègues, leurs clients ou leurs interlocuteurs. Eux aussi sont confrontés à la dépréciation personnelle et au doute sur leurs propres capacités.

Des enquêtes menées en France et des comparaisons européennes[1] sur la lutte contre les discriminations, il ressort que seule une autorité officielle, pluraliste et indépendante, pourrait répondre aux exigences d'une nécessaire « action positive » en faveur de l'égalité. Quatre missions essentielles, complémentaires et articulées entre elles, pourraient définir le champ d'intervention d'un tel organisme.

1. Cf. notamment John Wrench (1996 et 1997 *a*).

L'une de ces fonctions, qui semble presque acquise, concerne l'étude et l'analyse des discriminations. Il s'agirait de rassembler les connaissances et de susciter des recherches : pour inventorier les modalités et évaluer l'ampleur et les effets des discriminations directes ; pour analyser les effets des discriminations indirectes qui résultent de comportements non intentionnels ; pour traiter des formes de racisme dites « institutionnelles » (inscrites dans la routine des administrations ou des institutions) ou « systémiques » (héritées du passé, notamment colonial, et transmises de génération en génération).

Une deuxième mission consisterait à recueillir les témoignages des victimes, jusqu'ici disqualifiés, et des témoins, jusqu'ici abandonnés à leur impuissance. Cette fonction de recueil et d'écoute est essentielle. C'est elle qui manifesterait clairement la reconnaissance de l'injustice et participerait à l'illégitimation sociale des comportements discriminatoires. Il faut donc envisager la création d'un réseau de « bureaux des plaintes », comme il en existe dans différentes villes de Belgique, qui vienne en complément du numéro de « téléphone vert ». Quel que soit son coût, un tel dispositif conditionne la crédibilité d'une politique de lutte contre les discriminations, tout comme les dispositifs du type « SOS femmes battues » ou « enfance en danger » manifestèrent clairement la volonté politique de lutter contre les violences domestiques. Mais la collecte de ces expériences est aussi essentielle pour l'étude du racisme, étude qui a entièrement négligé, jusqu'alors, ce pan de la réalité du rapport social raciste.

Le recueil des témoignages implique un relais juridique. Les victimes et leurs défenseurs devraient pouvoir recevoir le conseil et l'assistance qu'ils vont chercher auprès des associations antiracistes et de solidarité qui croulent sous la demande, alors qu'il s'agit d'une mission de service public. Mais cet organisme devrait aussi pouvoir saisir directement la justice, voire se porter partie civile, seul ou aux côtés des victimes, associations, syndicats... Cette fonction juridique enrichirait la réflexion, nécessaire et reconnue comme urgente par le gouvernement français lui-même, sur le problème de la preuve et, au besoin, conduirait à des propositions de modifications législatives.

Enfin, cet organisme devrait être directement engagé dans la formation et l'éducation. Il ne suffit pas de former les agents des services de l'emploi ou les syndicalistes, il faut aussi agir en direction des bailleurs, des magistrats, de la police et des agents de tous les services publics, des entreprises (patrons, maîtrise et encadrement...).

Parallèlement, il serait nécessaire d'introduire à l'école, une véritable éducation antiraciste qui ne s'arrête pas aux dénonciations du passé ou aux grands principes idéologiques. L'élaboration d'un tel programme pourrait revenir à cet organisme.

L'expérience des luttes contre les discriminations faites aux femmes a montré la nécessité d'une conjonction de moyens pour rendre visibles et illégitimes des inégalités qui paraissaient naturelles : luttes sociales, travaux de recherches, intervention et mobilisation des pouvoirs publics... Aujourd'hui, en matière de racisme, l'essentiel reste à faire.

RÉFÉRENCES BIBLIOGRAPHIQUES

Adorno T. W. *et al.* (1964), *The Autoritarian Personnality*, New York, Harper.

Allport G. W. (1954), *The Nature of Prejudice*, Cambridge (Mass.), Addison-Wesley Publishing Company.

Amselle J.-L., M'Bokolo E. (dir.) (1985), *Au Cœur de l'ethnie : ethnies, tribalisme et état en Afrique*, Paris, Éd. La Découverte, coll. « Textes à l'appui ».

Amselle J.-L. (1996), *Vers un multiculturalisme français. L'empire de la coutume*, Paris, Aubier.

Aubert F., Tripier M., Vourc'h F. (dir.) (1997), *Jeunes issus de l'immigration. De l'école à l'emploi*, Paris, CIEMI-L'Harmattan.

Aucouturier A.-L. (1993), « Contribution à la mesure de l'efficacité de la politique de l'emploi », *Travail et Emploi*, n° 55.

Balibar E., Wallerstein I. (1988), *Race, nation, classes : les identités ambiguës*, Paris, La Découverte.

Banton M. (1967), *Race Relations,* trad. franç., *Sociologie des relations raciales*, Paris, Payot, 1971.

Barth F. (dir.) (1969), *Ethnic Boundaries,* trad. franç. de l'introduction : « Les groupes ethniques et leurs frontières », *in* P. Poutignat et J. Streiff (1995), *Théories de l'ethnicité*, Paris, PUF, coll. « Le sociologue ».

Bataille P., Schiff C. (1997), « La Discrimination à l'embauche. Le cas du bassin d'Alés », *Annales de la Recherche urbaine*, n° 76.

Bataille P. (1997), *Le Racisme au travail*, Paris, La Découverte.

Becker H. (1963), *Outsiders. Sociologie de la déviance*, Paris, A.-M. Métaillé, trad. franç., 1985.

Belbahri A. (1984), « Les Minguettes ou la surlocalisation du social », *Espaces et Sociétés*, n° 45.

Bernand C. (1992), « Ségrégation et anthropologie, anthropologie de la ségrégation », in *Le concept de ségrégation*, Séminaire sur la ségrégation, Paris, Plan construction et architecture et Réseau socio-économie de l'habitat (multigr.).

Body-Gendrot S. (1993), *Ville et violence. L'irruption de nouveaux acteurs*, Paris, PUF.

Bogardus E.-S. (1940), *The Development of Social Thought*, New York, London, Toronto, Longmans, Green & Co.

Bonnafous S. (1991), *L'Immigration prise aux mots*, Paris, Kimé.

Borgogno V. (1990), « Le Discours populaire sur l'immigration. Un racisme pratique », *Peuples méditerranéens*, n° 51, avril-juin.

Borkowski J.-L. (1990), « L'Insertion sociale des immigrés et de leurs enfants », *Données sociales* (INSEE).

Bourdieu P. (1979), *La Distinction*, Paris, Minuit.

Bourdieu P. (1982), *Leçon sur la leçon*, Paris, Minuit.

Bourdieu P. (1992), Entretien avec R.-P. Droit et T. Ferenczi., *Le Monde*, 14 janvier.

Bouvier P. (1989), *Le Travail au quotidien*, Paris, PUF.

Bovenkerk F. (1992), *Testing Discrimination in Natural Experiments. A Manual for International Comparative Research on Discrimination on the Grounds of « Race » and Ethnic Origin*, Genève, International Labour Office.

Brun J. et Chauviré Y. (1990), « Des Frontières invisibles dans la ville : ségrégation et division sociale de l'espace », *Strates*, n° 5.

Brun J. et Rhein C. (dir.) (1994), *La Ségrégation dans la ville*, Paris, L'Harmattan.

Castel R. (1995), *Les Métamorphoses de la question sociale*, Paris, Fayard.

CERC (1999), « Immigration, emploi et chômage. Un état des lieux empirique et théorique », *Les dossiers de CERC-Association*, n° 3.

Chamboredon J.-C. et Lemaire M. (1970), « Proximité spatiale et distance sociale dans les grands ensembles », *Revue française de sociologie*, n° 1.

Cognet M. (1998), *Migrations, groupes d' « origine » et trajectoires : vers une ethnicisation des rapports socioprofessionnels ?* Thèse de doctorat de sociologie, Université Paris 7-Denis Diderot, mars.

Conseil d'État (1996), *Rapport public sur le principe d'égalité*, La Documentation française, « Études et documents », n° 48.

Corcuff P. (1991), « Éléments d'épistémologie ordinaire du syndicalisme », *Revue française de sciences politiques*, vol. 41, n° 4, août.

Corcuff P. (1995), « Quand le terrain prend la parole... Éléments de sociologie réflexive », *L'Homme et la Société*, n° 115, janvier-mars.

Cross M., Wrench J., Barnett S. (1990), *Ethnic Minorities and the Careers Service : An Investigation into Processes of Assement and Placement*, Department of Employment Research Paper, London, n° 73.

Daum C. (1992), *L'immigration ouest-africaine en France : une dynamique nouvelle dans la vallée du fleuve Sénégal ?*, Rapport final, Paris, Institut Panos, juin.

Dejours C. (1998), *Souffrance en France. La banalisation de l'injustice sociale*, Paris, Seuil.

Dejours C. (1993), *Travail et usure mentale de la psychopathologie à la psychodynamique du travail*, nouv. éd. Bayard.

Demange J. (s.d.), *Citoyenneté de l'entreprise*, Paris, CNPF.

De Rudder V. (1987), L' « Obstacle culturel : la différence et la distance », *L'Homme et la Société*, n° 77-78.

De Rudder V. (1990), « La Cohabitation pluriethnique et ses enjeux », *Migrants-Formation*, n° 80, mars.

De Rudder V. (1991), « Le Racisme dans les relations interethniques », *L'Homme et la Société*, n° 4.

De Rudder V. (1995), « Emploi et exclusion : ce que dit le directeur de l'ANPE », *Différences*, avril.

De Rudder V. (1997), « Quelques problèmes épistémologiques liés à la définition des populations immigrantes et de leur descendance », *in* F. Aubert, M. Tripier et F. Vourc'h (dir.), *Jeunes issus de l'immigration. De l'école à l'emploi*, Paris, CIEMI-L'Harmattan.

De Rudder V. en collab. avec M. Guillon (1987), *Autochtones et immigrés en quartier populaire*, Paris, CIEMI-L'Harmattan.

De Rudder V., Taboada-Leonetti I., Vourc'h F. (1990), *Immigrés et Français, stratégies d'insertion, représentations et attitudes*, Rapport de recherche pour le ministère de l'Urbanisme, du Logement et des Transports et la Direction régionale de l'équipement d'Île-de-France, CNRS-URMIS (multigr.).

De Rudder V., Tripier M. et Vourc'h F. (1995), *La Prévention du racisme dans l'entreprise en France*, Rapport pour la Fondation européenne pour l'amélioration des conditions de vie et de travail (Dublin), Paris, CNRS-URMIS.

De Rudder V., Poiret C., Vourc'h F. (1997), *La Prévention de la discrimination raciale, de la xénophobie et la promotion de l'égalité de traitement dans l'entreprise : une étude de cas en France*, Rapport pour la Fondation européenne pour l'amélioration des conditions de vie et de travail (Dublin), CNRS-URMIS.

De Rudder V., Poiret C., Vourc'h F. (1998), « À Marseille, la "préférence locale" contre les discriminations à l'embauche », *Hommes et Migrations*, n° 1211, janvier-février.

De Rudder V., Poiret C. (1999), « Affirmative Action et "discrimination justifiée" : vers un universalisme en acte », Ph. Dewitte, *Immigration et intégration : l'état des savoirs*, Paris, Éd. La Découverte.

Desrosières A. (1997), « Du Singulier au général. L'argument statistique entre la science et l'État », *in* Conein et Thévenot (dir.), *Cognition et information en société*, Paris, Éd. de l'EHESS.

Dubet F. (1989), *Immigrations : qu'en savons-nous ? Un bilan des connaissances*, Paris, La Documentation française.

Dulong R. (1978), *Les régions, l'État et la société locale*, Paris, PUF, coll. « Politiques ».

Duncan O. et Duncan B. (1955), « A Methodological analysis of segregation indexes », *American Sociological Rewiew* (20), 2.

Dupuy S. (1988), *Le jardin secret des attributions*, Paris, Médina (multigr.)

Echardour A. et Maurin E. (1993), *Données sociales*, Paris, INSEE.

Elias, N. (1970) (rééd., 1991), *Qu'est-ce que la sociologie ?*, Paris, Press Pocket.

Elias, N. (1970) (rééd., 1983), *Engagement et distanciation, contribution à la sociologie de la connaissance*, Paris, Fayard Press Pocket, coll. « Agora ».

Fattah (1981), « La Victimologie : entre les critiques épistémologiques et les attaques idéologiques », *Déviance et Société*, n° 5, janvier.

Fichet B. (1993), « La Distance sociale comme représentation chez Emory S. Bogardus », *Cultures et Sociétés* (Cahiers du CEMRIC), Université de Strasbourg 2, n° 3.

Filizzola G., Lopez G. (1995), *Victimes et victimologie,* Paris, PUF, « Que sais-je ? », n° 3040.

Fix M., Struyk R.-J. (éd.) (1993), *Clear and Convincing Evidence. Measurement of Discrimination in America*, Washington DC (États-Unis), The Urban Institute Press.

Fremontier J. (1971), *La Forteresse ouvrière*, Paris, Fayard.

Gallissot R. (1985), *Misère de l'antiracisme*, Paris, Arcantère.

Gallissot R. (1987), « Les Minorités : égalité et différences, citoyenneté et nationalité », *Laïcité 2000*, Paris, Idilig, 1987.

Gallissot R. (1988), *La Place des étrangers dans le mouvement ouvrier français*, Paris, Note de synthèse pour la Mire (multigr.).

Gallissot R. (1994), « Nationalisme et racisme », *in* M. Fourier, G. Vermes (éd.), *Ethnicitisation des rapports sociaux*, Paris, L'Harmattan, coll. « Espaces interculturels ».

Gallissot R., Boumaza N., Clément G. (1994), *Ces Migrants qui font le prolétariat*, Paris, Méridiens-Klincksieck, coll. « Réponses sociologiques ».

Gesnestier P. et Laville J.-L. (1994), « Au-delà du mythe républicain. Intégration et socialisation », *Le Débat*, Paris, Gallimard, n° 82, novembre-décembre.

Giraud M., Marie C.-V. (1990), *Les Stratégies sociopolitiques de la communauté antillaise dans son processus d'insertion en France métropolitaine,* Rapport, Paris, Ministère de la Recherche.

GISTI (1993), *Légiférer pour mieux tuer les droits*, Paris, GISTI.

GISTI (1994), « Les Discriminations dans l'emploi », contribution à l'*European Guidelines to Good Employment Practice to Combat Discrimination*, Paris, GISTI (multigr.).

Glaser B., Strauss A. L. (1967), *The Discovery of Grounded Theory. Strategies for Qualitative Research*, New York, Aldine.

Glazer N., Moynihan D. P. (ed.) (1975), *Ethnicity : Theory and Experience*, Cambridge (Mass.), Harvard University Press.

Glele-Ahanhanzo M. (1996), *Rapport sur les formes contemporaines de racisme, de discrimination raciale, de xénophobie et de l'intolérance qui y est associée*, Commission des droits de l'Homme, ONU, avril.

Goblot E. (1925), *La Barrière et le niveau*, Paris, PUF (rééd., 1967).

Goffman E. (1963), *Stigmate. Les usages sociaux des handicaps*, Paris, Minuit (rééd., 1993).

Goffman E. (1968), *Asiles. Études sur la condition sociale des malades mentaux*, Paris, Minuit.

Grafmeyer Y. (1992), *Quand le Tout-Lyon se compte : Lignées, alliances, territoires*, Lyon, Presses Universitaires de Lyon.

Grafmeyer Y. (1994), « Regards sociologiques sur la ségrégation », *in* J. Brun et Y. Chauviré (dir.), *La Ségrégation dans la ville*, Paris, L'Harmattan.

Grangeart C. (1994), *Emploi des publics issus de l'immigration*, Mosaïques.

Green N. (1985), *Les Travailleurs immigrés juifs dans le Paris de la Belle Époque*, Paris, Fayard.

Guillaumin C. (1972), *L'Idéologie raciste : genèse et langage actuel*, Paris-La Haye, Mouton.

Guillaumin C. (1979), « Question de différence », *Questions féministes*, n° 6.

Guillaumin C. (1981), « Femmes et théories de la société, remarques sur leurs effets théoriques de la colère des opprimés », *Sociologie et Sociétés*, vol. XIII, n° 2.

Henry F., Ginsberg E. (1985), *Who Gets the Work : A Test of Racial Discrimination in Employment*, The Urban Alliance on Race Relations, The Social Planning Council of Metropolitan Toronto, Canada (multigr.).

INSEE (1994), « Les Étrangers en France », *Contours et caractères*, Paris, INSEE, mai.

Jewson N., Mason D. (1997), « The Theory and Practice of Equal Opportunities Policies : Liberal and Radical Approaches », *in* A. Rattansi and R. Skellington (eds), *Racism and Antiracism. Inequalities, Opportunities and Policies*, Londres, Sage Publications.

Juteau-Lee D. (1999), « La Production de l'ethnicité ou la part réelle de l'idéel », *L'ethnicité et ses frontières*, Presses Universitaires de Montréal, p. 77-101.

Lacascade J.-L. (1979), « Analyse critique du concept de ségrégation spatiale et des discours sur la ségrégation », *Ségrégation spatiale,* Paris, Copedith.

Laperrière A. (1997), « La Théorisation ancrée : démarche analytique et comparaison avec d'autres approches apparentées », *in* Poupart, Deslauriers, Groulx, Laperrière, Mayer, Pires, *La Recherche qualitative. Enjeux épistémologiques et méthodologiques,* Montréal, Gaétan Morin.

Le Bras H. (1998), *Le Démon des origines : démographie et extrême droite,* Paris, Éd. De l'Aube.

Leclerc G. (1979), *L'Observation de l'homme. Une histoire des enquêtes sociales,* Paris, Seuil.

Linhart R. (1978), *L'Établi,* Paris, Éd. de Minuit.

Lochak D. (1987), « Réflexions sur la notion de discrimination », *Droit social,* n° 11.

Lochak D. (1990), « Les Discriminations frappant les étrangers sont-elles licites ? », *Droit social,* n° 1.

Lochak D. (1992), « Discrimination Against Foreigners Under French Law », *Immigrants in Two Democracies : French and American Experiences,* New York University Press.

Lochak D. (1999), « Les Droits des étrangers, entre égalité et discriminations », *in* P. Dewitte (dir.), *Immigration et intégration, l'état des savoirs,* Paris, La Découverte.

Lorcerie F. (1994), « Les Sciences sociales au service de l'identité nationale : le débat sur l'intégration au début des années 1990 », *in* D. C. Martin (dir.), *Cartes d'identité. Comment dit-on « nous » en politique,* Paris, Presses de la Fondation nationale de sciences politiques.

Lyon-Caen A. (1990), « L'Égalité et la loi en droit du travail », *Droit social,* n° 1, 1990.

McKenzie E. (1994), *Privatopia, Homeowner Associations and the Rise of Residential Private Government,* New Haven and London, Yale University Press.

Maguer A., Berthet J.-M. (1997), *Les Agents des services publics dans les quartiers difficiles. Entre performance et justice sociale,* Rapport d'étude, La Documentation française.

Marchand O. (1992), « La main-d'œuvre étrangère en France », *Revue française des affaires sociales* (numéro hors série : *L'immigration en France : données, perspectives*).

Massey D.-S., Denton N. (1992), *American Apartheid,* Harvard University Press.

Maurin E. (1991), « Les Étrangers : une main-d'œuvre à part ? », *in* « Les étrangers en France », *Économie et Statistiques* (INSEE, Paris), n° 242, avril.

Merton R. K. (1965), *Social Theory and Social Structure* (chap. 9 : « The Self-fulfilling Prophecy »), New York, The Free Press [trad. et adaptation françaises par H. Mendras] (1997), *Éléments de théorie et de méthode sociologique* (chap. 6 : « La prédiction créatrice »), Paris, Armand Colin, coll. « U ».

Miles M., Huberman A.-M. (1991), *Analyses de données qualitatives : recueil de nouvelles méthodes*, Bruxelles, De Boeck.

Murard M., Moulière M. (1997), *Le Travail des uns et le souci des autres. Les relations des CAF avec les allocataires précaires*, Rapport à la CNAF, Laboratoire du changement social, Université Paris 7-Denis Diderot (multigr.).

Neveu C. (1997), « Les Schémas locaux d'intégration ou les ambiguïtés de l'innovation. Le FAS Nord - Pas-de-Calais comme laboratoire ? », *in* F. Lorcerie (éd.), *Politiques publiques et minorités*, Éd. LCDJ.

Noiriel G. (1988), *Le Creuset français. Histoire de l'immigration XIXᵉ-XXᵉ siècle*, Paris, Seuil.

Olender M. (1981), « Les Langues du paradis », *in* M. Olender (dir.), *Le Racisme, mythes et sciences*, Bruxelles, Éd. Complexes.

Park R.-E. (1926), « La Communauté urbaine : un modèle spatial et un ordre moral », trad. *in* Y. Grafmeyer et I. Joseph (1979), *L'École de Chicago. Naissance de l'écologie urbaine*, Paris, Éd. du Champ urbain.

Payet J.-P. (1995), *Collèges de banlieue. Ethnographie d'un monde scolaire*, Méridiens-Klincksieck.

Peneff J. (1992), *L'Hôpital en urgence : étude par observation participante*, Paris, Métailié.

Pinçon M., Pinçon-Charlot M. (1989), *Dans les beaux quartiers*, Paris, Seuil.

Poiret, C., Vourc'h F. (1997), *Université Paris 8, insécurité et rapport à l'environnement*, Rapport à la Présidence de Paris 8, Saint-Denis, Profession Banlieue.

Poiret C. (1996), *Familles africaines en France. Ethnicisation, ségrégation, communalisation*, Paris, CIEMI-L'Harmattan.

Poiret C. (1997), « Attention, un cycle migratoire peut en cacher un autre ! », *Revue européenne des migrations internationales*, nᵒ 1.

Quiminal C. (1991), « Le long voyage des femmes du fleuve Sénégal », *Hommes et Migrations*, nᵒ 1141, mars.

Quiminal C. (1993), *Mode de constitution des ménages polygames et vécu de la polygamie en France*, Rapport à la Direction des populations et des migrations, Paris.

Rawls J. (1971), *A Theory of Justice*, trad. franç. (1987), *Théorie de la justice*, Paris, Seuil.

Ray J.-E. (1990), « L'Égalité et la décision patronale », *Droit social*, nᵒ 1.

Roncayolo M. (1972), « La Division sociale de l'espace : méthodes et procédés d'analyse », *Bulletin de l'Association des géographes français,* n° 395-396.

Sarna D.-J. (1978), « From immigrants to ethnics : Toward a new theory of ethnicization », *Ethnicity,* n° 5.

Sayad A. (1994), « Qu'est-ce que l'intégration ? », *Hommes et Migrations,* n° 1182, décembre.

Schnapper D. (1991), *La France de l'intégration. Sociologie de la nation en 1990,* Paris, Gallimard.

Schor R. (1985), *L'Opinion française et les étrangers en France, 1918-1939,* Paris, Publications de la Sorbonne.

Simmel G. (1908), « Digressions sur l'étranger », trad. *in* Y. Graffmeyer et I. Joseph (1979), *L'École de Chicago. Naissance de l'écologie urbaine,* Paris, Éd. du Champ urbain.

Simon P.-J. (1993), « Du bon usage des définitions », in *Vocabulaire historique et critique des relations interethniques. Pluriel-Recherches,* fasc. n° 1.

Simon P. (1993), « Nommer pour agir », *Le Monde,* 28 avril.

Simon P. (1998), « La Discrimination : contexte institutionnel et perception par les immigrés », *Hommes et Migrations,* n° 1211, février.

Streiff-Fenart J. (1998), « Racisme et catégorisation sociale », *Quelles initiatives contre le racisme « ordinaire »,* Saint-Denis, Profession Banlieue.

Taguieff P.-A. (1988), *La Force du préjugé. Essai sur le racisme et ses doubles,* Paris, La Découverte.

Taguieff P.-A. (1992), « Nationalisme, réactions identitaires et communauté imaginée », *Hommes et Migrations,* n° 1154.

Taguieff P.-A. (1997), *Le Racisme,* Paris, Flammarion, coll. « Dominos ».

Thermes J. (1999), *Essor et déclin de l'affirmative action, les étudiants noirs à Harvard, Yale et Princeton,* Paris, Éd. du CNRS.

Thomas W. I. (1918-1920), *The Polish Peasant in Europe and America,* rééd. New York, Dover Publications, 1958.

Thomas W. I. (1923), *The Unadjusted Girl,* New York.

Tribalat M. (dir.) (1991), *Cent ans d'immigration. Étrangers d'hier, Français d'aujourd'hui,* Paris, PUF-INED (« travaux et documents », n° 131).

Tribalat M. (dir.) (1995), *Faire France,* Paris, La Découverte.

Tribalat, M. (1996), *De l'Immigration à l'assimilation,* Paris, La Découverte-INED.

Tripier M. (1990), *L'Immigration dans la classe ouvrière en France,* Paris, CIEMI-L'Harmattan.

Tripier M., De Rudder V., Vourc'h F. (1995), « Les Syndicats face aux nouvelles discriminations », *Hommes et Migrations,* n° 1187, mai.

Verret M. (1979), *L'Espace ouvrier,* Paris, Armand Colin.

Vourc'h F., De Rudder M., Tripier M. (1994), « Racisme et discriminations dans le travail : une réalité occultée », *L'Homme et la Société,* n° 3-4.

Weber M. (1922), *Économie et société*, trad. franç. Paris, Plon, 1971 (rééd. 1995).

Wilson W.-J. (1987), *The Truly Disavantaged : The Inner City, the Underclass and Public Policy*, University of Chicago Press, trad. franç., *Les Oubliés de l'Amérique*, Desclée de Brouwer, 1994.

Wirth L. (1928), *Le Ghetto*, trad. franç., Grenoble, Le Champ urbain, 1980.

Wrench J. (1996), *Preventing Racism at the Workplace : A Report on 16 European Countries*, European Foundation for Improvement of Living and Working Conditions, Dublin.

Wrench J. (1997 *a*), *Recueil européen de bonnes pratiques pour la prévention de la discrimination raciale et de la xénophobie, et pour la promotion de l'égalité de traitement sur le lieu de travail*, European Foundation for the Improvement of Living and Working Conditions, Dublin.

Wrench J. (1997 *b*), « Des Problèmes dans le passage de l'école à l'emploi chez les jeunes issus de l'immigration au Royaume-Uni », *in* F. Aubert, M. Tripier, F. Vourc'h (dir.), *Jeunes issus de l'immigration. De l'école à l'emploi*, Paris, CIEMI-L'Harmattan.

Yamgnane K. (1992), *Droits, devoirs et crocodile*, Paris, Robert Laffont.

NOTE DES AUTEURS

Chapitre 3 : « Ségrégation et discrimination : Inégalité, différence, altérité ». Ce chapitre est une version remaniée d'un article de Véronique De Rudder, paru sous le titre « La ségrégation est-elle une discrimination dans l'espace ? » dans l'ouvrage dirigé par R. Gallissot et B. Moulin, *Les Quartiers de la ségrégation*, Paris, Karthala-Institut Maghreb-Europe, 1995 (p. 11-30). Nous tenons à remercier les directeurs et éditeurs qui nous ont autorisés à réutiliser ce texte que nous avons ici réactualisé.

Chapitre 4 : « Ségrégation et conflit d'intégration ». Ce chapitre est une version remaniée d'un article de Véronique De Rudder intitulé « Conflits et intégration dans les quartiers populaires », paru dans l'ouvrage dirigé par M. Bassand et J.-P. Leresche, *Les Faces cachées de l'urbain*, Berne, Peter Lang, 1995 (p. 113-128). Nous tenons à remercier les directeurs et éditeur qui nous ont autorisés à réutiliser ce texte que nous ici avons réactualisé.

Chapitre 5 : « Le recours à l'ethnique et au communautaire au niveau local : l'exemple du logement des familles africaines ». Ce texte est une version remaniée du chapitre « Le local, lieu de recours au registre de l'ethnique », paru dans l'ouvrage de Christian Poiret, *Familles africaines en France : ethnicisation, ségrégation, communalisation*, Paris, CIEMI-L'Harmattan, 1996. Nous tenons à remercier l'éditeur qui nous a autorisés à réutiliser ce chapitre que nous avons ici réactualisé.

Chapitre 6 : « Discriminations ethnistes et racistes dans l'entreprise : le mur du silence ». Ce texte reprend les principaux éléments d'une recherche menée en 1994 (cf. De Rudder, Tripier, Vourc'h, 1995) et est le prolongement d'un article intitulé « Racisme et discriminations dans le travail : une réalité occultée », publié par les mêmes auteurs dans *L'Homme et la Société*, n° 3-4, 1994 (p. 131-144). Nous tenons à remercier l'éditeur qui nous a autorisés à réutiliser cet article que nous avons ici réactualisé.

213

Imprimé en France
Imprimerie des Presses Universitaires de France
73, avenue Ronsard, 41100 Vendôme
Novembre 2000 — N° 47 740